2017 年江苏高校哲学社会科学研究一般项目
项目名称:《列子》哲学概念体系研究
项目号:2017SJB0143

不违自然所好
《列子》思想研究

姜秉熙 著

河北出版传媒集团
河北教育出版社

图书在版编目（CIP）数据

不违自然所好：《列子》思想研究 / 姜秉熙著 . --
石家庄：河北教育出版社，2022.12（2025.1 重印）
ISBN 978-7-5545-7451-5

Ⅰ . ①不… Ⅱ . ①姜… Ⅲ . ①道家②《列子》- 研究
Ⅳ . ① B223.25

中国国家版本馆 CIP 数据核字 (2023) 第 012459 号

书　　名	**不违自然所好 :《列子》思想研究**
	BUWEI ZIRAN SUO HAO LIEZI SIXIANG YANJIU
作　　者	姜秉熙
责任编辑	赵莉薇　王　莉
装帧设计	李　楠
出版发行	河北出版传媒集团
	河北教育出版社　http://www.hbep.com
	（石家庄市联盟路 705 号，050061）
印　　制	廊坊市佳艺印务有限公司
开　　本	880mm×1230mm　1/32
印　　张	11.375
字　　数	195 千字
版　　次	2022 年 12 月第 1 版
印　　次	2025 年 1 月第 2 次印刷
书　　号	ISBN 978-7-5545-7451-5
定　　价	78.00 元

目 录

绪 论 / 001

第一章 以"道""气""天"为核心的
《列子》宇宙论 / 035

    第一节 "道":"天地之根" / 037

    第二节 "气":"万物皆出于机" / 089

    第三节 "天":"形,必终者也" / 121

    第四节 《列子》宇宙论的构架与其本体论争议的解决 / 139

第二章 以"德""性""命"为核心的
《列子》人性论 / 145

    第一节 "德":"德者,得也" / 147

    第二节 "性":"分皆足已" / 181

    第三节 "命":"不知吾所以然而然" / 210

    第四节 《列子》人性论的构架与《杨朱》篇问题的解决 / 256

目录

第三章　以"心""化""虚"为核心的
《列子》境界论　/ 265

第一节　"心"："刳心去智"　/ 267
第二节　"化"："穷数达变，因形移易"　/ 303
第三节　"虚"："未始出吾宗"　/ 322
第四节　《列子》境界论的构架与"虚"问题的解决　/ 339

结论　/ 345

参考文献　/ 355

绪论

　　《列子》一书最初见于明确史料，是在刘向于汉成帝年间上呈的《列子新书目录》中。该目录中明确记载了《列子》一书作为道家学派的思想资料，于汉初黄老学兴盛之时流行于世，后来散失流落民间，经刘向父子搜集、增删、编校，被定为八篇，其中《周穆王》《汤问》两篇主旨尚需考量，而《力命》《杨朱》两篇主旨有所矛盾。此后，《列子》一书的流传过程未知，有关它流传过程的资料再度出现，便已经是在东晋时代张湛所作《列子注》的序章《列子序》里了。该文明确记载了张湛在经历战乱散失的亲族藏书之中发现《列子》残篇三卷，又在其他两处找到其余五卷，并自行参校编辑，形成今本《列子》的过程。在此基础上，张湛又为自己编辑的《列子》进行了注释，形成了最早对《列子》思想进行系统解释考察的著作《列子注》。而这一版本的《列子》后来没有再经历大的散失和编校，可以认为现今存世的《列子》与张湛编校之后的面貌大体一致。尽管此版《列子》的性质和张湛对其流传过程的记载遭到诸多质疑，但这一版本与刘向所记载的

《列子》同为八篇，篇目名称完全相同；其内容呈现出的特点，例如 "多寓言"[1] "与庄周相类"[2]，以及《力命》《杨朱》篇 "二义乖背"[3] 的问题等等，都比较符合刘向所作《目录》的记载。《列子注》之后，卢重玄、陈景元、任大椿等学者都对此版《列子》进行过注疏和校对，但其所形成的文献受重视程度都未超过张湛的《列子注》，后者至今仍然是学界研究《列子》所依仗的最重要的文献材料。

---

[1] 杨伯峻：《列子集释》，中华书局，2012，第 266 页。

[2] 同上。

[3] 同上。

一、研究动机与思路

　　在现今存在的有关今本《列子》的研究成果中，很大一部分被真伪考辨所占据。一定程度上，长期以来激烈的真伪考辨阻碍了学界对于《列子》思想的深入研究。而真伪考辨以外，在针对《列子》思想体系的研究之中，有三个问题一直以来存在较大争议，或至今一直没有得到应有之重视。而这三个问题，正是笔者的研究动机之所在。

　　首先，今本《列子》的思想体系之中是否存在类似于本体论（Ontology）的部分呢？《列子》有关宇宙本源和生化过程的描述，几乎全部集中在开篇《天瑞》之中，其后的篇目中只有一些零星的散段对此有所提及。因此，如果《列子》体系中存在本体论的话，主要证明材料应该就存在于开篇《天瑞》的段落之中。纵观对《列子》思想进行研究的资料，可以发现一直以来人们对《天瑞》篇的重视程度都超过其他篇章，与之相关的研究数量也相对较多。但有关其形上学是否真实存在的问题，却一直莫衷一是。部分学者认为《列子》思想体系中存在着较为明确、也较为完整的关于超越性宇宙本体的描述。例如汤用彤认为《列子》有着区别于王弼的，以"无"为中心的本体论体系。[1] 而另一些学者，例

---

[1] 汤用彤：《理学·玄学·佛学》，北京大学出版社，1991，第303页。

如冯友兰，则认为《列子》有关宇宙本源的描述还停留在宇宙论（Cosmology）的层面上，没有达到本体论的程度。[1] 而在这种争论中所持的观点，也往往被参与《列子》真伪争辩的学者作为推断其成书时代的根据。这一问题的答案，关系到《列子》思想体系的基调，因此必须得到解决。

其次，今本《列子》文本中存在一段思想上似乎与其他篇章不太一致的部分，即《杨朱》一篇。该篇以"性"和"命"两个概念为支点，存在着大量较为极端和犀利的观点、言辞，且其观点与现今零星存世的有关杨朱思想的记载比较相符，因此像《天瑞》篇一样吸引了不少学者对其进行研究。从结果来看，大多数学者对其持批判的态度。更为重要的是，《杨朱》篇在《列子》全文中的地位问题，被大量学者视为《列子》本身是否逻辑自洽的关键所在，而《列子》本身是否逻辑自洽，则关系到针对《列子》思想体系进行研究之正当性能否确立的问题。如果在逻辑上不能证明《杨朱》篇的思想与《列子》其他篇目思想的相容性，那么《杨朱》篇显然不属于《列子》思想体系，应该将其作为混入原文的外来思想处理，由此《列子》自身体系逻辑自洽的可能性便会大大降低；而如果在逻辑上能够证明其与《列子》其他篇目思想的相容性，那么该篇便可以作为《列子》思想的一个方面来看待，由此而发的《列子》本身是否逻辑自洽的问题也就不再存在了。因此，《杨朱》篇在《列子》全文中的地位问题是不得不解决的。

最后，"列子贵虚"的记载见于流传至今的不少文献之中，

---

[1] 冯友兰:《中国哲学史新编·中卷》，人民出版社，2004，第589页。

可以说提到列子，人们最先想到的概念一定是"虚"。但纵览有关《列子》思想的研究，对于其"虚"的研究成果却极少。如果"虚"是一个被大多数学者忽略的重要概念，那么对其进行研究之意义自然重大；而如果多数学者的忽略自有其道理，"虚"并非《列子》之中重要概念的话，那么其自古以来被当作列子思想的标志，又是出于什么原因呢？又或许，这种矛盾是今本《列子》思想与列子本人思想不一致的证据吗？不管从哪个角度来看，对"虚"的研究都能够深化我们对于《列子》思想体系的认识程度。

　　以上述一直存在的三个问题为线索，笔者将对今本《列子》思想体系进行整体梳理。而将体系之中的重要概念作为切入点，一方面符合思想体系建构的逻辑，另一方面也是一种比较容易实践操作的入手途径。一个较为完善的思想体系之中，往往存在着不止一个层面或大的思想模块，而每一个模块的支点往往都是重要的概念。这些重要概念不仅以其自身含义支撑着该模块的整体含义和存在价值，也同时以概念之间的相互联系沟通着众多模块，使得不同模块的含义能够相互联动，共同构成一个内部相容、逻辑完满的思想体系。对于《列子》而言，如果我们假设其文本中存在这样比较完善的思想体系，则对其文本中的重要概念进行剖析，对概念与概念之间的联系进行梳理，显然应该能够得出比较一致的概念含义和它们之间符合逻辑的相互关系。这些含义和相互关系，便可以成为《列子》思想体系的主要支点和线索，对于提取其体系框架有着重要的价值。而如果这一研究路径能够比较顺畅地得出结果，那么最终得出的《列子》思想体系应该能够比前人做过的研究都更加深入一些。当然，对于一个思想体系来说，展现其区别于其他思想体系的独特之处，最好的办法莫过于将其与其他思想体系进行对比。因此，在得出今本《列子》中主要概念的含义和其所代表的模块地位之后，笔者将把它们与其他的道家学派思想进行比较，借此突显《列子》思想的个性。

综上所述，本研究以"《列子》之本体论是否存在""《杨朱》篇在《列子》中的实际地位""《列子》之'虚'的主要含义"三个长久以来未能得出结论的问题为研究动机和线索，以概念研究的途径对今本《列子》的思想体系进行提取和梳理，并将其与其他道家思想体系进行比较，在期待解决上述三个问题的同时，也希望能够对《列子》思想获得一个全面而深入的了解。

二、《列子》研究综述

正如上文所提到的，对于《列子》研究来说，最大的障碍便是针对其书真伪性质的争论。这种争论影响到学界对于《列子》的重视程度和研究力度已是不争的事实，并且对于每一位希望涉及《列子》研究的研究者来说，几乎都不得不在这场争论中采取某一方的观点。这是由于脱离历史背景对一部典籍进行思想分析是很困难的，只有将《列子》纳入历史背景之中，在与其他思想的比较分析过程里，其独特的个性和思想架构才可能被突显出来。但做出这一选择又并不容易，不管是认为其真的一派还是认为其伪的一派，都具有自己鲜明的观点和详细的论证，但又各有其值得商榷之处，确实并无特别突出而不可动摇的证据。作为研究者而言，在争论之中采取何种观点，会直接影响到研究的进行和最终的结论。因此，梳理前人的研究成果和把握学术观点的流向，对于《列子》研究而言尤为重要。下文中，笔者对于针对《列子》真伪的争论，以及在此争论的基础上进行的对于《列子》思想的研究做出一个大略的梳理。在接下来的梳理中，笔者将搜集到的资料分为三个大类：一是对列子其人进行研究的资料，二是认为《列子》为魏晋伪书并以此为基础进行研究的资料，三是认为《列子》非伪或在真伪问题上不采取任何观点而对《列子》文本进行研究的资料。最后，笔者将表明本研究在《列子》真伪问题上所持的观点及其原因，并详述由于这种观点而形成的一些《列子》研究的前提。

1. 针对列子其人的研究

此类资料可以进一步分为两种：一种认为列子从未真实存在过，另一种认为列子是真实存在的人物。两者都各自具有一定程度文献方面的依据。

认为列子其人从未真实存在，而只是一个寓言人物的观点，始自宋代高似孙的《子略》。他认为《史记》中记载了大量先秦思想家的名字，但却独独没有列出列子这个人，这种做法是将列子作为《庄子》寓言中出现过的许由、务光等这样的寓言人物来对待的。作为司马迁这样严谨而专注的史学家是不可能这样对待一个真实存在的人物的，因此列子应该并非一个真人，而只是寓言中出现的人物。[1] 清代的姚际恒、近代的陈文波等学者也赞同这种观点，并为此增添了一些论据。这些论据大致包括：不仅仅是《史记》,《庄子·天下》《荀子·非十二子》《韩非子·显学》《淮南子·要略》等论及先秦思想史的重要篇目也都没有论及列子这个人物，而列子其人仅仅存在于《庄子》等书的寓言故事之中。如此之多的重要篇目都不将列子其人作为先秦学者之一，可见列子此人并未真实存在过。[2] 另外，姚际恒还将对于刘向所记载的列

[1] 杨伯峻：《列子集释》，中华书局，2012，第 276 页。
[2] 同上书，第 280、305 页。

子生存年代的怀疑作为列子其人并非真实存在的证据。[1]

　　尽管存在着对于列子其人真实性的怀疑，但自古以来绝大多数学者仍旧认为列子是曾经真实存在过的人物。首先，尽管不排除诸多值得怀疑之处，但对于列子其人的生存年代是有记载的。例如刘向在《列子新书目录》中"列子者，郑人也，与郑缪公同时"[2]的记载。根据诸多学者的考察，列子生存的具体年代尽管仍无法确定，但其为"郑人"一点应该是值得认同的。其次，以许抗生等为代表的一些学者认为，先秦思想学派众多，并非各家都能够被人所熟知；并且在没有同一的学术划分办法之时，各书对于学派、人物的记载各有差别也并不稀奇。例如《史记》没有为墨子列传，《庄子·天下》没有论及孔孟、商鞅，《荀子·非十二子》没有论及公孙龙，《淮南子·要略》没有论及老子等等，都可以证明没有论及就不曾存在过的观点不成立。另外，"列子贵虚"的说法见于不少著作，并与今本《列子·天瑞》一篇中表达的观点相符。由此来看，列子应该是一个实际存在过的人物。

　　考察对于列子其人真实与否的研究，权衡两派的论据和观点，笔者认为列子为真实存在之人的观点更有说服力，并且此种观点也被大多数学者所接纳。但值得点出的是，列子其人与现存《列子》其书的关系是不明的。由刘向的《列子新书目录》来看，《列子》一书在先秦时是存在的，但汉代时出现的《列子》一书便已经是刘向由先前资料编辑而成，不太可能还是《列子》原书了。

---

[1] 杨伯峻：《列子集释》，中华书局，2012，第280页。

[2] 同上书，第266页。

而如果张湛所作《列子注》可信的话，从其《列子序》中所记载的流传过程来看，今本存世的《列子》又经历了一次战乱散失和张湛本人的参校编辑，很可能也已经不再是刘向编校时的面貌了。因此可以推断，不管在先秦著述之时《列子》一书与列子其人是什么关系，现今存世的《列子》文本已经很难说与列子此人有怎样的联系了。因此，针对列子其人的研究只能作为《列子》研究的一个小小周边，而不能对今本《列子》研究的观点产生实质性的影响。

2. 认为《列子》为魏晋伪书并由此出发的研究

自唐代柳宗元所作《辩列子》言"其书亦多增窜"[1]以来，对《列子》真伪问题便多有争议。朱熹、叶大庆、黄震、宋濂、钱大昕等学者都对此有所提及，并都认为经过张湛编校之后的今本《列子》有外来资料混入之嫌，且都认为在混入的外来资料之中以佛教资料最为多见和明显。[2]而与此相对，《列子注》则被绝大多数学者确定为魏晋时期张湛的著作。20世纪初以来，《列子》真伪问题是研究《列子》的学者们争论的中心，各家众说纷纭，有关这一问题的研究也大量出现。这场争论的观点自然分为两种，即今本《列子》为伪书和今本《列子》非伪。我国绝大多数学者都持前一种观点，由此，《列子》为魏晋时代伪书的认知在我国学界几乎成了默认的事实，大多数有关《列子》的研究也是在这一基

---

[1] 杨伯峻:《列子集释》，中华书局，2012，第275页。

[2] 同上书，第276、277、278、282页。

础上进行的。而认为今本《列子》为伪书的观点可以大致被归纳
为以下两类:

（1）《列子》为魏晋时代不明人士伪作。例如陈三立比较了杨
朱的"贵身任生之旨"和魏晋许多学者的"藐天下，遗万物，适
己自恣"，引用了《列子》中《天瑞》篇和《仲尼》篇与佛经相似
的内容作为佐证，认为《列子》为汉魏之士仿照佛经立论而作[1]；
马叙伦的《列子伪书考》列出了二十个证据证明《列子》是伪书，
认为《列子》是王弼或者魏晋以后人士的伪作[2]；另一部采取类似
观点的著作是杨伯峻的《列子集释》，此书序言中将《力命》篇和
《杨朱》篇作为证据，指出了张湛注解中的误解，认为作伪者所处
年代应早于张湛，并对马叙伦的立证进行了补充[3]。

（2）张湛自作自注《列子》。例如梁启超认为《列子》是张湛
本人集道家佛教言论拼合而成，其主要依据是《列子》中多处出
现两晋时期佛教思想，并有许多与佛教神话类似的段落，并分析
张湛作伪的目的是在学界"出风头"[4]；章太炎认为魏晋时代多数玄
学家都没有对《列子》进行注释引用，并根据张湛《列子序》中
的"所明往往与佛经相参，大归同于老庄"的说法，认为《列子》
为张湛自作自注的伪书。[5]

---

[1] 陈三立:《读列子》,《东方杂志》1917 年第 14 卷 9 号。

[2] 杨伯峻:《列子集释》,中华书局, 2012, 第 288—293 页。

[3] 同上书, 第 3、4 页。

[4] 同上书, 第 287 页。

[5] 章太炎:《〈列子〉与佛经》,载傅杰编校《章太炎学术史论集》,中国社会科学出
版社, 1997, 第 287 页。

20世纪40年代，学者们开始关注魏晋玄学，对魏晋玄学家们思考问题的方法和思想上的共性进行挖掘，并将张湛的《列子注》划入玄学研究的范畴，从各个角度对张湛思想进行了剖析。由此，对于《列子》和《列子注》的研究开始跳出单纯真伪争论的范畴，触及其思想和哲学构架之中。这些研究观点都各不相同，并未达成一个较为主流、被多数学者认同的意见。

例如汤用彤便将《列子注》放在玄学背景下进行了考察，梳理《列子注》与先秦道家学说、玄学和佛学的相关性。他认为玄学的主题是形上学，"言意之辨"是玄学所使用的基本方法，"有无""本末"是玄学关注的主要问题，而"解脱"则是佛学的终极目的。而《列子注》第一篇、第三篇便讲的是形上学，其余六篇都是讲"解脱"，张湛思想事实上是以宇宙论为主体，"以'无'为本体，而'群有'为现象"。由此出发，认为张湛作《列子注》的真正目的是解决对生死问题的困惑。由形上学出发，认识生死是相对的，从而坦然接受生与死，如同佛教的"解脱"。因此，张湛思想可以被看作佛玄沟通的媒介。[1] 容肇祖对张湛在《列子注》中体现的思想进行了较为全面的探讨，对其人生观、命论、名实问题和政治思想也进行了详细梳理，同时考证了张湛的生平，对张湛思想的价值给予了肯定，认为张湛思想融合了佛学和老、庄的因素，其《列子注》也有不少精要之处，是玄学的后起之秀。[2] 而冯友兰认为张湛及其思想是玄学发展的末尾。首先他从文本考

[1] 汤用彤:《理学·玄学·佛学》，北京大学出版社，1991，第313页。
[2] 容肇祖:《魏晋的自然主义》，东方出版社，1996，第76—79页。

据开始，认为今本《列子》是张湛自作自注的作品。其次，他认为玄学具体是使用逻辑学的方法来讨论一般与特殊的关系，其关键是逻辑的视角而不是生成的视角。但《列子》采用的并非逻辑学的方法，而是宇宙生成的方法，此方法与玄学方法并不真正相符。再次，从内容方面来看，玄学着重的是精神解放，而张湛对于人生所持有的享乐态度也不是玄学家的主流态度。因此冯友兰认为张湛并不理解玄学的精髓，其思想落后于玄学的主流思想，因此只能作为玄学的一个尾声来看待。[1]

20 世纪 50 年代到 70 年代后期，受政治因素的影响，对玄学的研究逐渐偏向对魏晋社会经济结构和玄学家社会地位的分析和批判，哲学问题被看作经济关系的附属，玄学思想也被置于政治思想背景之下加以理解，对《列子》和《列子注》的研究也不例外。这一时期对《列子》和《列子注》的研究较为少见。例如任继愈的哲学史著作，在认为《列子》为魏晋时代伪书的基础上，按照当时阶级分析的方式对《列子》进行评价，重点分析了《力命》篇和《杨朱》篇的观点，认为《列子》反映了当时门阀士族的人生态度，其对于《列子》思想的评价是"享乐主义和宿命论"。事实上，其对于《列子》的分析局限于少数篇章以内，忽略了对全书思想和体系的考察，因此其结论有欠客观和公平。[2] 在《列子》真伪问题的考辨上，杨伯峻发表于 1956 年的《从汉语史的角度来鉴定中国古籍写作年代的一个实例——〈列子〉著述年

[1] 冯友兰：《中国哲学史新编·中卷》，人民出版社，2004，第 587—590 页。

[2] 任继愈主编《中国哲学史》，人民出版社，1964，第 241—245 页。

代考》是较为重要的文献资料。它列举了"数十年来""都""所以""舞""不如"五个词语，从语言学角度与先秦文献逐一比较，并得出《列子》为魏晋伪作的结论。[1] 但不久之后，马达对此文所举的词句例证进行检查核对后，得出了完全相反的结论。[2] 这两篇文献是 20 世纪从语言学角度探讨《列子》真伪问题的比较精要的资料。

20 世纪 70 年代末至 80 年代末，对玄学的研究开始摆脱阶级问题的影响并回到正常学术研究的路径上。在这段时间，多数学者都将《列子注》视为东晋玄学融汇儒释道三家思想的作品，认为其体现了东晋佛学和道家相互诠释、相互沟通的思想特点。例如钱锺书的《管锥编·列子张湛注九则》一并考察了《列子》和张湛注，同时使用考证和义理的诠释方式，对于张湛融通老、庄、王弼、郭象、佛学的特点进行了剖析。在文学角度上，钱锺书认为张湛对《列子》的注释，文辞飘逸、论理精微、叙事有条有理，文辞上比王弼注本《老子》更加出色，但仍然不及郭象所注《庄子》。在思想角度上，钱锺书与汤用彤一样，更为重视佛学对张湛的影响，并融合了玄学思想的性质特点和发展过程，在两者结合的基础上去把握张湛《列子注》和《列子》在魏晋玄学史上的地位。[3] 大约同时，任继愈的《中国哲学发展史》则分辨了《列子》思想和张湛思想，并将二者分别梳理，认为二者都是玄学的组成

[1] 杨伯峻：《列子集释》，中华书局，2012，第 310 页。

[2] 王光照、卞鲁晓：《20 世纪〈列子〉及张湛注研究述略》，《安徽大学学报》（哲学社会科学版）2008 年第 32 卷第 2 期，第 18 页。

[3] 钱锺书：《管锥编》，生活·读书·新知三联书店，2000，第 114—125 页。

部分，但前者是王弼"贵无论"向郭象"独化论"过渡的中间环节，后者则统一了"贵无论"和"独化论"，是两种论调的中和之作。[1]

20世纪80年代至今，仍旧有相当多的学者将《列子》和《列子注》一起置于魏晋玄学的思想背景之下进行研究。这些研究包括王兴尚的《论〈列子〉的生命哲学及其对古典道家思想的扬弃》、奚亚丽的《〈庄子〉与〈列子·杨朱〉篇人生理论再认识》、包佳道的《"且趣当生"——〈列子〉独特的个体生存价值追求》等等，也包括一些学位论文，例如安徽大学刘昆笛的《〈列子〉的人生哲学》、山东大学邹金霞的《东晋张湛玄学思想探微——以〈列子〉与〈列子注〉比较为例》等等。值得注意的是，这些研究中不少都体现着两种偏颇之处：仅将目光集中在《杨朱》一篇上，并以此一篇的观点来概括整个《列子》的思想；或受到张湛《列子注》的严重影响而将《列子》与《列子注》思想相混淆。这两种情况一定程度上降低了文章结论的可信赖度。

3. 认为《列子》非伪或采取中立观点的研究

在论证《列子》并非伪书的方面，比较早怀疑"《列子》伪书说"的是以武内义雄为首的日本学者。武内义雄针对伪书论者的误读以及列举的《列子》相关证据进行批驳，认为"向序非伪，《列子》八篇非御寇之笔，且多经后人删改，然大体尚存向校定时

---

[1] 任继愈主编《中国哲学发展史·魏晋南北朝卷》，人民出版社，1988，第260—293页。

面目，非王弼之徒所伪作"。他对马叙伦推论《列子》为伪书时提出的二十个证据进行了一一批驳，认为《列子》主体应该是先秦作品，并被列子弟子或后学所记述。[1] 在中国学者之中，也有些学者认为《列子》一书原本非伪，还有不少学者对此问题存而不论，采取彻底中立的观点。例如有的学者认为《列子》之真伪问题难以简单判定，唯一能够确认的只是其出自张湛家族，因此不宜采取任何一方的观点，但其真伪问题也不能掩盖《列子》值得研究之处。有的学者认为，《列子》之中资料较为驳杂，不能否认其中存有先秦时代的思想资料，在此意义上可以将其放在先秦思想史的背景之下进行考察。20 世纪 80 年代末至今，对《列子》真伪问题的争论仍在持续，但从各种角度主张其非伪的研究呈现出增加的态势。例如马达所作《〈列子〉真伪考辨》对杨伯峻的《列子集释》附录中收录的"辨伪文字辑录"进行了逐一论辩，从思想和语言两方面对《列子》的思想内容和语言使用进行辨析，展示了《列子注》与《列子》义理上存在的矛盾，从而认为《列子》非魏晋人伪作。[2] 陈鼓应的《老庄新论》、许抗生的《〈列子〉考辨》等书、文也从多个角度进行了论证分析，较为统一地认为《列子》一书成书于先秦时期，由于流传和承继的过程较为复杂，导致其一定程度上掺杂了其他思想的资料，但基本上仍然保留着列子及其后学的思想。这些研究都力图恢复《列子》的本来面目，还其

---

[1] 杨伯峻:《列子集释》，中华书局，2012，第 293 页。

[2] 王光照、卞鲁晓:《20 世纪〈列子〉及张湛注研究述略》，《安徽大学学报》(哲学社会科学版) 2008 年第 32 卷第 2 期，第 18 页。

所应有的历史地位。

　　由于学者们普遍确定《列子注》为张湛著作，因此针对《列子注》的研究开始大量出现并逐渐深入。例如许抗生的《魏晋玄学史》，对张湛以"元气"和"贵无"为主旨的自然观、社会观和人生观进行了较为全面的分析，客观评价了《列子注》作为玄学结尾作品的地位，认为其是"玄学理论形态的结束之作"。[1] 而张立文对张湛思想进行了详细而精微的辨析，并由此入手分析了张湛的"气"论和人生观，以及"气"与"阴阳""性"等概念的联系，认为《列子注》中"气"概念的含义和思想为宋明理学的气本论奉献了可供借鉴的思想来源。[2]

　　跳出真伪之辩的范围而针对《列子》本身思想的研究，在20世纪80年代以来也有了一定程度的发展和深入。例如有学者从"虚"这一概念入手分析了《列子》的形上学和境界论，认为《列子》思想以境界修养论为最终的归结点，而"虚"这一具有不可言说性质的概念正是《列子》境界论的核心。并且，文章由此梳理了"虚"这一概念在先秦各家思想中的使用情况，认为对于"虚"的重视也是道家思想的重要标志之一。还有一些学者开始从中西方哲学结合的角度对《列子》进行哲学研究，比如以《列子》面对"命"的态度存在矛盾这一问题入手，结合西方哲学的某些要素和研究方法，对于《列子》中的"命"这一概念的含义进行

[1] 许抗生等：《魏晋玄学史》，陕西师范大学出版社，1989，第 422—442 页。
[2] 张立文主编《中国哲学范畴精粹丛书·气》，中国人民大学出版社，1990，第 95—99 页。

分析，并最终认为《列子》对"命"的态度并无矛盾之处；还有将《列子》和《庄子》的思想结构和文学特质进行比较，认为二者思想非常相近，且在文学发展上具有承继关系。

除了上述材料之外，针对《列子》文本的研究还有很多，而这些研究考察的重点多集中于《杨朱》篇的伦理思想和人生观。如柴文华的《〈列子·杨朱篇〉伦理思想臆评》，从区分《杨朱》篇对于"名"与"实"定义的特殊性入手，层层分析此篇作者的思路，最终得出"命中求实"和"且趣当生"的结论。该文认为《杨朱》篇的人生哲学总体来看是消极的，但消极中饱含着积极和客观，其作者的形象应该是一个"清醒的混世者"。[1]郑晓江的《〈列子·杨朱篇〉人生哲学探微》剖析了《杨朱》篇一文"不望长生亦不求速死"的独特生死观，并在文章最后点明了《杨朱》篇的为我主义不仅是一种个人人生价值取向，而且也是一种政治哲学，所要解决的是天下如何大治的问题。该文区分了"损人利己""济人利我""离人利我"三种为我主义，并认为《杨朱》篇属于最后一种"离人利我"。这种为我主义并非局限于个人，如果人人都能做到《杨朱》篇中所说的"人人不损一毫""人人不利天下"，那么在人人自利而不损他人的前提下，天下大治的局面是有可能达到的。而且，仅从理论层面来探讨的话，以不损人为前提的极端为我主义和极端的利他主义的实质都是一样的。[2]

---

[1] 柴文华：《〈列子·杨朱篇〉伦理思想臆评》，《学术交流》1990 年第 6 期，第 66 页。

[2] 郑晓江：《〈列子·杨朱篇〉人生哲学探微》，《江西大学学报》(哲学社会科学版) 1988 年第 3 期，第 18 页。

4. 本研究在《列子》真伪问题上所持的态度

纵观长久以来针对今本《列子》真伪的争论，笔者认为这场争论存在的最为严重的问题，是各派学者对于"真"和"伪"的界定有着很大的差异。对于《列子》来说，其全文都为列子本人所作才算是"真"吗？从资料来看，梁启超便是如此认为的，即"伪书者，其书全部分或一部分纯属后人伪作，而以托诸古人也"[1]，就是说，只要《列子》中有非列子本人所作的部分，它便已经可以被认定是伪书了。而以此标准来界定的话，今本《列子》几乎百分之百为"伪"。但这种严苛的标准并未被绝大多数学者所采用，有的学者认为，所谓的"伪"应该是指有人存心作伪，假造这一部书，以欺骗世人，即作伪者出于主观目的而彻头彻尾地捏造一部原本不存在的书，其成书才叫作"伪书"。而在实际的争辩过程中，学者们往往又脱离了自身所制定的"真""伪"标准。考察众多纷繁复杂的真伪考辨材料，可以发现持有《列子》为伪书观点的研究，往往致力于证明今本《列子》为魏晋时代所作；而持有《列子》非伪观点的研究，则反过来企图证明今本《列子》主要为先秦时代所作，仿佛是认为《列子》为魏晋作品便是"伪"，是先秦作品便是"真"一般。由此可见，学界根本没有一种对于《列子》"真""伪"的统一界定，并且在研究中所体现出的"真""伪"观念是完全混乱的。而这样的状况，导致了相当多的真伪考辨研究都流于各说各话的局面，根本无法形成有效的沟

[1] 梁启超:《中国历史研究法》，商务印书馆，1928，第150页。

通和探讨。

　　但更为严重的问题是，我们真的能够明确界定什么是"真"，什么是"伪"吗？古籍的"真""伪"真的有明确的界限吗？事实上，如果按照梁启超所言的严苛标准来界定真伪的话，可以说先秦时代流传至今的古籍没有一本为"真"。例如《庄子》，现今绝大多数学者都已认同其并非为庄子一人完成的作品，而是补充进了庄子后学在各种思潮影响之下产生的众多材料，又经刘安、刘向等人的几次编校，才形成了现今存世版本的《庄子》。那么，是否能够认为《庄子》是伪书呢？并且，根据近代众多的出土文献，大量战国秦汉的简帛所记载的古籍文字与现今通行版本的文字有着相当大的差异。通过对这些出土文献的研究，古籍形成过程之曲折已经历历在目。由于书写材料、保存状况和流通途径等因素的影响，大量古籍在原文的基础上有所散失，因此后人对古籍的填补、增扩和修改，以及这一过程中的错误及存心改动几乎都是不可避免的，而这些情况没有任何一部古籍能够幸免。因此，流传至今的古籍文本都已经与最初的原文有着或多或少的差异，也或多或少都混入了后人的材料和观念。由此可见，以纯粹静止的眼光来看待古籍是不可取的，大多数我国古代典籍都多少有着资料汇编的性质，是很难用"真""伪"二字来判断的。

　　当然，这并不是说对于《列子》成书过程的考察就完全没有了意义。毕竟，按照有的学者对于"真""伪"的界定，《列子》由先秦时期的主体经过曲折的流传而在魏晋时期定型，和《列子》在魏晋时期被不明人士出于主观目的而凭空捏造，还是有着很大差别的。但令人失望的是，这两种成书方式各自呈现出的特点可能又是相同的。如果《列子》是由先秦时期流传至魏晋时期定型的话，其几乎必然是经历了散失、编校、修补、增扩和篡改，呈现于当代的文本中必定同时存在着先秦时代至魏晋时期的各种资料、观念和思想，其语言文辞也必定同时存在着这段时期的各种语法、句式和修辞，而这一切都是古籍形成的非静止过程所造成的合理结果。尽管张湛注《列子》的动机遭到了不少质疑，但上述过程符合其《列子序》中的记载。而另一种可能，如果《列子》是在魏晋时期被凭空捏造出来的，则捏造者有很大的可能搜集了从先秦至魏晋时期的大量资料，将这些资料修改之后组合在一起，这一过程同样也会导致今本《列子》中存在各个时代的资料，存在各个时代的语法修辞。因此，在现今可能得到的资料条件之下，从《列子》思想、语言等各个方面的特点出发对其实际的成书过程作出证明，是一项几乎不可能完成的任务。唯一可以证实《列子》成书过程的机会，就是在今后的出土文献之中发现《列子》的踪影。

　　由以上论述可知，尽管思想史背景对于古籍文本思想的研究来说非常重要，但确切的思想史背景对于《列子》研究来说却是不可得的。尽管《列子》在汉代文书中就已经有所记载，但对于今本《列子》来说，唯一可以确定的事实就只是其在魏晋时代的张湛手中被定型，其他的一切都是未知。因此，对这样的《列子》进行思想研究，唯一可能的选择就是抛弃一切有关时代背景的认知，完完全全从其文本入手进行阅读和分析，从中归纳出《列子》

本身的思想元素和体系。如果要将它与其他古籍进行比较,也必须在得出基于《列子》文本的思想要素之后再进行,否则便难以排除利用其他文本思想来附会《列子》思想的嫌疑。而这样一来,另一个问题便浮出了水面:《列子》文本自身真的是逻辑自洽的吗?如果今本《列子》本身根本不是一个逻辑自洽的体系,那么对其思想构架进行提取和研究的正当性又如何确立呢?这一问题与《列子》成书过程的两种可能性有着紧密的联系,可以由此设想出三种可能的研究状况。即:

第一种可能性,今本《列子》是由先秦时代曲折流传至魏晋时代定型的古籍。在这种情况下,《列子》尽管可能混入了流传过程中各个时代和学派的资料,但其应该仍旧大致保存着先秦原创时的主体部分。也就是说,其主体部分应该是逻辑自洽的。在这种可能情况之中,我们所要做的工作应该是辨析文本中混入的杂音并将其排除出去,针对其逻辑自洽的主体部分进行思想研究和框架提取,从而获得对《列子》主体部分思想的了解。可以说,这是在《列子》研究中所能设想的最理想状态。在这种情况下,本研究的正当性也自然可以确立。

第二种可能性,今本《列子》是由张湛或不明人士凭空捏造的书籍,且捏造者对其作品较为用心,在资料的选择、改写和汇编上下了功夫,在其中表达了自身的思想和观点,使得其书达到了逻辑自洽的程度。在这种可能情况之中,我们所能做的功夫与上一种情况是一致的。一部被凭空捏造的书籍,只要有其自身的理论体系和思想结构,也自然有其相应的研究价值,本研究的正当性也由此可以确立。当然，书籍本身为凭空捏造的情况下，本研究的价值也会大大降低。

第三种可能性，今本《列子》是由张湛或不明人士凭空捏造的书籍，且仅仅是一部各种资料的粗糙汇编，其书没有一以贯之的思想观点，也达不到逻辑自洽的程度。在这种可能情况之中，我们对于其文本进行框架提取的尝试必然会失败，而这种失败便是今本《列子》逻辑不自洽这一事实的证明。这种情况下，本研究正当性不能得到确立。但这一研究如果证实了今本《列子》并无自身逻辑自洽的思想体系，则也是一种可以接受的研究成果。

由对上述三种可能性的梳理来看，无论本研究遭遇的是其中的哪一种情况，对于今本《列子》思想体系进行研究的尝试都有着可为空间，且其可能达成的结果都具有自身的价值和意义。不实际对今本《列子》的文本进行梳理分析，是不可能知晓其体系是否逻辑自洽的。因此，《列子》本身是否逻辑自洽这一问题虽然重要，但并不能成为阻止研究者对《列子》进行研究的障碍。而且，事实上，论证《列子》文本自身是否逻辑自洽，正是笔者针对《列子》思想进行研究所期望达到的目的之一。

三、研究方法与结构

1. 研究方法

研究方法一般是指用来搜集和处理研究资料的主要手段。该研究将主要采用以下几种研究方法：

（1）归纳法

归纳法，或称归纳推理法。它由对特殊对象的观察出发，把对象的性质及其与其他事物的关系归纳成特定的类型，或者对于反复出现的现象进行观察，从中推理出规律或模式。其主要步骤为：观察内容、解释含义、思想分析、归纳原则、提出结论。先观察文本所要表达的内容，再进一步深入理解并解释该内容的含义。经过对内容思想的分析，发现文本所呈现的思想脉络，进而归纳出规则。在归纳法的指导下,《列子》文本中重要概念出现较多的篇目、段落，都将会是本研究重点分析的对象。

（2）比较法

比较法，即用两种或两种以上的哲学思想进行有计划、有目的的叙述，经过对比、分析找出它们之间的异同，并在相互比较的过程中，凸显出它们自身的逻辑、原则以及特殊之处。在人类的各种思想之中，哲学家们所贡献出的哲学思想是最具有独特的个体性，并最为自成体系的一种。而比较法的恰当使用，能够使得比较中各家哲学思想的独特之处得到最鲜明的展现。因此经过比较、分析之后，可以对该哲学思想及其特色具有更为深入的了解。《列子》一书属于道家一脉应该是确定的，本研究将把《列子》文本与主要道家典籍进行思想上的比较分析，主要涉及的道家典籍包括《老子》《庄子》等。

（3）历史研究法

历史研究法，是指尽可能搜集一切与研究相关的材料，经过认真的分析，确定材料记载的真伪，然后用尽可能客观的态度对其进行系统整理，以期透彻地了解研究对象演化发展的真实情况及其所经历的过程。其主要步骤为：选择题目、认识史料、搜集史料、审查史料、对史料的整理和批判。在本研究中，史料主要是指文献资料。在这一方面，对今本《列子》的研究所面临的主要难题，是学术界长期以来对《列子》真伪问题的争论。但笔者认为不能因真伪问题的存疑而否认今本《列子》的研究价值。本研究会对《列子》真伪问题及其成书过程有必要的提及，但研究的重点将集中于今本《列子》的思想内容。

（4）诠释学研究法

来自西方的诠释学研究方法（Hermeneutics），原本是研究如何解读《圣经》等经典的学问，在经过海德格尔、伽达默尔等学者的发展之后，逐渐成为一个独立的哲学体系。诠释学研究的重点在于发掘文本文字后面的隐藏含义。而在这种研究之中，作者文本和读者之间的相互关联是一个不可忽视的重要主题。

在对文本的诠释中,最为理想的状态自然是能够完全排除自身的主观成见,以彻底客观的立场分析文本,以得到对文本正确的理解。但更多的情况下,人们在开始进行理解之前,便已经拥有了某种先入之见。这个先入之见并不是毫无缘故地凭空出现的,它来自我们所具有的传统,融合着文化环境中的历史传统和读者所处时代的精神传统,是历史与现代的融汇,又同时包含着两者。由此出发,在研究《列子》思想时,以今本《列子》文本为主,在吸收前人研究成果的前提下,依照研究框架,分析其思想,研究其依据,尽可能不做过度臆测,以期对其思想体系得出更为深入的认识。此后,可以将这些认识与现实环境相联系,使得这一研究更加具有时代精神与意义。

在进行诠释的过程中,必须把握一项重要原则,即部分必须被置于整体之中才真正具有意义,而对部分的理解又能够加深对于整体的理解,部分与整体在这场理解之中相互促进,形成理解的循环运动。笔者在研究《列子》思想的过程中,选择了三个层面之中的九个概念作为研究的重点。在对这九个概念进行分别讨论的过程中,也将其相互联系,将每一个概念都置于整个思想体系中进行考察,并重视概念、层面之间的关系,在个体与整体的联结之中得出《列子》全书的思想体系。在探讨过程中,仅以文本作为依据,尽可能不离主题,在概念与体系的相互补充之中,得到更为充实丰满的研究成果。

（5）观念史研究方法

　　观念史研究是一种哲学与文化形态研究。观念史研究者通过梳理和考察观念的起源与演变，观念引导社会制度、社会意识形态和社会价值观的过程，观念对社会问题和社会进步的影响，观念自身不断变化、自身丰富自身的历程，来从更广阔、更深入的角度观察和剖析哲学、思想和文化的历史。对于这一研究过程来说，找寻到最合适的研究对象，即合适的观念本身，是最为重要的起点。1936 年，美国霍普金斯大学的阿瑟·O. 洛夫乔伊教授出版了《存在巨链——对一个观念的历史的研究》，这一著作的问世标志着西方观念史学科的诞生。在该书中，作者提出的一些观念史研究的原则和问题，至今仍然对该领域的研究有着非常重要的指导价值。我们可以借此获知怎样的观念才是中国观念史最为合适的研究对象。

　　首先，观念史的研究对象不应局限于哲学概念。洛夫乔伊认为："用观念史这种说法所表达的东西，与哲学史相比较，在所涉及的范围上既更加特殊一些，又更为宽泛一些。"[1] 哲学史的研究本质上是逻辑的，着重于对某个学者或某个学派的逻辑脉络和发展进行考察；而观念史的研究虽然脱胎于哲学史，却又与此不同。对此，洛夫乔伊指出："观念史的研究不应该仅仅局限于某一研究领域，如哲学史的研究领域，观念史的研究者应当……穿越不止一个历史领域，即单元—观念以各种重要性出现于其中的那些无

---

[1] 阿瑟·O. 洛夫乔伊：《存在巨链——对一个观念的历史的研究》，张传有、高秉江译，商务印书馆，2015，第 2 页。

论是被称为哲学、科学、文学、艺术、宗教还是政治的领域。"[1]另外,"观念"本身也不同于"概念"。哲学史研究中常常使用"概念"这一称谓,哲学史的"概念"存在于逻辑链条之中,是高度抽象的;而观念史研究中的"观念"与此不同。研究者需要将大量的社会思想、命题进行考察和不断分解,分解到不能再分解的程度,来发现其中最为基本也最具有影响力的元素。这些元素即"单元—观念(unit-ideas)"[2],它们才是观念史研究的真正对象。这些"观念"具有抽象性特点,但更多地与特定的社会历史条件因素以及人们的情感倾向紧密相关。观念史的研究者们正是通过对这些相关性的考察,来加深对于思想世界的认识。因此,观念史对"观念"的研究范围与哲学史对"概念"的研究范围形成了相交的关系,相交的部分是一些既属于观念史的"观念"又属于哲学史的"概念"的范畴。可以说这些范畴是思想史和文化史之中最为核心,也最具有影响力和生命力的东西。

其次,作为观念史考察对象的观念通常不是以单个的形式出现,而是以观念群的形式出现的。多个观念彼此相互作用,形成复杂的社会思想和价值取向,从而深刻地影响人们的日常生活,并进一步地影响思想潮流在后世的绵延和发展。在这一点上,洛夫乔伊认为必须明确观念群和种种观念的复杂结合体之间的区别,因为只有前者才能成为观念史的考察对象。他认为在各个时代的

---

[1] 阿瑟·O.洛夫乔伊:《存在巨链——对一个观念的历史的研究》,张传有、高秉江译,商务印书馆,2015,第 7 页。

[2] 同上书,第 2 页。

社会所流行的、经常被人们挂在嘴边的一系列"主义"等其实就是典型的观念复杂结合体，需要更进一步的分解才能成为观念史的考察对象。他认为作为观念史考察对象的观念群具有一些特征，包括它们往往深藏于人们的潜意识之中，形成了人类活动或文化潮流的某种底层逻辑；它们在思想家们的言行和理论中往往表现为不自知的某种倾向性；以及它们经常可以轻而易举又不引人注意地激起人们强烈的情感、情绪反应等等。[1]观念群以及观念群的这些特征在中国文化之中表现得尤为突出。例如在中国古代家国同构的政治伦理之中，"忠"和"孝"两个观念就得到了紧密的结合，从国家的宏观层面和家庭的微观层面共同构成了全体中国人对政治体系的基本认知和情感。并且这种认知已经通过长期影响而深深渗透进了每一个中国人的内心深处，形成了不自知的逻辑倾向，也成了国家、民族向心力的情感源泉。尽管在当今的现代化社会之中已经不存在封建王朝那样的君臣关系和亲子关系，但这种逻辑和情感的本能仍旧存在着。

再次，作为观念史考察对象的观念具有很强的迁徙性和流动性。观念不是固定不变的，是时时刻刻不断地在社会因素的影响下变化、流动、发展的。同时，观念也不受国界、民族、地域的限制，它的力量和价值可以轻松跨越这些界限，从而在流动和迁徙的过程中影响不同地区的文化。因此，研究者在针对一个观念或观念群的起源、原始形态进行梳理的同时，更应该注重它的流

---

[1] 阿瑟·O.洛夫乔伊:《存在巨链——对一个观念的历史的研究》，张传有、高秉江译，商务印书馆，2015，第3—6页。

动过程，和在这个流动过程之中逐渐丰富的内涵，以及这些内涵对文化和人类生活的影响。英国思想史家和历史学家昆廷·斯金纳认为，任何观念都是在一定条件和环境之下产生的。并且，观念还会由于阐释者的主观条件而变化。阐释者在对观念进行理解和解释的过程中，会有意或无意地融入自己的人生经验和特定目的，从而使得观念的内涵和外延偏离它的原始状态。而后来的阐释者会继续在观念上叠加自己的个人因素，从而使得观念在不断叠加的过程中越来越偏离原意，并衍生出更多含义。[1] 因此，观念史研究要同时进行两方面的工作：一方面是尝试不断剥离、消解后人叠加的因素，去发掘观念原初的本义；另一方面是逐步梳理后人对观念的叠加过程，去考察观念的流动、衍生过程及其对社会、文化的影响。值得注意的是，迁徙性和流动性虽然是观念史研究对象的普遍特点，但这个特点在文化冲突较为激烈的历史条件下会表现得尤其明显。在这一类历史条件下，观念的激烈变化和快速发展往往是我们理解一个时代、理解一种观念价值的最好窗口。例如中国近代社会大变迁过程中，中西方思想、文化和价值观激烈碰撞，从而使得大量中国原有的观念发生了急速的变化，也有大量的外来观念进入中国，并与中国原有的观念发生了融合。这一过程具有很高的观念史研究价值，也有许多学者着手对此进行了考察。例如金观涛、刘青峰对近代中国"群""会""社会""社会主义"等一系列观念群进行的考察，就是此类研究的代

---

[1] 张旭鹏:《观念史的理论与方法》,《中国社会科学报》2017 年第 1324 期·

表。[1]

　　由以上分析可知，观念史的研究路径其实非常适合中国文化观念，放在当今的研究和社会背景之下更是格外适合。这种适合有两个方面：首先是在中国文化之中，我们可以比较轻松地找到大量符合观念史考察对象标准的观念和观念群。中国的汉字系统作为一种表意的文字系统，不仅源远流长，而且具有很多表音文字系统所没有的特点。其中最为重要的特点，就是汉字字形和字义之间的联系非常密切，单个汉字所能够包含的意义更大。因此汉字对使用者来说不仅具有更强的直观性，每一个汉字所能够传达的含义和价值也远远超过表音文字的单个字符。由于这些特点的存在，在时代不断更迭的过程中，观念的变化能够更加直观地在汉字上得到展现。可以说，中国的汉字系统为观念史研究带来了一些独特的便利条件。从观念史研究的角度来看，如果把中国传统文化看作是一个自成体系的"宏观"系统的话，这个"宏观"系统之中其实存在着大量的"微观"系统，这些"微观"系统就是文化之中的观念。庞大的"宏观"系统是由一个又一个小小的"微观"系统相互组合、相互作用，最终形成的。语言和文字是一个国家、民族文化和思想的具体承载者，这些小小的"微观"观念系统的核心之处，往往都是一个汉字。"宏观"的文化系统随着时代的发展而产生出的大量的思想形态、文化现象，都是由各个"微观"系统衍生出来，并折射在汉字含义、使用方法的演变之中的。因此我们说，"中国本土哲学与文化形态中的概念、文字和词

[1]　许纪霖、宋宏编《现代中国思想的核心观念》，上海人民出版社，2011，第511页。

语是中国哲学与文化的结晶体"。"结晶体"是一个非常贴切又非常形象的说法。我们完全可以对中国传统文化中以汉字为核心的一个个"微观"系统进行深入解读，探索它们的观念史意义、历史演变、哲学内涵和文化影响，并由此出发来展现中国思想与文化的内在精神和现实意义。

其次是在中国不断发展、不断以自己的方式走向现代化的过程之中，观念史研究的路径可以为中国传统文化提供一个很好的审视自身、发展自身的契机。所谓中国传统文化，就是我们中华民族在生息繁衍中所积淀形成的理论化和非理论化的，转而影响整个社会的，具有相对稳定性的共同精神、心理状态、思维方式和价值取向等精神成果的总和，是中华民族几千年文明的结晶。在几千年的发展过程之中，无数观念和观念群发展、变化，并影响着过去和现在的中国人，在可预见的未来也仍将继续影响人们的生活。传统文化来自过去，各个时代都赋予了观念们不同的意义和价值。这些在当时的社会曾经发挥过重要影响的意义和价值，有些仍旧适用于现代社会，但有些显然已经不再适用。而一种传统的文化、思想如果希望能为新的时代贡献自己的力量，并在新的时代获得新的生命力，就必须不断与时俱进，不断尝试剖析自身、发掘自身新的价值，不断尝试与新的现实融合。事实上，这样的自我剖析、自我发掘在任何一个时代都发生着。任何一个时代的人们都在不断用新的现实、新的需要来观察传统文化和传统观念，与此同时将新的生命力注入其中，从而使得文化和观念不断更新、不断延续。而这一过程正是观念史研究的视野所在。从这两个方面出发，观念史研究引起了越来越多中国学者的重视。从观念史的视角出发去考察中国的文化、历史和思想，不仅能够增加学术研究的深度和广度，使学术变得上通下达、平易近人；同时也能够在当今这个特定的社会历史环境之下，让传统文化更好地与现实融合，从而发挥自己本应发挥的作用。

2. 研究结构

本研究主体共分为五个大的部分：

第一部分"绪论"。"绪论"细分为三部分，分别是"研究动机与思路""《列子》研究综述""研究方法与结构"。它们各自阐明本研究的主要问题意识和研究线索、与本研究相关的学术背景、本研究所采用的研究方法和大致框架，以期在开始研究之前，为后文理清大体的研究思路，并探讨一些前提性的问题和态度。

第二部分"以'道''气''天'为核心的《列子》宇宙论"。这部分内容分别探讨"道""气""天"三个概念在《列子》文本中的使用状况和具体含义，在此基础上厘清三个概念之间的相互关系，并探讨由它们支撑起来的《列子》宇宙论体系，并将这三个概念的含义及《列子》的宇宙论体系与其他道家思想进行比较，以突出《列子》宇宙论思想所独有的个性，最终解决《列子》本体学的争议问题。

第三部分"以'心''性''命'为核心的《列子》人性论"。这部分内容分别探讨"心""性""命"三个概念在《列子》文本中的使用状况和具体含义，在此基础上厘清三个概念之间的相互关系，并探讨由它们支撑起来的《列子》人性论体系，并将这三个概念的含义及《列子》的人性论体系与其他道家思想进行比较，以突出《列子》人性论思想所独有的个性，最终解决《杨朱》篇在《列子》之中的地位问题。

第四部分"以'德''化''虚'为核心的《列子》境界论"。这部分内容分别探讨"德""化""虚"三个概念在《列子》文本中的使用状况和具体含义，在此基础上厘清三个概念之间的相互关系，并探讨由它们支撑起来的《列子》境界论体系，并将这三个概念的含义及《列子》的境界论体系与其他道家思想进行比较，以突出《列子》境界论思想所独有的个性，最终填补《列子》研究领域"虚"概念的缺失。

第五部分"结论"。大致回顾以上研究过程，并综合以上各部分的内容，为整个研究做出结论性质的总结。在此基础上，对本研究所发现的《列子》思想及其构架作出简要的评价。

以"道""气""天"为核心的
《列子》宇宙论

第一章

宇宙论是《列子》全书思想体系的基础，并为其人性论、境界论提供依据。综合《列子》中论述宇宙论的段落，可以发现"道""气""天"这三个概念在其中被论述的频率最高，所占据的地位也最为重要。尽管"化"在这一理论层面上也经常被论述到，但《列子》宇宙生成层面上的"化"本质上仍是"气"论的一部分，因此笔者不将"化"作为宇宙论的核心概念，而将其放在后文之中，详述"化"在境界论层面上的含义。

第一节　"道"："天地之根"

　　"道"是中国哲学中所独有的，在各个思想派别中都受到相当重视的一个概念，道家学派对它的重视更是突出。"道"是道家学派的思想核心和最高范畴，也是其一切价值的来源之所在。[1]《列子》作为道家思想的一个组成部分，在这一点上也不例外。"道"在《列子》全文中共出现一百零二次，是所有概念中出现最为频繁、出现形式最多的概念。就"道"这一概念在《列子》概念体系中的地位来说，它是这一体系中最为核心的概念，其他所有概念都以它为旨归。因此，梳理"道"在《列子》一书中的含义，是分析该书思想的重点。

一、《列子》之"道"的含义梳理

　　通过梳理"道"每一次出现所展现的义项，我们可以把"道"在《列子》中的含义概括为以下几个方面：本根论意义上的"道"，作为价值源头的"道"，其他意义上的"道"。

1. 本根论意义上的"道"

　　"本根"一词最初是被张岱年先生用来诠释《老子》之"道"

---

[1] 牟钟鉴、胡孚琛、王葆玹主编《道教通论——兼论道家学说》，齐鲁书社，1991，第71页。

的，而这一词语最初作为哲学观念出现则是在《庄子·知北游》之中。"本根"事实上同时具有宇宙生化之源头和万物存在之根本两个层面的含义。而这种具有双重含义的宇宙本源观念，在许多中国哲学著作中都有所体现。张岱年先生等学者以此来代指中国哲学中特有的宇宙本源观念，并将其与西方哲学中的本体论（Ontology）观念相区分，认为二者的主要区别在于"中国哲学中没有西方哲学本体为真、现象为幻的观念，而是认为本根与万有众相同属实在"[1]。本根论是《列子》在开篇《天瑞》起始便长篇论述的理论部分。《天瑞》一篇在《列子》全文中的地位毋庸置疑，它在短短十几段的篇幅中便提及了几乎全部重要概念的意义，明确了它们各自的地位，并以此构建起了《列子》思想体系的主要框架。在这个框架之中，本根论是每个思想板块的基础；在本根论中，"道"这一概念又拥有不可动摇的最高地位。《列子》作者对于本根论中"道"的描述非常集中而明显，这些描述所处的段落基本出现在《天瑞》篇开篇的几段之中，只有很少的几段零星散落在后文处，并有规律地每段都点明"道"所具有的几点特征。从这些特征来看，作者或编辑者显然不是随意对待自己作品的，而是带着某些想法将其定稿，并有轻重地精心安排了段落的前后顺序和各段之间的联系。因此，我们将对这些集中论述本根论意义上"道"的段落进行逐一梳理，并辨析出其中论及的"道"之特性，从而归纳出《列子》之"道"的概貌，厘清它以及它所处

---

[1] 白欲晓:《道家形上探求的基本向度和理论衍化》,《南京大学学报》（哲学社会科学版）2005 年第 3 卷，第 115 页。

的宇宙生化过程及本根论在《列子》全篇之中的作用。

首先来看《天瑞》篇第一段。此段中对于"道"的描述便已经开始了，段中论述道：

> 有生不生，有化不化。不生者能生生，不化者能化化。生者不能不生，化者不能不化。故常生常化。常生常化者，无时不生，无时不化。阴阳尔，四时尔，不生者疑独，不化者往复。往复，其际不可终；疑独，其道不可穷。黄帝书曰：谷神不死，是谓玄牝。玄牝之门，是谓天地之根。绵绵若存，用之不勤。故生物者不生，化物者不化。自生自化，自形自色，自智自力，自消自息。谓之生化形色智力消息者，非也。[1]

此段的论述主题显然是"天地之根"的存在。由段中文句来看，这个"天地之根"还有着另外四个名字，即"不生者""不化者""生物者"和"化物者"。

对于"不生者"，作者给出的特点是"不生""能生生""疑独"和"其道不可穷"。其中，"不生"是相对于"生"而言的，而"生"显然就是指我们所熟悉的具体实在的万物。相对于万物而言，"天地之根"是"不生"的，这里的"不生"被卢重玄解释为"不因物生"[2]，也就是其事实上指的是不被"生"。也就是说，"天地之根"是自"生"的，它没有一个事实上或逻辑上的母体。接下来的"能生生"中，在最后一个"生"代指具体万物的前提

---

[1] 杨伯峻：《列子集释》，中华书局，2012，第2页。

[2] 同上。

下，其表明的即是"天地之根"作为万物之来源的地位，即张湛所注明的"生物之宗"[1]。但仅通过这一句表述，难以断定这里所说的"生生"究竟是表示"天地之根"在生成过程中真的生出的万物，还是指"天地之根"是万物存在的依据，或者是同时含有两种意义。"疑独"一词中的"疑"，具体含义自古以来众说纷纭，有学者认为其应被训为"止"，也有学者以其为"拟"之意；此外不少学者直接以疑惑之意解释全句，认为此处的"疑"与后文"绵绵若存"中的"若"类似[2]。但不管将其解释为"止于独""拟于独"还是"疑为独"，"疑独"一词的含义都与《老子》"独立不改"[3]中"独立"的意义相似，表述着"天地之根"不依傍任何事物而存在的特性。而"其道不可穷"一句，形容的主体是"疑独"这一特性。也就是说，"天地之根"的独存是永续不变的，不会因为时间或任何因素而消亡，即《老子》"独立不改"中的"不改"。

对于"不化者"，作者给出的特点是"不化""能化化""往复"和"其际不可终"。和"不生者"的"不生"一样，这里的"不化"也是与具体万物的"化"相对的，点明"天地之根"的不被"化"，体现出"天地之根"不因任何外在因素而产生变化的特点。综合其"不生"和"不化"，可以说"天地之根"不存在任何被他物所影响的可能性，而只存在其影响他物的必然性。而"能化化"一句则比较难以解释。我们熟悉具体万物时时刻刻都发生

---

[1] 杨伯峻:《列子集释》，中华书局，2012，第 2 页。

[2] 同上书，第 3 页。

[3] 陈鼓应注译《老子今注今译》，商务印书馆，2003，第 169 页。

着的 "化"，但 "天地之根" 的 "能化化"，究竟是指其能够给出万物之 "化" 的依据和规则，还是指其直接控制着万物之 "化" 呢？仅凭这一句的信息还难以判断，因此暂时搁置。接下来的 "往复"，则是一个非常重要的信息，它昭示着 "天地之根" 不是凝固不动的，而是在内部进行着运动，并且这种运动是以来回的形式进行的。"其际不可终" 的形容主体也是 "往复" 这一特性，即其所表达的是 "往复" 这一 "天地之根" 内部来回运动的无休止性。此段描述同样令人联想到《老子》中的 "周行而不殆"[1]。但是，尽管 "其际不可终" 之意可以大致类同于 "不殆"，"往复" 之意却不一定等同于 "周行"。所谓 "周行"，指的是一种循环式的圆形运动；但 "往复" 却呈现出一种不断来回的轨迹。尽管循环运动也可以被认为是一种来回的形式，但来回的形式却不一定能被确认为循环。

对于 "生物者" 和 "化物者"，作者给出的特点分别是 "不生" 和 "不化"。而不管是 "天地之根" 的 "生物" "化物" 还是其不被 "生"、不被 "化"，在前两段中都已经有过剖析，在此不再赘述。对于这两个名称，值得注意的是其后紧随的一段表述："自生自化，自形自色，自智自力，自消自息。谓之生化形色智力消息者，非也。" 此句似乎与前文的 "生物者不生，化物者不化" 有所矛盾，但这种矛盾是在将此句的主体定为 "天地之根" 的前提下才会产生的。从此句的具体行文来看，"生" "化" "形" "色" "智" "力" "消" "息" 这些动词都不可能作用于 "天地之

---

[1] 陈鼓应注译《老子今注今译》，商务印书馆，2003，第169页。

根",而只能作用于具体的事物,即"天地之根"所"生"出的实际存在。因此毫无疑问,此句的主体应该是具体而实际存在的事物。但这里似乎又出现了一个矛盾,即前文已经提到过,具体万物是由"天地之根"所"生"、所"化"的,那么在此句中的"自生自化"又如何解释呢?由此可以联想到上文中暂且存疑的两个问题:"天地之根"是真的生出了万物吗?"天地之根"是否直接控制着万物的"化"呢?对于这三个问题,唯一能够行得通的解释,便是"天地之根"并非真正生出了万物,并非直接控制着万物的"化",而是只给出了具体万物的存在依据和生化原则。至于具体的"生"和"化",则是实际万物在依据和原则的框架内自行发生的过程。这也就是后面"谓之生化形色智力消息者,非也"的真正含义。这里的"谓之",俞樾将其训为"为之"[1],表明"天地之根"并未真正实际操作万物的"生化形色智力消息",而只是作为其依据存在着,任万物自行发展变化。

其次再来看《天瑞》篇的第二段。此段尽管以"气"为论述的重点,但其中也透露出了作为万物本源之"道"的一些重要信息。

> 气形质具而未相离,故曰浑沦。浑沦者,言万物相浑沦而未相离也。视之不见,听之不闻,循之不得,故曰易也。易无形埒……[2]

对于此段中的"浑沦"和"易",学者们有着一些不同的观

---

[1] 杨伯峻:《列子集释》,中华书局,2012,第5页。

[2] 同上书,第6页。

点。一些学者认为"易"与"道"并非指同一个存在，而更多的学者认为此段中的"太易""浑沦"和"易"都是指同一个存在，即"道"这一宇宙本源[1]。考察段中的论述，可以发现"浑沦"和"易"是作为万物从无到有这一过程的开端而出现的，因此认为其为"道"的另一种表述方式，是符合全段行文逻辑的。此段中，针对"浑沦"和"易"这两个别名，作者分别提出了宇宙本源三种特征，"万物相浑沦而未相离""视之不见，听之不闻，循之不得"和"无形埒"。由"万物相浑沦而未相离"可以推断，如果认为具体的万物都是处于分化开来的状态的话，那么"道"则是处于一切都未分化的状态。尽管其给出了万物各自生化的依据和规则，这些依据和规则是具体个别的事物之所以存在的限定，但"道"本身不呈现任何限定，它是无界限的。这种描述令人联想到《庄子》之中的"道未始有封"[2]，且其含义也确实比较相似。由"视之不见，听之不闻，循之不得"来看，"道"显然应该是超出实际感官所能感知的范围的。而由"易无形埒"来看，"道"是没有具体形状的，这也是它不能真正被感官所感知的原因。

　　接下来看《天瑞》篇的第三段。此段论述的主旨其实是天地万物各有其与生俱来的职能，而"道"也同样具有自己的职能。这种职能显然与上文分析的"道"给出万物存在依据的特点有紧密的联系。

---

[1] 李季林：《论〈列子〉的有无、名教自然观》，《孔孟月刊》1997年第35卷第10期，第36页；严北溟、严捷译注《列子译注》，书林出版有限公司，1995，第9页。

[2] 郭庆藩：《庄子集释》，王孝鱼点校，中华书局，2013，第80页。

故有生者，有生生者；有形者，有形形者；有声者，有声声者；有色者，有色色者；有味者，有味味者。生之所生者死矣，而生生者未尝终；形之所形者实矣，而形形者未尝有；声之所声者闻矣，而声声者未尝发；色之所色者彰矣，而色色者未尝显；味之所味者尝矣，而味味者未尝呈：皆无为之职也。能阴能阳，能柔能刚，能短能长，能圆能方，能生能死，能暑能凉，能浮能沉，能宫能商，能出能没，能玄能黄，能甘能苦，能膻能香。无知也，无能也；而无不知也，而无不能也。[1]

这一段文字是用天地万物与宇宙本源"道"相对比以突显"道"所具有的特征。万物都是"生者"，都各有其"形""声""色""味"；因此便一定有"生生者"，以及"形形者""声声者""色色者""味味者"，它们全都代指宇宙本源"道"。此处体现出的"道"的特性有两个系列。第一个系列，是以时间之"未尝终"、形之"未尝有"、声之"未尝发"、色之"未尝显"和味之"未尝呈"来代指的"无为之职"。从时间之"未尝终"可见，"道"不具有像"生者"一样的时间上的终结，但此段中没有点明"道"是否具有时间上的起始。而由后面的几个"未尝"来看，一切具体事物的形、声、色、味之源头都存在于"道"之中，但却隐而不现。其特性的第二个系列，是由一系列的"能"所体现出来"无知也，无能也，而无不知也，无不能也"。这一语句表述了"道"是"知"与"能"的总体，是它们的极致。而极致的"知"

---

[1] 杨伯峻：《列子集释》，中华书局，2012，第9页。

与"能"在外在表现上与极致的无知和无能是无限趋近的。正如张湛的《列子注》在此处的注解:"知尽则无知,能极则无能,故无所不知,无所不能。"[1]"知"到极致、"能"到极致,就囊括了所有的"知"和所有的"能",因此也就不能被任何"知"和任何"能"所定义。因此作者说"道"是无知无能,也是无不知无不能的。

以此为基础,此段的作者将"道"的职能表述为"无为之职"。单从此段中来看,"无为"两个字的意义就仅是"道"蕴含着一切事物规定性的源头,却又不真正控制一切事物的生化过程。但事实上,"无为"并不仅仅是这样而已。关于这一点,《仲尼》篇第十五段给出了关于"无为"更为具体的描述。其段中描述道:"其动若水,其静若镜,其应若响,故其道若物者也。物自违道,道不违物。"[2]这一段的主旨尽管是论述修养工夫,但仍旧展现了"道"之"无为"的更多含义。其中,"道不违物"一句是整段的核心,而作者用"水""镜""响"等一系列的比喻来阐释"道不违物"的意义。"物"带着"道"所赋予的限定性进入生化过程之后,"道"不会再对"物"有任何的干预和违背,就像水流随物而变化轨迹,像镜子无声而确实地成像,像随声应和着响动一样。即使"物"在发展中偏离了自身应然的轨迹,"道"也不会对它们有所动作。即"道"是完全顺应"物"性的,它没有发自自身的任何意志和目的性,不会产生任何违背"物"自身天性的动

---

[1] 杨伯峻:《列子集释》,中华书局,2012,第10页。
[2] 同上书,第138页。

作。这种"无为"完全符合《老子》之"无为",即"无妄为"的含义。[1]另外,《仲尼》篇的第十五段还提出了"道"的另一个特点,也就是"道"没有自身的意志和情感。原文中,"道""亦非有心者所能得远,亦非无心者所能得近"。不管由"道"所生之物是否认识到"道"的存在,是否希望接近"道",在"道"看来它们都是平等的,并无远近亲疏之分。

最后来看《天瑞》篇的第五段。此段的主旨其实是证明具体事物都必然有其时间限制,并点明任何生物逃避死亡的追求最终都会是徒劳的。因此,此段中表明的"道"之特点也与时间有关。

　　　形,必终者也;天地终乎?与我偕终。终进乎?不知也。道终乎本无始,进乎本不久。有生则复于不生,有形则复于无形。不生者,非本不生者;无形者,非本无形者也。[2]

此段中作者代称宇宙本源的名词是"道""不生者"和"无形者"。而与此对应的特征则是"本无始""本不久"以及"非本不生者""非本无形者"。我们在前几段中已经证明过,《列子》中的"道"没有时间上的终点,而从此段中的"道终乎本无始"一句来看,"道"也没有时间上的起点。这一点与"非本不生者"所表达的特征是一致的,即回溯"道"所跨越的时间,可以发现它一直都存在着,在线性时间中没有出现过不存在的时刻。而另一方面,"本不久"和"非本无形者"所表达的特征表面上也比较相似,但深究起来则似乎有着微妙的区别。"道""非本无形者",也就是说

[1] 曾振宇:《思想世界的概念系统》,人民出版社,2012,第36页。
[2] 杨伯峻:《列子集释》,中华书局,2012,第17页。

"道"并不具有固定的、可感知的形态，而这一点我们在上文中也已经提及。而"本不久"中的"久"，被张湛、王叔岷等许多学者一致注解为"有"[1]，即这一句事实上意为"本不有"。此句如果解释为与"非本无形者"相同的含义，也可以说得通；但这个"有"字却令人怀疑"道"究竟是一个实际的存在，还是仅为一个逻辑上的设定。尽管纵观《列子》中有关"道"的描述，前一种可能性似乎更符合原文意涵，但也并无确切的文字能够否定后一种可能性。比较遗憾的是，《列子》中涉及"道"的段落便仅止于此了。有关这个最后的疑问，笔者没有在原文中发现任何能够导向其答案的资料，因此这个疑问也只能在此存疑，而无法作出任何推断和解释。

由此，《列子》文本内本根论意义上的"道"所具有的特征基本都已经被明确了。它们共同表述出了一个不依傍任何外物、不因任何因素发生变化而永续独存，内部有着往复运动，不能被具体感官所感知，时间上不存在起始和终结，在无不知、无不能的前提下顺应万物本性，不实际干涉万物生化过程的宇宙本源和万物存在依据——"道"。

2. 作为事物价值倾向之根源的"道"

这样的"道"在本根论之中占据着万物根源和存在依据的地位，且其所具有的一切特性都最终成为《列子》其他理论的终极依据。因此，本根论层面上的"道"也同时成为《列子》理论体

[1] 杨伯峻：《列子集释》，中华书局，2012，第18页。

系内一切价值和意义之正当性的来源。

在《列子》的观念之中，任何具体事物都有着自己存在的规则和界限。这些规则和界限是它们的"职"，是它们与生俱来的存在方式和存在意义。在《天瑞》篇第三段中，对此有着非常清楚的表述："天地无全功，圣人无全能，万物无全用。故天职生覆，地职形载，圣职教化，物职所宜。然则天有所短，地有所长，圣有所否，物有所通。何则？生覆者不能形载，形载者不能教化，教化者不能违所宜，宜定者不出所位。故天地之道，非阴则阳；圣人之教，非仁则义；万物之宜，非柔则刚：此皆随所宜而不能出所位者也。"[1]不管形态是大是小，地位是高是低，万物都有其自然的位置和界限，任何事物都无法承担不属于自己的责任。尽管《列子》用"自生自化，自形自色，自智自力，自消自息"来描述事物在自身限定之内的自我运转，但从其文本各处的表述来看，这样的自我运转并非放任自流的，而是有着一致的价值倾向性。这种价值倾向性最终的旨归，便是"道"本身的特性。可以说，"道"之特性根植于由其所产生的所有个别事物之中，并使得万物即使在从"道"之中分化而出后，也仍旧带有向其特性靠拢的本能。由此，《列子》作者以个别事物的口吻，将"道"称为"吾宗"[2]。在现实世界之中，这种具体事物向"道"之特性的靠拢有着很多个别的途径。由《列子》文本的描述来看，这些靠拢途径大致可以被归为两类：顺应事物本性的存在方式，以及对万物

---

[1] 杨伯峻：《列子集释》，中华书局，2012，第8页。
[2] 同上书，第72页。

个别差异之认识的消解。

　　首先来看顺应事物本性的存在方式。《列子》中出现了大量有关这种存在方式的描述。从这些描述来看，它又可以被分为两个方面，即顺应外物的天然本性和顺应自身的天赋本性。前者例如《黄帝》篇第九段中的"从水之道而不为私"[1]、《汤问》篇第十五段中的"外合于马志"[2]等等，其描述的都是在与外物的相处之中彻底顺应对方的自然天性，从而达成超乎一般认识的成果，并使得自身与外物融合无间。在顺应外物的基础上，可以衍生出谦退、柔弱的行为倾向，例如《黄帝》篇第十七段中的"常胜之道曰柔，常不胜之道曰强"[3]、《汤问》篇第八段中的"以弱制强，以轻致重"[4]等等。后者例如《黄帝》篇第九段中的"长于水而安于水，性也"、《汤问》篇第十五段中的"内得于中心"等等，即彻底顺应自身本性，并以此作为自身存在与行事的最终准则。并且在《列子》的大多数段落之中，这两个方面是相互呼应、密不可分的。从文中的论述来看，顺应外物天性和顺应自身本性不可能相互抵触，它们在本质上是一致的。当然，这种本质上的一致必然只能归结为它们所共有的本源——"道"的存在上。在明确了万物出自同一本源，并都携带着本源所具有的特性的前提下，万物之本质必然具有一致性。不管是顺应外物天性，还是顺应自身本性，在根源上都是在顺应"道"性。具体来说，从举例段落的文

---

[1] 杨伯峻:《列子集释》，中华书局，2012，第61页。

[2] 同上书，第176页。

[3] 同上书，第78页。

[4] 同上书，第165页。

句表达来看，这些顺应的对象都是"道"所具有的"无为"这一特性。"无为"便是自然，"道"不违任何事物的天性，这一特性显现于具体事物之上，便形成了具体事物向这一特性趋同的存在方式。而自然这一价值倾向也成为《列子》一切理论部分的旨归之所在。

其次来看对万物个别差异之认识的消解。此类方式也可以被分为两类，即消解对自身之外事物差异的认识，和消解对自身与外物差别的认识。前者论述的重点在于消解其他种类事物与人这一种类的差异，例如《黄帝》篇第十八段中就禽兽与人的差异而发的"然则禽兽之心，奚为异人？形音与人异，而不知接之之道焉"[1]等等，这些论述的目的都在于破除人为天地之尊的人类中心认知。而在此基础上，后者在《列子》文本中更为多见，也具有更为重要的意义。此类诸如《黄帝》篇第三段中的"心凝形释，骨肉都融；不觉形之所倚，足之所履，随风东西，犹木叶干壳"[2]，同篇第十二段中的"和者大同于物，物无得伤阂者，游金石，蹈水火，皆可也"[3]等等。由此可以察觉一种以前者为基础，以后者为结果，逐级递进的思维逻辑，即人与其他事物没有本质的差别——自身是人——自身与其他事物没有本质的差别。这些段落所论述的主旨，都是主体通过努力而逐渐消解对自身与外物差别的认知，从而达到一种不为外物所妨碍，同时也与他物融为一体的

[1] 杨伯峻：《列子集释》，中华书局，2012，第80页。

[2] 同上书，第45页。

[3] 同上书，第65页。

状态。而这种状态,便是《列子》所重点论述的境界。从根源上来说,这一状态也是与万物本源——"道"所具有的特性紧密联系着的。"道"所处的状态即是"浑沦",即万物的"未相离"。这种状态同样根植于由此分化而出的每一个事物之中,由此,具体事物都有着消解自身与他物的差别,从而回归于"浑沦"之"道"的趋向。这也是境界论之所以产生的原因。而有关这一点,笔者将在境界论的部分进行详细论述。

由以上分析可见,在《列子》的思想架构之中,"道"是其所倾向的价值取向的直接来源。这些价值取向都直接来自本根论上的"道"所具有的特性和状态。因此,不管是《列子》思想的哪一个部分,其理论之正当性的确立都是由本根论上的"道"来完成的。这也正是《列子》将论述这一部分理论的《天瑞》一篇放在文本开头之处的原因之所在。

3. 其他意义上的"道"

除了宇宙本根和价值倾向来源的意义之外,"道"还具有一些其他的含义。这些含义可以大致分为以下三种:方法、规律、理论。在此简略将其使用状况做一总结。

第一种含义"方法"的使用非常广泛。单纯作为方法出现的"道"并不多见,例如"形音与人异,而不知接之之道焉"[1]。在更多的时候,"方法"作为一种基础含义,时常与其他含义共同出现。《列子》一书中有很多用寓言和对话方式进行论述的段落,而

---

[1] 杨伯峻:《列子集释》,中华书局,2012,第81页。

意为方法的"道"经常出现在此类段落的前半节，作为引出后文重点的引言。如国氏与向氏论述为盗之道的章节中，"道"先是以单纯的方法意义出现，中段联系国氏所讲的"盗天地之时利"[1]时，"道"已经改换为规律之意。最后，为盗之"道"与"天地之德"[2]相联系，引出了其价值含义。这样"道"概念在同一段落中多次改变含义的状况非常多，而作为方法的"道"通常都出现在段落开头部分，以这一含义融入寓言故事或人物对话中，为了引出后面的更深层含义做好铺垫。

第二种"道"的含义是"规律"。这种含义出现的次数较少，但与其他含义有着较为明显区别。首先，"道"指自然界意义上的总规律。它包含着季节更替、万物生长等规律性的变化，即"天地之时利，云雨之滂润，山泽之产育"[3]，这些规律是可以在人类手中被把握，被利用的。人类可以在认识它之后利用其"生吾禾，殖吾稼，筑吾垣，建吾舍"[4]。依照自然规律来累积自己的财富、物产，就会"盗天而亡殃"[5]，不会像不知为盗之道的向氏一般遭遇灾难。其次，"道"是事物存在与消亡意义上的总规律。在这层意义上，"道"多数与"常"并举，二者不是对立的关系，而是在不同层面上一致的。不依傍外物从而恒久存在的，是"道"；依照"道"而生存，即使生命结束也不远大道，这样便是"常"。以此

[1] 杨伯峻:《列子集释》，中华书局，2012，第 34 页。
[2] 同上书，第 36 页。
[3] 同上书，第 34 页。
[4] 同上。
[5] 同上书，第 35 页。

"道"生存，却远离了大道，是一种偶然。遇到这种偶然，是运气的问题。依傍外物而无法恒久存在，也是一种"道"；依照这种"道"而远离大道，未到命定之时便结束生命，也是"常"。以此"道"而生，却仍旧长命，也是偶然。遇到这样的偶然，也只是有运气。所以，"无用而生谓之道，用道得终谓之常；有所用而死者亦谓之道，用道而得死者亦谓之常"[1]，不待外物而恒存是"道"，依此"道"直至终结是"常"；待外物而不能恒存也是"道"，依照此"道"而死也是一种"常"。"道"和"常"的区别是"道"是从天地自然的总规律角度来看的，"常"是这样的"道"下降在具体事物和生命中的体现。"无所由而常生"[2]"有所由而常死"[3]，任何一个具体实在的存在都无法做到完全符合，但它们的确是天道层面的规律。具体的存在能做到的，只是"由生而生，故虽终而不亡"[4]，或"由死而死，故虽未终而自亡"[5]，也就是"常"而已。且"常"虽然是"道"在具体层面的下落，但仍有着偶然发生的、不符合"道"的状况存在。但这些都无损"道"这一事物存在消亡总规律的存在和运行。由此可知，"道"作为规律，包含着人类能够认识和利用的客观自然界规律，也包含着一切事物存在与消亡的规律。也就是说，它是一切规律的集合，是具体世界中全部规律的总称。

---

[1] 杨伯峻：《列子集释》，中华书局，2012，第125页。

[2] 同上书，第124页。

[3] 同上书，第125页。

[4] 同上。

[5] 同上。

第三种含义，是对一种理论思想的代指，形式上经常为"××（某人）之道"。这种代指不限于作者所认同的、站在道家学派角度上的理论，例如指代老子思想的"聃之道"[1]；也代指当时已存在的任何一种理论，如以"道行国霸"[2]指代管仲的理论，以"君臣之道"[3]"帝王之道"[4]"君臣道息"[5]等词句指代儒家的理论。而后者常常是文中作者所批驳的对象。

二、与其他道家思想之"道"的比较

1. 与《老子》之"道"的比较

尽管人们在提到作为哲学概念和文化观念的"道"时，总是会不由自主地首先想到老子，但实际上老子并非"道"的发明者。在老子之前，"道"早已在文化发展的长河之中衍生出了哲学性质的含义，而且这些含义已经显著地向着抽象的哲学范畴演进，并有相当多的学者参与到了对"道"的讨论之中。这种演进在《老子》产生之前的《左传》《国语》等著作中就已经有着明确的表现。因此可以说，老子所作出的突出贡献并不是发明"道"，而是在前人的基础上，把"道"这个带有哲学范畴性质的文化观念进

---

[1] 杨伯峻：《列子集释》，中华书局，2012，第 112 页。

[2] 同上书，第 207 页。

[3] 同上书，第 216 页。

[4] 同上书，第 222 页。

[5] 同上书，第 225 页。

一步抽象化和升华，将它彻底上升为一个哲学系统的最高本原概念，并对它进行系统的表述和讨论。老子之所以能够完成这一艰巨的工作，是有着一系列不可忽视的因素的。这其中最重要的三个因素是：第一，中国哲学的发展为什么需要有"道"这样一个概念的出现？第二，为什么"道"这个文化观念能够成为中国哲学的最高哲学范畴？第三，为什么这项工作由老子来完成？接下来，我们就来简要地分析一下这些问题。

首先，中国哲学的发展为什么需要有"道"这样一个概念的出现？这是由哲学发展的基本逻辑决定的，哲学发展的基本逻辑使得中国哲学在发展达到一定阶段之后，需要出现一个能够统摄整个现实世界的本原性质的哲学概念。

在"道"上升为世界本原概念之前，就像其他哲学体系的发展过程一样，中国也存在着比较原始、朴素的世界本原学说。例如"阴阳""五行""元气"等学说，当时就已经非常盛行。尤其是"五行"学说，在那个时代是一种具有统摄力的学说。顾颉刚对此曾经论述到："五行，是中国人的思想律，是中国人对宇宙系统的信仰。"[1]"五行"学说认为，金、木、水、火、土五种元素是世界的五大基本元素，整个世界以及世界上的一切事物都是由这五种元素以不同方式结合而产生的。由这五种元素组合而成的事物，不仅具有与基本元素相似的性质、可以划分为相应的类型，而且五类事物之间存在明确的相生相克关系。所谓"相生"，是指

[1] 顾颉刚:《五德终始说下的政治和历史》，载顾颉刚《古史辨》（第五册），海南出版社，2005，第237页。

滋生、促进,对被作用的一方来说,是一种正面的积极作用;所谓"相克",是指抑制、克制,对被作用的一方来说,是一种负面的消极作用。五行之间具体的相生关系是木生火,火生土,土生金,金生水,水生木;相克关系是水克火,火克金,金克木,木克土,土克水。天地万物就是在五行的相生相克的矛盾运动中产生、变化和发展的。"五行"学说所显示的朴素唯物论和辩证法特征,对中国哲学和中国文化、政治都产生了深远的影响。但是,以"五行"学说为代表的这一类学说,是将一种或几种具体的、有形的物质或性质作为世界本原,试图解释整个现实世界的产生、变化和发展。当人们对世界的认识越来越广阔、越来越丰富,哲学系统也随之发展到一定的阶段时,这种朴素的世界本原学说一定会遇到发展障碍,那就是无法解释这个无限广阔、无限丰富的大千世界怎么可能只由有限的几种具体元素构成。这种朴素的世界本原学说的出现,及其在发展过程中遇到的障碍,是历史上任何一个高度发展的哲学系统都曾经经历过的,在哲学发展的原始、朴素阶段是非常自然的情况。恩格斯对此论述过:"哲学在它发展的最初阶段,便十分自然地把自然现象和无限多样的统一看作自明的东西,并且就在某个一定的有形体的东西中,在一个特殊的东西中去寻找这种统一。"[1]古希腊曾经出现的,认为"水""火"等自然元素是世界的本原的观点,都是这种哲学发展必然历程的体现。

---

[1] 恩格斯:《自然辩证法》,曹葆华、于光远、谢宁译,人民出版社,1955,第151页。

　　当然，人类对世界的认知在不断拓展，哲学的发展水平必定会随之提升。哲学作为研究现实世界最一般的本质和最普遍的规律的科学，必须去解释世界本原如何产生五彩斑斓的大千世界这一问题。而这一问题唯一可能的解答逻辑，决定了哲学系统中的世界本原不再可能是某些具体的事物、元素，而必须是具有高度抽象性和一般性的概念。在古希腊，哲学家泰勒斯提出"水"是世界本原的观点之后不久，其学生阿纳克西曼德创立的"无限定"理论就应运而生了。这种理论认为，世界本原不是"水""火"之类的具体物质或具体的自然元素，而是一种从逻辑上来说高于一切具体自然元素的存在，阿纳克西曼德将这种存在命名为"无限定"。"无限定"不像"水"那样是具体的、有限的，而是一般的、无限的，并且没有开端，也没有终结。[1] 发明"无限定"这样一个高度抽象、高度一般的概念来取代个别的、特殊的"水"来作为世界的本原，这是哲学系统发展的逻辑必然，无论哪一个文化体系都要经历类似的发展阶段，中国哲学也不例外。"五行""元气"都是具体的、特殊的自然物质，以它们为本原无法真正解释和说明无限发展的现实世界。中国哲学系统要解释这一问题、跨过这一障碍，就必须有人来提出一个高度抽象、高度一般、高度哲学化的世界本原概念。老子的"道"就是在这样的历史和逻辑条件下产生的。

　　其次，为什么"道"这个文化观念能够成为中国哲学的最高

---

[1] 北京大学哲学系外国哲学史教研室编译《古希腊罗马哲学》，商务印书馆，1961，第 7 页。

哲学范畴？能够被提升为哲学系统中世界本原的概念，必须符合以下两个条件：一是能够符合逻辑地解释世界万物的产生；二是能够系统地解释自然界和人类社会的发展演化。在此基础上，无论是由哲学家凭空创造一个概念，还是将原有的某个概念进行发展改造，都是可行的。古希腊的阿纳克西曼德便是自己创造了"无限定"的概念。而对于中国哲学来说，我们独特的汉字系统对这一工作提供了相当多的便利条件。汉字的表意性和象形性，使得汉字的含义丰富多样而灵活易变，非常易于深化发展。并且在此之前，由于文化和政治的早熟，中国人已经对一批汉字进行了文化意义上的深化和挖掘，使得一些汉字的含义发生了初步的哲学化。在诸多此类汉字之中，"道"最终脱颖而出，成为中国哲学的世界本原概念，这并不是偶然，而是因为"道"在世界本原的两个必要条件上都具有明显的优势。

在解释世界万物产生的这一必要条件上，"道"就是具有明显优势的。"道"的本意是"道路"，除此之外还有三个含义，即"始也""大也""本也"。"始也"，即"道"具有"初始"这一含义，能够符合世界万物的开端这一定义；"大也"，即"道"具有"广大"这一含义，这里应该注意的是，古代先哲所说的"大"，除了具有我们今天仍然常用的"广大"这一含义之外，还有一层更重要的含义，这便是"无限"，"道"也由此具备了产生无限的物质世界的可能性，能够深化出高度的一般性；"本也"，即"道"具有"根本"这一含义，能够符合世界万物的本源这一定义。"道"所具有的以上含义，虽然是长久以来就存在的，也是为当时的知识阶层所熟知的，但在老子以前没有人明确地把它们联系在一起来看待，也没有人将其进行进一步的哲学化。是老子完成了这一工作，明确地将"道"的多重含义与世界本原的位置联系起来。

在系统地解释自然界和人类社会的发展演化这一必要条件上，"道"的本意和"道""导"两个汉字在意义上的重叠，使得"道"显示出了超乎其他汉字的独特优势。"道"的本意是"道路"，这一含义稍微加以引申，就能够用来说明人生发展和社会演变，非常便利。《尚书·洪范》中的"无有作好，遵王之道""无有作恶，遵王之路"，就显示了"道"已经不仅代指现实中用脚去走的道路，而是明确代指一个处于某种地位的人应该遵从的行事规则。实际上，这种用法一直延续到了今天的现代汉语之中。我们现在仍旧会说，某个人不学好，走上了歪路，不走正道。用"道"的"道路"这一含义来解释人生和人类社会，中国人早已发现了这种便捷的用法，并且这一深化过程在老子之前就已经完成，进入了广泛应用的阶段。另一方面，就是"道"与"导"两个字在意义上的重叠，以及广泛的共用情况。古代汉字的使用并没有今天的现代汉语这样严格的规则，只要不产生歧义，类似的汉字都可以通用。大量在现代中国人看来是错别字、异体字的情况，在古代都是司空见惯的事，并不会认为是错误。这也是由于古代中国人对世界的认识还有比较大的局限性，一个人一生的生活范围比较狭窄，在生活中不会接触到很多陌生的事物，因此对表达和记录的语言精确性要求比较低。当然，随着人类认识的逐渐拓展，接触到的事物越来越丰富，个人的生活范围也逐渐扩大，简单的、精确性低的语言文字已经无法满足表达和记录的需求时，人们对语言文字的规范化要求就会不断提高，语言文字的使用规则就会逐渐明确，各种概念的内涵、外延的定义也逐渐被明确，语言文字系统就逐步迈入了精确化的时代。我们就是这样由模糊的古代汉语发展为精确的现代汉语的。实际上，"道"和"导"的含义重叠和后来的逐渐分离，就是这一过程的典型例子。在时间顺序上，"道"是先产生的汉字，其本意是"道路"。在有了道路的基础上，古代人类又产生了给人指路的现实需求，于是就产生了"导"这个字。根据现今出土的甲骨文和金文实物，"导"的最初字形是上手下道，其含义是"以手指道"，代表的意象就是为迷路的旅人指出正确的道路。[1] 但由于古代语言文字使用的低精确性，人们不太分得清"导"和"道"两个字的区别。由于"道"是更常用的字，在不产生歧义的情况下，出现"导"的意思时往往随便地用"道"来代替了事。例如在《论语·为政》中出现的"道之以政"，其中的"道"实际上就是"导"的意思。在两个字这样的通用过程中，它们的意义也发生了一定程度的融合，"导"所具有的"引导人走上正路"的意义逐渐融入了"道"之中。这一点进一步促进了"道"的哲学化和抽象化，人们由此将"道"引申出了"规律""法则""正途"之意，打下了"道"成为自然界及人类社会发展总规则的伏笔。

[1] 孙熙国:《先秦哲学的意蕴：中国哲学早期重要概念研究》，华夏出版社，2006，第24—25页。

第三，为什么这项工作由老子来完成？这一点与老子时代的论"道"风潮和老子的个人因素都有着密不可分的关系。老子所生活的春秋时期，中国出现了一个论"道"的社会思潮，在那个时代"道"是新潮的思想，谈论"道"是知识阶层的一种时尚。这一点在《左传》和《国语》中都有着非常明显的表现。人们在对某个事物进行高谈阔论的时候，特别喜欢用"某事某物之道"这种说法，例如《左传》中就出现了"存亡之道""忠信卑让之道""亲之道""朋友之道"等等，《国语》中也大量出现了这种说法，例如"顺之道""亡之道""鬼道""人道"等等。在谈及自然规律的时候使用"天之道"，这种说法也是这一时期广泛出现的。还有更实用的用法，例如想要批判某人、加罪于某人的时候，最方便的做法就是给此人扣上一顶"无道"的帽子，《左传》中讲到"无道""不道"的超过三十处，《国语》中则有六十多处。这一时期，给"道"下定义的尝试也已经出现了。例如《左传》中的"所谓道，忠于民而信于神也""大德灭小怨，道也"等等。虽然这些定义都是从现实角度出发的，并且没有出现更为抽象的哲学意蕴，但它们显示出人们已经作出了从各个侧面对"道"进行定义的尝试，也显示了春秋时期知识分子阶层论"道"的社会思潮是非常高涨的。应该说，生活在这个时代的老子受到了这种社会思潮的深刻影响，这种思潮催化了老子自身关于世界本原和"道"的思考。

另一方面，就是老子的个人原因了。上文已经论述过，中国哲学逻辑的发展必然要求一个新的、高度抽象、高度一般的世界本原概念登上历史舞台,作为候选概念之一的"道"在此之前已经凝聚了大量优势条件亟待脱颖而出,再加上春秋时期广泛论"道"的社会大思潮,这一切都使得新的世界本原概念闪亮登场的社会历史舞台已经完全就绪。这个时候,历史需要一位伟人来总结一切、整理一切,并最终响亮地将答案说出口。普列汉诺夫说:"伟人确实是发起人,因为他的见识比别人的远些,他的愿望要比别人强些。他把先前的社会理性发展进程所提出的紧急科学任务拿来加以解决,他把先前的社会关系发展过程所引起的新的社会需要指明出来;他担负起满足这种需要的发起责任。"[1] 老子就是中国哲学史上担负起这种责任的伟人。作为周朝守藏室的史官,老子在日常生活中受到了超乎一般人的良好教育,接触了大量一般人所无法接触到的历史记载和文献材料,并长期进行文字记录工作,同时拥有那个时代非常难得的丰富文化知识、厚重历史积淀和强大的语言表达能力;作为隐士阶层的代表人物,老子注重精神生活和个人修养,热衷于思考内在的主体问题和外在的现实问题,因此思考和求知的愿望比其他人更强烈一些。这些条件决定了老子具有提出世界本原"道"这一概念的可能性与必然性。

道家思想,无论从思想架构的发展上还是时间上都起始自《老子》一书,应该是毫无疑问的事实。尽管在后来的发展中,道家思想也像其他思想学派一样,分化出各个支脉并形成了各式各样的特点、结构,但这些日后发展的源头多数都可以在《老子》

---

[1] 普列汉诺夫:《普列汉诺夫哲学著作选集·第二卷》,生活·读书·新知三联书店,1961,第373页。

文本中找到。因此，研究任何一部道家著作、一个道家思想流派，与《老子》思想的比较都是不可缺少的一个环节。通过与其源流和起始点的对照研究，研究者可以从中确认研究目标思想的发展程度，发现其一系列个性特点，这对于深入了解、定位研究目标有着非常重要的意义。《列子》一书作为道家思想的一部分，自然也不例外。本研究的目标，是分析梳理《列子》中重要的哲学概念，并以此为支点，尽可能整理出《列子》内在的哲学思想和逻辑体系。因此，在与《老子》的比较研究中，也将梳理《老子》中与《列子》相对应的概念，比较其意义及使用方式上的异同，以此推断《列子》和《老子》在哲学体系及概念发展上的关联和差别。由于《老子》成书过程的复杂性，其文本有着多个不同的版本。笔者从中选择了一个有一定权威性和认同性的释本作为底本，涉及《老子》各版本间文字差异时基本以此底本为准。当然，一些近期出土文献中较为重要的文字差异是不容忽视的，涉及此类段落时，笔者也会适当兼顾这些文字差异，以期达成一个更为全面的研究结果。

道家思想各派尽管有着复杂的细分差异和林林总总的独特之处，但其共同性是突出的，即都以"道"这一概念为哲学上的最高范畴，以回归"道"、合于"道"为追求的最终目标，其思想的各个部分都围绕着"道"这一中心而展开。[1]因此，比较《列子》和《老子》两个道家思想的文本，必定要从比较两者"道"的概

[1] 牟钟鉴、胡孚琛、王葆玹主编《道教通论——兼论道家学说》，齐鲁书社，1991，第71—72页。

念入手。作为道家思想的核心,各个流派在对于"道"这一概念的诠释中流露出的微妙不同,预示着其思想体系的一系列差异。比较两个思想体系的内容,必定要从相同与不同两个方面入手。而两个方面之中,又必定以相同之处为引子,以不同之处为重点,从而展现二者的关联性和差异性,并以此突显双方的个性。因此,笔者将从《列子》与《老子》"道"概念内容的相同、相似之处入手,在明确共通性的前提下,再对二者"道"概念的不同之处进行剖析。

先来看二者"道"概念的共通之处。纵观《列子》和《老子》文本中涉及"道"这一概念的段落,可以发现其中一些基础性的内容是没有改变的。事实上,这些没有改变的内容基本可以适用于任何一个道家学派的思想,是作为道家思想共同性、根本性的内容。一旦改变了这些内容,此派思想作为道家思想的正当性就有怀疑的必要了。这些基础性内容包括:①"道"的本根地位,即其为宇宙的本源,万物存在的依据。在《老子》中有数段文字明确提出这一点,如:"有物混成,先天地生。寂兮寥兮,独立不改,周行而不殆,可以为天下母。吾不知其名,强字之曰'道'。"[1] 又如"道冲而用之或不盈。渊兮,似万物之宗"[2] 等等。相对的,在《列子》之中,"道"作为宇宙根源和万物存在依据的地位也是不可动摇的。尽管没有明确的"道"字出现,《老子》中描述宇宙本源的语句"谷神不死,是谓玄牝。玄牝之门,是为天

---

[1] 陈鼓应注译《老子今注今译》,商务印书馆,2003,第169页。
[2] 同上书,第90页。

地根。绵绵若存，用之不勤"[1]直接被《列子》引用，出现在开篇
之首的《天瑞》篇第一段中。这毫无疑问是《列子》中宇宙本源
地位的明确认定，也是其受到《老子》直接影响的重要证据。除
了引用《老子》的段落之外，《列子》文中也有着一系列的语句专
门对此进行论述，如"有生不生，有化不化。不生者能生生，不
化者能化化"[2]等等，此类语句在前文第一章中已经有过列举，在
此不再赘述。由此可以确定，"道"作为一切事物本源和依据的
地位，在《列子》和《老子》中都是不可动摇的。②"道"不依
傍任何事物而独立存在。《老子》中描述"道"的"独立不改"[3]
四字，已经将这种特性简明扼要地诠释清楚。而在《列子》中，
"道"的这种特性被反复提及，如"不生者疑独"[4]"生物者不生"[5]
等等。可以说，独立而无所依傍也是二者文本中确然的相同之
处。③"道"无法被感官所感知。这一点在《老子》中有着明确
的表述："视之不见，名曰'夷'；听之不闻，名曰'希'；搏之不
得，名曰'微'。此三者不可致诘，故混而为一。其上不皦，其下
不昧，绳绳兮不可名，复归于无物。是谓无状之状，无物之象，
是谓惚恍。迎之不见其首，随之不见其后。"[6]《列子》中也有着类
似的表述："善若道者，亦不用耳，亦不用目，亦不用力，亦不用

---

[1] 杨伯峻:《列子集释》，中华书局，2012，第3页。

[2] 同上书，第2页。

[3] 陈鼓应注译《老子今注今译》，商务印书馆，2003，第169页。

[4] 杨伯峻:《列子集释》，中华书局，2012，第2页。

[5] 同上书，第4页。

[6] 陈鼓应注译《老子今注今译》，商务印书馆，2003，第126页。

心。欲若道而用视听形智以求之，弗当也。"[1] 可见这一点也是两书思想的共识。④ "道"为其思想体系中一切价值的源头。在两个文本中，"道"出现的绝大多数段落都并非在单独诠释这一宇宙本源，而是以它来诠释该段落所要表达的价值取向。而这些价值取向都会被归结到"道"的本来性质上。如《老子》中常见的"不争""无为"等价值取向，在具体表达时都会被归结于"道"："水善利万物而不争，处众人之所恶，故几于道"[2] "道常无为而无不为。侯王若能守之，万物将自化"[3] 等等。在《列子》中情况也比较类似，如"使天地之生物，三年而成一叶，则物之有叶者寡矣。故圣人恃道化而不恃智巧"[4] 等等。以"道"为价值本源，可以说是道家任何学派必然具有的内容。

由以上对《列子》《老子》"道"概念共通之处的总结，可知《列子》思想作为道家思想的一个分支是不容置疑的。但一个思想体系之所以值得研究，往往是由于它区别于其他思想派别的独立性和个性。因此，对《列子》与《老子》"道"概念不同之处的比较才是重点。接下来，本文将对这些差别作逐一的梳理和分析。

首先，《老子》中"道"的物质属性高于《列子》中的"道"。在《老子》文本中，有不少段落都显示出"道"的物质属性，如将"道"描述为"其中有象""其中有物""其中有精""其中有

---

[1] 杨伯峻：《列子集释》，中华书局，2012，第138页。

[2] 陈鼓应注译《老子今注今译》，商务印书馆，2003，第102页。

[3] 同上书，第212页。

[4] 杨伯峻：《列子集释》，中华书局，2012，第233页。

信"[1]等等。尽管各家对"信"等一些字句的解释各有不同,但从该段的描述中可以看出"道"是一个实际存在的、具有物质属性的存在,这一点仍旧是多数学者的共识。更为突出的是,《老子》中不止一次出现以"物"来指称"道"的语句。例如"道之为物""有物混成,先天地生"。对于"道之为物"一句的意义,也曾有过争议。尽管笔者认为争议双方的解释都有所欠缺,但冯友兰先生的解释,即"道这个东西"[2],应该比另一方的"道创造万物"[3]更为接近原意。也就是说,此句也是在表明"道"所具有的物质属性。而《列子》文本中对"道"的描述,则没有明显的此类表明其物质属性的语句。相反的,其中有一些可以认为是尽可能排除"道"之物质属性的文字。例如"道终乎本无始,进乎本不久"[4]。此句不仅仅是明确指出"道"没有时间上的起点和终点,也指明了"道"本来就不是"有"的。在另一个段落中,这种不"有"的属性及其原因被更加清楚地说明了:"舜问乎烝曰:'道可得而有乎?'曰:'汝身非汝有也,汝何得有夫道?'舜曰:'吾身非吾有,孰有之哉?'曰:'是天地之委形也。生非汝有,是天地之委和也。性命非汝有,是天地之委顺也。孙子非汝有,是天地之委蜕也。故行不知所往,处不知所持,食不知所以。天地

---

[1] 陈鼓应注译《老子今注今译》,商务印书馆,2003,第156页。

[2] 冯友兰:《关于老子哲学的两个问题》,载哲学研究编辑部编《老子哲学讨论集》,中华书局,1959,第59页。

[3] 关锋、林聿时:《论老子哲学体系的唯心主义本质》,载哲学研究编辑部编《老子哲学讨论集》,中华书局,1959,第198页。

[4] 杨伯峻:《列子集释》,中华书局,2012,第18页。

强阳，气也；又胡可得而有邪？'"[1] 在此段中，烝为舜列举了一系列事物并最终说明，连这些事物都是无法真正归为己有的，更何况是"道"呢？而这一系列事物，都被烝总结为"气也"。也就是说，由"气"所构建出的一切事物都是实存的，而"道"则完全超乎这个层面之上，因此人类无法真正把握"气"，就更说不上能把握"道"了。从这一段落的论述可知，《列子》和《老子》的宇宙生成论中都存在着具有物质属性的部分，但由于《列子》中"气"概念的存在，物质属性全部被归结到了"气"的层面上，从而使得"道"的物质属性大大降低了；而《老子》中，由于没有"气"概念的存在，作为生成论的必要环节，"道"便全部承接了物质属性。

其次，《老子》中"道"的精神属性也高于《列子》中的"道"。《老子》中虽然没有特别明确的说明，但从很多段落的字里行间可以感受到，其"道"是某种程度上有情感、有意志的。例如"天道无亲，常与善人"[2] "故从事于道者，同于道；德者，同于德；失者，同于失。同于德者，道亦德之；同于失者，道亦失之。信不足焉，有不信焉"[3] 等等。尽管不同版本中这些段落的文句有着些许差别，但其主要含义并无变化，句中确实展现了"道"知晓"善"，知晓某些人认同自身并且其行为合于自身，而某些人则相反，并且对于合于己以及不合于己的人们有着不同的对待。由

---

[1] 杨伯峻：《列子集释》，中华书局，2012，第32页。

[2] 陈鼓应注译《老子今注今译》，商务印书馆，2003，第340页。

[3] 同上书，第164页。

此可见,《老子》的"道"有拟人化的成分,它有知觉,有自己的准则,并且是有意志的。这种宇宙本源、价值主体的拟人化描述,有着古代初期哲学的"物活论"的特征。[1]而在《列子》之中,这种拟人化的精神性描述不仅不再出现,还与此相反,不止一次出现了较为明确表达"道"之无"情"的文句。其中最为典型的当属《仲尼》篇第十五段。此段并不否认"道"和其所生的万物之间有着某种联动的关系,但却将"道"对"物"的回应作了形象的比喻,即"其动若水,其静若镜,其应若响。故其道若物者也。物自违道,道不违物"[2]。也就是说,"道"对万物的回应如同水波、镜像、回声一样,完全跟随着"物"的动作而回应,是纯自然的、无心的,不带有任何的情感和意志。继而,段中明确了"道""亦非有心者所能得远,亦非无心者所能得近。唯默而得之而性成之者得之",即对"道"而言,人是否认同己身、是否有心求己都没有区别,"道"不会对这两种情况给予不同的对待。是否能够得"道",完全靠人自身的静思以及其自身之"性"的资质如何。可以看出,这种表达与《老子》中的"同于德者,道亦德之;同于失者,道亦失之"[3]有着显著的区别。最后,该段对上述的一系列论述作出了总结,即"道"本身"知而亡情,能而不为,真知真能也"[4]。由此可见,《列子》中"道"的无情感、意志性是比较明确的。《老子》的"道"是对更早期文化中"天""帝"等人格神

---

[1] 李泽厚:《中国古代思想史论》,人民出版社,1986,第92页。

[2] 杨伯峻:《列子集释》,中华书局,2012,第138页。

[3] 陈鼓应注译《老子今注今译》,商务印书馆,2003,第164页。

[4] 杨伯峻:《列子集释》,中华书局,2012,第138页。

的否定和超越，但其表述中仍不可避免地残留着早期信仰的某些影响。[1] 而《列子》中的"道"已经基本排除了这些信仰的遗留，而变得更加纯粹、抽象。

综合以上两点区别可以发现，宽泛地来说，《老子》之"道"比《列子》之"道"更为物质化、拟人化；而后者比前者则更为纯粹化，虽然不能说是一个彻底的逻辑观念，但其抽象性显然是加强了不少。这种区别与《老子》与《列子》之中各自的"道""气"关系有着很强的相关性，因此我们将在下面对"气"进行分析和比较的章节中详述。

2. 与《庄子》之"道"的比较

《老子》之外，先秦时代另一部无法避过的道家典籍就是《庄子》。《列子》与《庄子》的关系是在研究《列子》的过程中不可避免的一部分，这是由于今本《列子》之中有着不少与今本《庄子》重合或者大意相似的段落。这些重合段落被很多学者认作是《列子》为伪书的例证。《列子》和《庄子》在思想结构上的差异不像《列子》和《老子》那样明显，两书的思想体系和概念使用也显示出很多相似之处。例如有学者从文学思想研究的角度对两书的自然哲学、人生哲学、处世哲学等诸多方面进行了比较，并认为两书思想的相同之处远远多于相异之处。但实际上，详细分析两书的哲学思想和概念结构，仍旧可以发现种种细微的差别和倾向性的不同。而这些差别和不同，正是《列子》和《庄子》作

---

[1] 曾振宇:《思想世界的概念系统》，人民出版社，2012，第33页。

为有所联系又彼此相异的两个思想体系的证据。历史上对于《庄子》思想的研究已经不胜枚举，而由于《列子》与《庄子》的多处重合，导致了学界对《列子》哲学思想研究的忽视。因此，对于两者进行概念结构上的比较，有助于进一步区分两者的思想并加深对于《列子》思想的了解和定位，进而补足历史上研究的缺失。

"道"这一概念在《列子》和《庄子》比较研究中的重要性是毋庸置疑的。"道"的本根意义在任何一派道家思想中都占据着思想体系的核心地位，《列子》和《庄子》作为道家学说的一部分，自然也不例外。相对于《老子》来说，《列子》和《庄子》两书的思想体系成熟度更高，因此它们"道"的相似之处和相异之处两方面都比《列子》和《老子》对比之下的"道"更为丰富，与其他概念的关系也更值得考察。下面，就先来分析二者的相似之处。

在对《列子》和《老子》中的"道"进行比较的内容中已经提到过，《列子》之"道"与《老子》之"道"的相同之处，同时也是道家思想任何派别的"道"所共有的要素。这些要素包括："道"是宇宙的本源，万物存在的依据；"道"不依傍任何事物而独立存在；"道"无法被具体感官所感知；"道"是其思想体系中一切价值的源头，在该思想体系中占据最核心的地位。"道"这一概念并非道家学派所特有，但以上的这些要素，却是道家思想学派所特有并共有的要素。当这些要素同时稳定地出现在一个思想学派的"道"概念之中时，基本可以判定这个学派是属于道家思想脉络的。而《庄子》作为道家思想发展中的重要组成部分，在这一方面也不例外。纵观《庄子》中的"道"概念，这些要素都被体现得比较明确。例如提到《庄子》"道"论就不得不提到的《大宗师》中的段落："夫道有情有信，无为无形；可传而不可受，可得而不可见；自本自根，未有天地，自古以固存；神鬼神帝，生天生地；在太极之先而不为高，在六极之下而不为深，先天地生而不为久，长于上古而不为老。"[1] 在此段中，"道"的本源地位、独立存在和无法被感官感知的要素都被表达得很清晰。而后文中有"狶韦氏得之，以挈天地；伏戏氏得之，以袭气母；维斗得之，终古不忒；日月得之，终古不息"[2]。这一系列具体事物与"道"的融合，都表达了当"道"下降至具体事物之中时，为具体事物带来的价值感。因此，在《大宗师》的这短短一段文字之中，道家思想中"道"概念的基本元素都已经有所体现了。这些基本元素作为道家思想所共有的部分，自然也是《列子》和《庄子》"道"概念的相同之处所在。

除此之外，《列子》和《庄子》之"道"还在更为微妙的细节部分显示出不少的相似之处。在《列子》和《老子》的比较中已经提到，由于《老子》的概念体系并未细化成熟到后世思想的程度，因此其"道"概念在很多细节问题上并没有给出非常明确的答案。但《庄子》在这一点上则大大不同，作为道家思想发展中的重要环节，《庄子》在继承《老子》"道"论基本要素的同时，大大细化和完善了这一概念的细节，使得它的含义更为清晰可辨。

---

[1] 郭庆藩：《庄子集释》，王孝鱼点校，中华书局，2013，第 225 页。
[2] 同上。

而这些被细化的要素，与《列子》之"道"的细节相比，相似之处大大多于相异之处，其中最重要的一点，就是作为宇宙本源的"道"与线性时间的关系。在《列子》中有"形，必终者也；天地终乎？与我偕终。终进乎？不知也。道终乎本无始，进乎本不久"[1]的表达。这一段首先否认了"道"在线性时间意义上的起始点和终结点，进而否认了"道"的有形性。可以说，从这一段表达来推断，《列子》中的"道"是超越线性时间，而处于线性时间之上的领域的。而在《庄子》中也提到过"道""未有天地，自古以固存"[2]，就是说《庄子》不仅仅认为"道"的存在先于实际世界，也同时否认了"道"有线性时间上的起点。从这些方面来看，可以认为《列子》和《庄子》都已经对"道"与线性时间的关系有所探讨，而相比较而言，《列子》的探讨比《庄子》更为细致，界定也更清楚。另外，从"道终乎本无始，进乎本不久"和"未有天地，自古以固存"两句的表达来看，《列子》已经清楚地将"道"放置在高于实际存在的另一个领域之中，而《庄子》则只是将"道"在时间上置于"天地"之前。这种表达上的差别，可以体现出两部典籍对"道"细节设定上的重视程度有所不同。

在相似性显著的同时，《列子》与《庄子》本根意义上"道"的不同之处也非常明显。这些不同之处多数不体现在具体含义上，而是体现在语句表述的倾向性和重点上。换言之，《列子》和《庄子》的"道"所具有的要素基本相同，但两书各自对"道"的某

[1] 杨伯峻：《列子集释》，中华书局，2012，第17页。
[2] 郭庆藩：《庄子集释》，王孝鱼点校，中华书局，2013，第225页。

些方面的侧重不同，并对自身所重视的要点进行了多次而细致的论述。而这些被重视的要点之外的要素，则被语焉不详地大致带过，只给读者留下了一点儿蛛丝马迹。这些重点和倾向性的不同，深入看来源自两点：一是两书的写作、表述方式有所不同，二是两书的主旨和作者的关注点有着明显的差别。

　　尽管《列子》和《庄子》的成书过程不详，并在历史上都经历过比较重大的修订和整理，但今人现在所见的《列子》和《庄子》，其章节编排都仍旧是有所讲究的，各章的顺序和相互关系也都有迹可循。在两书中，作者和编者显然都将书中最为重要的部分放置在了书籍的开篇之处，并因循段落的重要性和连贯性安排了各篇的先后顺序和位置。按照这样的编排，《列子》和《庄子》的开篇几章显然应该是两书各自最为重视的部分，而考察这开篇的几章，可以发现二者的关注重点截然不同。《列子》的开篇《天瑞》篇，是其宇宙论、世界观最为重要的篇章。它在短短十几段的论述中，描绘了具体世界的构成和运作方式，基本给出了本根意义上"道"几乎所有的要素，并由此辐射到了"气""化"等一些核心概念。可以说，《列子》从一开篇就迅速而完整地确立了以"道"为核心的本根论架构，使得其后的一系列章节都在这一架构之下展开。而《庄子》的开篇《逍遥游》则完全不同，该篇全篇的重点都在于精神自由和自我超越，没有涉及宇宙论内容。并且，"道"作为《庄子》理论体系中毋庸置疑的核心，在书中出现频繁，使用频率仅次于"天"。但在《逍遥游》之中，"道"一次都没有出现过，其他的重要概念，例如"气""天""化""德"等等，在该篇中也都没有体现自身的太多要素。《逍遥游》之于《庄子》的概念体系而言，意义几乎是零，但它仿佛一张蓝图，在开篇之时就奠定了《庄子》全书的基调，并点明了该书一切理论体系的最终目的：达成精神自由的境界。由这样的开篇开始，两部典籍在后文中的展开自然也有较大的差异。《列子》对于宇宙生成过程和本根论的重视程度很高，由此，其理论框架和概念的丰富程度也比《庄子》要高，境界论、修养论的地位在宇宙论之下；而《庄子》的开篇便展示了作者以境界论为重点的主旨，全书对于概念和理论框架的论述也都向着人生境界的方向靠拢，在这个方向的指引下，概念中被需要的要素就会被重点论述，而不被需要的要素则一笔带过或完全不提。因此在《庄子》的表述中，"道"所具有的与人生境界有关的要素被来来回回、反复细致地论证，而与宇宙论有关的一些要素则难以窥得端倪。在《庄子》中，明确出现从宇宙论意义上对"道"进行论述的文句其实很少。以《齐物论》为代表的，对"道"概念有着诸多描述的段落，多数都是从认识论、境界论的角度上对其进行论述的。如果按照现在多数学者所认为的，《庄子》思想应该以内篇为主，外篇、杂篇仅作为辅助的话，则内篇之中仅有上文提到过的《大宗师》中的"夫道有情有信，无为无形"一段可以作为《庄子》宇宙论的例证。即使加上外篇的材料，也只有《知北游》中的几段真正可以用作分析材料。

　　将《庄子》中涉及宇宙论的几段材料与《列子》中的同一层面进行对比，可以发现一些值得注意的部分。将《庄子》书中涉及宇宙论层面上"道"的两部分进行对比，可以发现《知北游》中的"道"比《大宗师》中的"道"增加了一个比较明确的要素，即"道"无所不在。前文中已经分析过，《大宗师》中"夫道有情有信，无为无形"一段所表达的"道"的宇宙论性质，是"道"的本源地位、独立存在、不可感知，而这三点在《知北游》的段落中也都有所体现，例如"六合为巨，未离其内；秋毫为小，待之成体"[1]等等，但其中也明确提到"万物畜而不知。此之谓本根，可以观于天矣"[2]。与此相比，内篇中有关于"道"作为万物存在依据的描述，但没有万物之中"畜"有"道"的表述。"道"无处不在，并存在于万物之中，这一点在外篇中不止一次被提及。《知北游》中著名的东郭子与庄子的"所谓道，恶乎在？""无所不在"[3]的对话便是明证。此段对话虽然并非从宇宙论上入手的，但其涉及的同样是本源意义上的"道"，在这里仍旧能够被作为辅助材料来使用。因此，可以说以《知北游》为代表的《庄子》外篇，对"道"的描述与认知比内篇更为深入明确，细节上也更为丰富细致。而将《列子》中宇宙论层面上的"道"与《庄子》内外篇中同一层面上的"道"相比较，可以发现很多细微的不同。首先，《列子》中的"道"与《庄子》中的相比，突出强调了"道"的无意志性。例如《天瑞》篇中的"无知也，无能也，而无不知也，而无不能也"[4]，以及《仲尼》篇中的"亦非有心者所能得远，亦

---

[1] 郭庆藩:《庄子集释》，王孝鱼点校，中华书局，2013，第649页。

[2] 同上。

[3] 同上书，第660页。

[4] 杨伯峻:《列子集释》，中华书局，2012，第10页。

非无心者所能得近"[1]等等，都表现了"道"没有意志，没有情感的特点。而这一点在《庄子》中几乎没有体现。在外篇之中有某些地方似乎隐约提到这一点，如"天下莫不沉浮，终身不故"[2]等等，但都表达模糊，很难判定是在表述"道"的无意志特征，还是在表述"道"不主宰万物的事实。其次，《列子》中明确表达了"道"作为生化循环的开端和尽头的地位，如"鬼，归也，归其真宅"[3]等等，而《庄子》对此没有涉及。再次，《庄子》中所提到的"道"无所不在的特点，在《列子》中则没有被提及。从以上对比看来，《列子》和《庄子》宇宙论层面上的"道"不同之处还是相当多的。而这些不同之处也证明了上文中所提到的，《列子》和《庄子》所重视的理论部分有所不同。《列子》在宇宙论上对于"道"的论述更为详细周密，并将"道"放置在生化循环的过程之中，显示了《列子》对本根论的重视。而《庄子》对这一部分的关注较少，因此并未在此层面上对"道"进行更为周密的设定。《庄子》关注的多于《列子》的一点是"道"无所不在，实质上属于"齐物"理论的一部分。论证即使是"蝼蚁""稀稗""瓦甓""屎溺"之中都有着"道"的存在，也就可以推断即使是世俗认为如此低下的事物，在"道"的观点看来都是齐平的。如此一来，"道"无所不在就可以成为"齐物"理论的有力证据。

作为本源意义上的"道"的另一个重要部分，修养论、境界

---

[1] 杨伯峻:《列子集释》，中华书局，2012，第139页。

[2] 郭庆藩:《庄子集释》，王孝鱼点校，中华书局，2013，第649页。

[3] 杨伯峻:《列子集释》，中华书局，2012，第19页。

论中的"道"在《列子》与《庄子》之中也各自有着林林总总有同有异的论述。与宇宙论相反,修养、境界的层面是《庄子》全书毋庸置疑的重点。《庄子》对"道"的论述以《齐物论》为代表,以说理为主,寓言为辅,语言非常丰富而有说服力。而《列子》中的此类论述则集中在《黄帝》《周穆王》和《仲尼》三篇中。尽管在《列子》中这一层面之上"道"的论述也占据了较大的篇幅,但在地位上是居于宇宙论之下的,并且主要以寓言故事的形式来表述,因为在论辩的精密程度上显得比《庄子》稍为逊色一些,其体现的要素也不是非常丰富。接下来,笔者就在这一层面上,对《列子》和《庄子》的"道"进行一下对比。

《庄子》中此类对"道"的论述往往集中体现着它的几个要素。首先,"道"是独立存在于一切事物之外的。在《齐物论》中,有"彼是莫得其偶,谓之道枢"[1]的表述,而"莫得其偶",即是表明世间没有与"道"地位平等的存在。也只有这样,站在"道"的角度和视野上,才能够观察到万物齐平的状态,进而达到《齐物论》所论述的境地。《庄子》对于这一点的论述相当多,包括"恢诡憰怪,道通为一"[2]"与其誉尧而非桀,不如两忘而化其道"[3]等等很多文句。其次,"道"没有界限,即"夫道未始有封"[4]。从这句话的表述看来,"道"没有界限的状态存在于界限出现之前,二者是时间上的先后关系,而不是存在层面上的上下关

---

[1] 郭庆藩:《庄子集释》,王孝鱼点校,中华书局,2013,第65页。
[2] 同上书,第68页。
[3] 同上书,第221页。
[4] 同上书,第80页。

系。只有树立了"道"的无界限性，才能够站在"道"的角度上消弭一切不同的言论和观点，即"大道不称，大辩不言"[1]。再次，"道"只有在人生实践之中才能够真正显现。特别是这一点，明确显示出这一系列要素都是在具体人生的层面上被剖析的。《庄子》内篇中存在很多与这一点有关的语句，如"道行之而成，物谓之而然"[2]，以及"唯达者知通为一，为是不用而寓诸庸。庸也者，用也；用也者，通也；通也者，得也，适得而几矣。因是已，已而不知其然谓之道"[3]。即只有在人生之中实际践行对于"道"的一切认识，才能真正让"道"得以显现。相比较而言，《列子》在认识论、修养论的层面上对"道"的解析远远不如《庄子》深入。但事实上，《庄子》在这一层面上所解析出的"道"的要素，除了最后一点有关人生实践的要素之外，在《列子》对宇宙生成层面的论述中都已经出现过。因此可以说，《列子》和《庄子》之"道"的要素基本一致，只是二者分别从两个不同的层面对其进行了解析而已。产生这种差别的原因，可以归结到两书写作的顺序和思路的差异。从《列子》的章节编排来看，以"道"为核心的本根论在书籍的一开篇便已经确定下来。由此，"道"作为一切事物的本源和依据，其权威性已经被树立了起来，而这种权威性在后文中都不必再进行论证，只需作为依据来引用即可。作为道家思想的组成部分，《列子》和《庄子》一样，全书的主旨仍旧是希望论

---

[1] 郭庆藩:《庄子集释》，王孝鱼点校，中华书局，2013，第81页。

[2] 同上书，第68页。

[3] 同上。

证一个以自然无为为最高价值的人生境界的正当性。而在论证这一点的过程中，已经具有的本根论意义上权威性的"道"显然可以很方便地拿来作为依据和归结之处。因此，正如上文所提到的，《列子》中一系列涉及境界论、修养论的段落，基本只是以寓言故事的形式借用"道"的权威性来表达主旨，其中没有更多关于"道"所具有的要素的分析。而《庄子》则将自身对人生境界和精神自由的重视早早地表达清楚，并在论证自身有关人生境界、认识、修养的过程中对"道"进行解析。这就是二者论证方式、写作方式的不同，以及对"道"的分析过程、结果有所差别的原因。

另一方面，《列子》和《庄子》中的境界论、修养论尽管都是以具有相似要素的"道"为旨归的，但二者对于境界提升过程的描述却有着比较大的差异。在《列子》中，列子本人以自身修养提升的体验为线索，描述了以破除"是非""利害"等认识为核心的提升过程：

> 自吾之事夫子友若人也，三年之后，心不敢念是非，口不敢言利害，始得夫子一眄而已。五年之后，心庚念是非，口庚言利害，夫子始一解颜而笑。七年之后，从心之所念，庚无是非；从口之所言，庚无利害，夫子始一引吾并席而坐。九年之后，横心之所念，横口之所言，亦不知我之是非利害欤，亦不知彼之是非利害欤；亦不知夫子之为我师，若人之为我友：内外进矣。而后眼如耳，耳如鼻，鼻如口，无不同也。心凝形释，骨肉都融；不觉形之所倚，足之所履，随风

东西，犹木叶干壳。竟不知风乘我邪？我乘风乎？[1]

由这一段描述中来看，这段境界提升过程的核心在于破除"是非""利害"的认识和自身与师友之间的区分，也就是从不同到"无不同"的过程。而当达到师友，甚至鼻、眼、口都"无不同"的认识状态时，就能够像列子一样达到乘风而行的境界。但《庄子》对于境界提升过程的描述则与此很不一样。例如《大宗师》一篇里南伯子葵和女偶的对话：

"……不然，以圣人之道告圣人之才，亦易矣。吾犹守而告之，参日而后能外天下；已外天下矣，吾又守之，七日而后能外物；已外物矣，吾又守之，九日而后能外生；已外生矣，而后能朝彻；朝彻，而后能见独；见独，而后能无古今；无古今，而后能入于不死不生。杀生者不死，生生者不生。其为物，无不将也，无不迎也；无不毁也，无不成也。其名为撄宁。撄宁也者，撄而后成者也。"

南伯子葵曰："子独恶乎闻之？"曰："闻诸副墨之子，副墨之子闻诸洛诵之孙，洛诵之孙闻之瞻明，瞻明闻之聂许，聂许闻之需役，需役闻之于讴，于讴闻之玄冥，玄冥闻之参寥，参寥闻之疑始。"[2]

此段对话显然是从两个角度描述了境界提升的过程。首先是有"圣人之才"的人如何以"圣人之道"提升自身而达到"撄宁"这一状态，即第一段所讲的，从"有圣人之才而无圣人之

---

[1] 杨伯峻：《列子集释》，中华书局，2012，第44—45页。

[2] 郭庆藩：《庄子集释》，王孝鱼点校，中华书局，2013，第230—234页。

道"，到"外天下"，到"外物"，到"外生"，到"朝彻"，到"见独"，到"无古今"，到"不死不生"的过程。在这个过程中，从开端到"外生"的阶段需要时间的累积，也就是说需要努力修行。而"外生"之后，则没有时间累积的问题，即可以靠直觉瞬间通达。根据郭象和成玄英在此处的注疏，需要时间意义上努力来达成的"外天下""外物"和"外生"，分别代指遗忘"天下万境"、遗忘"资身之物"和"坐忘我丧"，即在主观和精神上剥离对外部世界和自身的认识和执着，达到类似后文中"坐忘"的境地。而在"外生"之后"朝彻""见独""无古今""不死不生"的部分，则实际上是同一种状态、境界在不同角度上的解读。而后一自然段则是如何得闻"圣人之道"的过程，文中一系列类似人名的词语显然是闻"道"阶段的代称，这个过程实际上被描述得非常实际，而且可以被分为三个大的阶段：首先是"翰墨文字""罗洛诵之""渐见至理"，即由读书开始逐渐通达于道理；其次是"附耳私语""勤行勿息""讴歌满路"，即从阅读发展到将自身的感悟向外界传达并以实际行动去贯彻它；最后的"玄冥""参寥""疑始"，则意味着由此而通达于一切道理的源头之处，同时提升自身而得悟"圣人之道"。二者所描述的其实是同一个过程，即从最初普通、普遍的生存状态提升到最高精神境界的过程，但后者是从实际行事的方面来讲述，前者则是以主观体验的方式来讲述。由此，读者可以从更丰富、更全面的视角上来得知这一过程的进境方式，事实上也增加了读者的可操作性。

　　如果以上述《庄子》对境界提升过程的描述来对比《列子》

在这一方面的描述，则可以发现不少值得注意的部分。首先，《庄子》的描述实际上分为主观体验和客观操作两个方面，而《列子》的描述全部都是列子本人的主观体验。其次，《庄子》中提到了这种境界提升过程的主体应该是有"圣人之才"的个体。只有具有"圣人之才"，并得闻"圣人之道"，以此付出无懈怠的努力的个体，才能真正通达至最后的境界。而《列子》在这一方面着墨很少，并未提及主体需要怎样的材质，只是以师长对学生进行训诫的口吻，强调了专一不二进行努力的重要性。再次，细致考察二者在具体阶段上的描述，可以发现《列子》所提及的消解"是非""利害"的意识、消解"师友"与"自我"的分别等体验，都可以被《庄子》中"外天下""外物"的两个阶段所涵盖。事实上，《列子》中所列举的过程，也是有着先与时间相关，到一定阶段之后就不再与时间相关的特点的。即，从最初到"内外进矣"的阶段，是有着"三年""五年""七年""九年"的具体时间的；但到"内外进矣"之后直至"无不同也"的境界，这之间则没有时间上的区别，可以认为也是靠直觉通达而过的。但《列子》中所论述的这一过程，最终达到的状态是一切外在事物的"无不同"，并由此便直接"乘风而行"，并不再有更深入的阶段。而这个"无不同"的阶段，基本可以与《庄子》中的"外物"相对应，没有抵达后一个"外生"的阶段。也就是说，《列子》中所描述的几个阶段，实质上是《庄子》所描述过程的一个组成部分，后者比前者所囊括的阶段更多，最终达成的境地也更为深入。因此，相比较而言，《庄子》对于提升境界，即得"道"过程的论述远远比《列子》要更为精密、详细，并且具有实际上的可操作性。而《列子》中的论述则更偏重于主观性和训诫性，没有《庄子》所进行的论述那样细致和深入。

总体来说，《列子》和《庄子》文本中"道"这一概念所蕴含的基本要素是非常相近的。二者显然都继承了《老子》所创造的"道"论最基础的要素和理论，在思想体系发展的过程中对其进行了相近的补充和完善，并各自在不同的方面和角度上对其进行了论述，使得各自的"道"论更便于为自己的思想体系所用。在对"道"以及与"道"论相关的论述中，《庄子》，特别是《庄子》内篇更为偏重于对境界论和修养论的论述，而《列子》则在本根论方面论述得更为详细精密。

3. 与魏晋玄学之"道"的比较

正如笔者在绪论之中所提到的，对于《列子》一书的研究无法获得可靠的思想史背景。因此，仅仅将《列子》放置在先秦的思想背景之下与《老子》和《庄子》进行比较是不妥当的。但将其与可比较的一切思想资料进行对比，又是一项不甚现实的工作。在这样的情况之下，唯一可接受的选项就是将其与大多数学者所认同的对比对象进行比较。而在《列子》的情况中，由于该书被怀疑为魏晋时代的伪书，这些对比对象自然就应该是魏晋时代玄学家们的思想。因此，笔者将把《列子》中主要概念的含义及其所代表的理论构架与以王弼和郭象为代表的玄学思想进行大略的对比，辨析这二者异同，并期待以此获得对《列子》

思想更深入的了解。对比的对象将以王弼和郭象两人思想中的"道""性""化"三个概念为主,在必要时也会兼论到其他玄学思想家的观点。

"道"在玄学思想中也受到了极大的重视。每一位玄学思想家都对其有着独特而深入的剖析,并多数将其作为自身理论的核心。在这其中,王弼的剖析和建构最为引人注目。因此,本章节就将王弼之"道"论与《列子》之"道"论作一对比,来观察二者的相似和相异之处。总体来看,王弼之"道"与《列子》之"道"虽然也有着相似之处,但体现更多的则是不同。

先来看相似之处。王弼对于"道"之含义的重新建构是由《老子》之"道"开始的。尽管他更多地以"无"作为"道"的本质,而将"道"仅仅作为"无"的一种称谓,但其"无"还是具有《老子》之"道"的一些特质的。其中最重要的一点,就是"无"仍旧保留着某些《老子》之"道"的生成论意味。例如他在对《老子》第三十九章中的"昔之得一者"进行注释时写道:"物皆各得此一以成,既成而舍以居成,居成则失其母,故皆裂、发、歇、灭、蹶也。"[1] 此处的"一"便是指"道",而王弼在对《老子》第四十二章的注释中提到"由无乃一,一可谓无矣"[2],也就是说"一"与"无"是等同的,它们都是指事物的本体和存在本源。而这样的"一"和"无",被王弼释为事物之"母",当万物由母体而获得了形体后离开母体,才发生了一系列的负面变化。这种诠

[1] 王弼:《王弼集校释》,楼宇烈校释,中华书局,1980,第105—106页。
[2] 同上书,第117页。

释中显然存在着生成论的因素。此类表达在王弼的不少文字中都出现过，例如注释《老子》第三十二章时的"遂任名以号物，则失治之母也，故'知止所以不殆'也"[1]，注释《老子》第一章时的"妙者，微之极也。万物始于微而后成，始于无而后生"[2]等等。这种生成意味的表达与《列子》之"道"是比较相似的。由上文的分析，可知《列子》之"道"的最主要含义便是本根论意义上的根源，而经过上文《列子》与《老子》之"道"的比较，这种本根论含义同样也与后者有着千丝万缕的联系。在这种意义上，王弼之"道"与《列子》之"道"有着相近之处。

与相近之处相比，二者的相异之处显然更多。而在诸多的相异之处中，最重要的一点便是王弼思想中的"道"或"无"具有显著的本体论倾向，而《列子》之"道"则基本没有。"无"是王弼思想的主旨，而"无"之所以成为其思想的核心，正是由于王弼明确表示"凡有皆始于无"[3]。在此处的"有"代指具体世界的一切个别存在的前提下，"无"便是一切具体存在之所以存在的依据。这一点在王弼对《老子》第四十章进行注释时被表达得更为清晰。现存文本里，《老子》该章中的表述是："天下万物生于有，有生于无。"而这一段表述显然是由宇宙生成论的层面而发的。当然，根据一系列出土文献所载的文字，此章的文句是否为《老子》原文尚有争议，我们也无法确定《老子》的原意究竟是不是对宇

---

[1] 王弼：《王弼集校释》，楼宇烈校释，中华书局，1980，第82页。

[2] 同上书，第1页。

[3] 同上。

宙生成过程进行论述。但王弼对于此段的注释则是清晰的:"有之所始,以无为本。"[1]当论及"有生于无"时,其宇宙生成论意味是很明显的;而当论及"有本于无"时,后者则以一字之差变成了本体论[2]。在此基础上,"无"具有很高的抽象性,它更近乎一个纯逻辑上的设定,而非一个真实的存在。这一点王弼在《老子指略》之中有着比较清楚的表述。首先,"夫物之所以生,功之所以成,必生乎无形,由乎无名。无形无名者,万物之宗也"[3],"无"之所以能够成为万物的本体,正是因为它的高度抽象性。其次,从另一个方面来说,"四象不形,则大象无以畅;五音不声,则大音无以至。四象形而物无所主焉,则大象畅矣;五音声而心无所适焉,则大音至矣"[4],无形无名的抽象性和一般性只有在具体的存在和显现中才得以存在,离开了具体的事物,抽象性和一般性的"无"都是不存在的。这种表述与《列子》对于"道"的表述截然不同。在《列子》中,"道"有着其非常实在的存在形态,即"万物不相离"的"浑沦"。"道"并不是"无",它是"生生者""形形者""声声者""色色者""味味者",一切具体事物的形、声、色、味的源头都蕴含于其中;并且前文已经论述到,"道"没有时间上的起始,就是说它在具体的万物都不存在的时候便已经存在着,这便证明了"道"可以在不存在任何具体事物的情况下独立存在。

---

[1] 王弼:《王弼集校释》,楼宇烈校释,中华书局,1980,第110页。

[2] 康中乾:《论王弼"无"范畴的涵义》,《陕西师范大学学报》(哲学社会科学版)2004年第33卷第4期,第33页。

[3] 王弼:《王弼集校释》,楼宇烈校释,中华书局,1980,第195页。

[4] 同上。

显然,《列子》中的"道"并非抽象性的、一般性的存在,针对它的表述并无本体论的意味,而都是在从本根论的层面上进行的。

综合以上的分析,可以发现王弼思想中的"道"与《列子》中的"道",二者的差别完全是思维层级上的差别。前者尽管还未彻底褪去生成论的因素,但其主体已经上升到本体论的层面上,思维的抽象程度已经大大提高了;而后者则是从本根论的层面上来剖析"道"的特性,其"道"带有明确的生成因素,因此抽象程度远远比不上前者。

第二节 "气":"万物皆出于机"

"气"一字在《列子》全篇中出现四十五次,是所有概念中出现比较频繁、出现形式也比较多的概念。"气"概念在《列子》一书的宇宙生成体系中占据着重要地位,并体现出多层含义。厘清"气"概念在《列子》一书中的含义,是梳理该书思想,并了解其宇宙论架构的重点。

一、《列子》之"气"的含义梳理

通过梳理"气"概念的义项,我们可以从两个方面分析"气"在《列子》中的含义:宇宙生成过程中的"气",具体世界中的"气"。

1. 宇宙生成过程中的"气"

"气"这一概念是为了比较完善地构建宇宙生成过程而出现的。"道"是世间所有存在物的源头,不凭借外物而独立存在着。由"道"而来的存在物构成了我们所熟悉的以天地为界限的宇宙。但一个单独的宇宙本源,不能完善地解释本源生成各种存在物的具体过程,在本源和存在物中间存在着很大的空缺。而"道"与这个具体存在物构成的宇宙之间的桥梁,就被称为"气"。"气"的存在将宇宙本源"道"和宇宙本身联系起来,并补足着万物生成过程中的所有空缺部分。

"气"这一概念在此所要解决的问题，即"天地安从生"。《天瑞》篇第二段论述了有关这一问题的解释："夫有形者生于无形，则天地安从生？故曰：有太易，有太初，有太始，有太素。太易者，未见气也；太初者，气之始也；太始者，形之始也；太素者，质之始也。"[1]对于"太易""太初""太始""太素"四个词语的关系，历来有很多学者提出不同的解释。现今大多数学者认同这四个词语代表着宇宙生成过程中递进的四个阶段，但仍有部分学者不认同这种看法，认为四者应该是混为一体，共同构成后文中所提到的"易"或"混沦"。但由文本的行文来看，从"未见气也"到"气之始也"，词语之间的递进关系还是比较显著的。因此，我们在此仍旧采信大多数学者支持的观点，认为四者是宇宙生成过程中递进的四个阶段。对于这四个词语本身的含义，以及"气""形""质"的含义，学者们也有所争议，但争议基本集中在对"太始""太素"以及"形""质"的解释上，对"太易""太初"以及"气"的解释则相对比较一致。一般认为，此处的"太易"就是经常以"道"代称的宇宙本源，"气"是构成宇宙万物的某种精微的基本元素，而"太初"则是这种基本元素从"道"中分化而出的阶段。尽管这之后的生成过程仍旧因为有所争议而不太明确，但有一点是可以确定的，即尽管"道"是宇宙万物的根源，但宇宙万物的出现和形成都必须以"气"这一基本元素的出现作为起点。有了"气之始也"的一步，才可能出现"形"和

---

[1] 杨伯峻:《列子集释》，中华书局，2012，第5页。

"质"发生作用的阶段，从而产生各种存在。有些学者认为"形"和"质"也是由基本元素"气"演化而成的，但根据原文来看，这种说法的可信度不高。后文已经明确提出存在一个"气形质具而未相离"的阶段，即表明"气""形""质"本身是不同的东西，只是当它们都被蕴含在"道"中的时候并未分化而已。

对于"形"和"质"，杨伯峻等学者认为它们是"形体"和"性质"的意思[1]，而有些人则认为它们是"形式"和"质料"的意思。其实这两种主张都有可取之处，但用一个简单的词语比较难概括"形"和"质"的含义。从《列子》中涉及存在物自身内在结构的其他篇目来看，《列子》的作者是主张存在物拥有自身外在和内在两套规定性的，这两套规定性的叠加构成一个存在物之所以为它自身的原因。这里具体的分析我们会在论述形下世界时再进行，但可以认为此处的"形""质"与存在物外在、内在的规定性是重合的。也就是说，"形"是指一个存在物之所以为这样的存在物的外在规定，而"质"是一个存在物之所以为这样的存在物的内在规定。而"气"与二者的关系则并未在原文中有明显的论述。但根据原文，"气"的作用产生于"形"与"质"之前，而当"气""形""质"三者都完成自己的作用的时候，存在物就已经产生。在此联系我们已经给出的"形"和"质"的含义，只能认为"气"的作用是给出存在物的"存在"本身。如此看来，《列子》的作者认为任何存在物都是"气""形""质"三者的叠加，除了它们外在的"形"和内在的"质"之外，还存在着更为本质的、

[1] 杨伯峻：《〈列子〉宇宙论的科学因素》，《求索》1982 年第 2 卷，第 13 页。

更为贴近存在本身的东西。而"气"给出的就是这一点。在此基础上，反观前文提到的"'气'是构成万物的基本元素"这种观点，就会觉得此观点其实并不完善。根据原文，"气""形""质"三者应该是并列而比较平等的概念，并应该是三种都不可缺少的构成存在物的基本元素；区别只是"气"更根本、更基础一些，它可以说是第一基本元素，比后两者更早从宇宙本源中分化而出，并比后两者更本质，直接给出一切事物的"存在"。

如此，作者便大致解决了"天地安从生"的问题。宇宙本源"道"原本混沌无分；在某一时刻它分化出了第一基本元素"气"，"气"给出了宇宙以及其中所有存在物的"存在"；继而"道"又依次分化出了两个基本元素"形"和"质"，由它们分别给出存在物的内外规定性。无数由"气""形""质"三种基本元素构成的存在物们集合成了我们所在的宇宙。

而与"安从生"相对的另一个困扰着《列子》作者的问题，就是一切存在物终结之后将归于何处。《天瑞》篇第五段中出现了有关这一点的论述："人久入于机。万物皆出于机，皆入于机。"[1]关于这里的"机"该如何解释，历代学者也有不少争议。争议点在于，究竟该把"机"解释为宇宙本源"道"，还是应该将其解释为基本元素"气"。不同的解释，将涉及关于"道"和"气"定义的变动。而不管采用哪一种解释，都将涉及"道"与"气"的关系问题，因为前文已经阐明，人作为一种存在物，也是由"气"给出其存在的。根据张湛的《列子注》，此处的"机"被解释为：

---

[1] 杨伯峻:《列子集释》,中华书局,2012,第17页。

"万形万化而不化者，存归于不化，故谓之机。机者，群有之始，动之所宗，故出无入有，散有反无，靡不由之也。"[1]虽不很明确，但根据我们前文对"道"和"气"的分析，这种解释比较接近于"气"。而如果要采信这种观点，我们需要在《列子》原文中寻找更多的证据。

在《天瑞》篇第二段中有"视之不见，听之不闻，循之不得，故曰易也。易无形埒，易变而为一，一变而为七，七变而为九。九变者，究也；乃复变而为一。一者，形变之始也"[2]一节论述。在这里，《列子》的作者实际上在文中提出了两套宇宙生成理论，即此处的"易、一、七、九"和前文的"太易""太初""太始""太素"。而二者是否能够对应，是一个很难回答的问题。如辛冠洁认为这个"一""七""九"的过程是在解释"太初"这个中间阶段。[3]不管以上观点是否可信，这两套宇宙生成过程都是两套不同的、无法相互对应的体系。就原文来看，这两套宇宙生成过程的进程确实很不一样。前者是递进式的，并且完全没有体现生化循环；而后者则有着明显的术数痕迹，并且显示了一个循环性的生化过程。这让它们很难被认为可以相互对应。作者在同一段落中连续给出两套宇宙生成系统，究竟意欲何为呢？在此，有些学者的观点可以作为参考，他们认为"太易""太初""太始""太素"之说作为一套天地生成的理论，事实上所说明的也就是这些个别

---

[1] 杨伯峻：《列子集释》，中华书局，2012，第17页。

[2] 同上书，第6—7页。

[3] 辛冠洁：《〈列子〉评述》，《中国哲学史研究》1986年第3卷，第46页。

存在的生成理论。以此为基础的话，也就是说，《列子》的作者先给出了具体的、个别的存在物生成过程的四个阶段，在后文中又以"易、一、七、九"的形式给出了整个宇宙的生成过程。两者虽然一个微观、一个宏观，但它们所代指的是同一个宇宙的生成过程。这样一来，虽然具体过程有所差异，但它们的起点应该是一致的。宇宙生成过程的起点，自然是宇宙本根"道"。而"太初"和"一"分别是两个宇宙生成过程中最接近"道"的阶段。它们必定有所联系，才可能开启微观和宏观的两个具体过程。

继而，《天瑞》篇第十一段中以"运转亡已，天地密移，畴觉之哉？故物损于彼者盈于此，成于此者亏于彼。损盈成亏，随世随死。往来相接，间不可省，畴觉之哉？凡一气不顿进，一形不顿亏；亦不觉其成，亦不觉其亏"[1]一节论述了具体存在的产生与终结过程，它适用的是"太易""太初""太始""太素"代表的具体生成过程。"成"与"亏"是具体存在的产生与终结，而"一气不顿进，一形不顿亏"则是说具体存在的产生与终结都是一个缓慢渐变的过程。这里值得注意的是，此处作者用"气"的"进"来表现具体存在的逐渐形成，却用了"形"这一概念的"亏"来表现具体存在的消亡。我们都熟悉其他道家典籍中用"气"聚"气"散来表现存在的产生与消亡，但《列子》的作者则使用了"气"与"形"两个概念。显然，这与《列子》本身更为复杂的宇宙生成构架有关。前文已经阐明，任何具体存在都是由"气""形""质"三者递进地构成，那么根据此段我们可以推断，

[1] 杨伯峻：《列子集释》，中华书局，2012，第28页。

当一个具体存在接近终结时，也会经历一个缓慢倒推的过程，即"质""形""气"依次递减消亡。从"一形不顿亏"这一句来看，作者认为当属于一个具体存在的"形"消亡时，这个具体存在就算作消亡了。而此段中与"亏"对应的动词是"成"，因此"一气不顿进"中的"进"并非指具体存在的产生，而是指具体存在产生之前的过程。显然，当处于"气"的阶段时，这个具体存在显然还不算是真的产生了。也就是说，尽管每一个具体存在都是由"气""形""质"三者共同构成，但具体来说，当一个存在由"气"阶段进入"形"阶段时，它才是真正产生了的，而当它从"形"阶段返回"气"阶段时，它就算是真正消亡了。由此，我们确证了在《列子》中具体的存在物消亡后是回归到"气"，即"太初"这一阶段的。

前文已经说过，"太易""太初""太始""太素"的生成过程与"易""一""七""九"具有相同的起点，那么它们的终点必定也是相联系的。前者阐述了具体存在的生成，其终点必然是一个具体存在的完全产生；后者阐述了整个宇宙的生成，其终点必然是整个宇宙的完全产生。而宇宙是由一个个具体存在构建而成的。如有学者认为，在《列子》中，宇宙并非一个实体，也非一个空间，而是所有具体存在的集合。上一段中，我们证实了，每一个具体存在消亡后都将回归成自身的"气"，而原文中也明确指出"九变者，究也；乃复变为一"。以此我们可以推断，宇宙整体的"一"即是所有具体存在的"气"的集合。而"机"可以等同于此处的"一"，它也代指这个具体的"气"的集合。至此，我们基本解决了在《列子》的宇宙生成体系中，存在物终结后归于何处的问题。整体上说，这是一个循环往复的生化体系，具体的每一个存在物终结后都逐渐消去"质"和"形"，回归为当初形成自身的"气"；所有具体存在物的"气"集合成原文中所说的"一"或"机"。这也就是《列子》作者所说的"万物皆出于机，皆入于机"。

根据以上的分析，可以看出《列子》一书的宇宙生成论有着自己的独特之处。在这套体系中，作为宇宙本源的"道"不直接生出世界万物，而是只生出了第一基本元素"气"，以及第二和第三基本元素"形""质"。直接生出各种存在物的是"气"，而"形"和"质"则给定存在物的内外限定。在这样的宇宙构架中，"道"几乎可以说是被架空的。它与实际的存在物之间的关系非常细微，基本仅仅是依靠基本元素的联系而存在着。而"气"与存在物之间的关系则实实在在，非常紧密。物体的存在由它给出，物体终结消散后也是回归到它，而非回归于"道"。"气"是循环运动的，它构成具体的存在物，而不直接构成宇宙本身。但在作者给出的微观和宏观的两套宇宙生成过程中，我们可以看出，由于宇宙是具体存在物的集合，故"气"仍旧是宇宙存在的基础。

2. 具体世界中的"气"

除了在宇宙生成上的意义之外，"气"还有着更多更丰富的意涵。"气"字的本义是"云气"，并引申为人的气息，以及全部与气息有关的含义。在《列子》一书中，由"气"字本义引申而来的含义基本可以分为三种：气息、气味和神态气质。"气"以这些含义来使用的情况在《列子》中也不在少数，它们与作为核心概念的"气"联系不强，可以不列入概念研究的讨论范畴，但为了保持比较全面的研究范围，在此也将它们作为一个义项在这里列出。将以上这些用法排除在外之后，我们会发现，"气"还有其他的使用情况。下面，我们从两方面来分别讨论这些情况："气"概念与"阴阳"概念的关系及其使用，以及"气"概念落实在具体存在上的含义。

先来看"气"与"阴阳"的关系。在面向具体客观的事物时，《列子》的作者经常引入"阴"或"阳"的概念进行论述。在行文中我们可以看出，这些"阴阳"的概念很多时候与"气"概念基本可以互换。如老成子向尹文先生学幻的一段中，尹文先生所说："造化之所始，阴阳之所变者，谓之生，谓之死。"[1] 使用"阴阳"而不使用"气"，从一个方面来说是为了与前句的"造化之所始"和"不待神灵"形成一个排比。而这种情况在《列子》原文中不在少数。这些情况表明，"阴阳"的概念和"气"的概念在某种程度上是一致的，具有完全相同的涵盖范围。但在另外一些时候，"阴阳"概念和"气"概念则绝对不能相互替换。显然，可替换的情况和不可替换的情况的同时存在，意味着"气"概念与"阴阳"概念的关系具有两个层次。

第一个层次，是《天瑞》篇第二段中的"清轻者上为天，浊

---

[1] 杨伯峻：《列子集释》，中华书局，2012，第 95 页。

重者下为地，冲和气者为人；故天地含精，万物化生"[1]所表达的关系。概念的出现通常是为了填补理论中出现的空白的必需环节，"阴阳"这一对概念也不例外。我们很难想象这一对概念只是为了让一些句式形成排比、显得流畅而被创造出来。从宇宙生成理论上说，"阴阳"的出现是为了解决以"气"为基础的气化运动的动因问题。只是用"气"这一个概念，固然可以解释"天地安从生"的疑惑，但另一个问题也随之出现，即"气"为何拥有不断运动、不断生化的力量？而"阴阳"概念的引入正是填补了这一空白。在《列子》比较靠前部分的原文中，"阳"和"阴"被称作"清轻者"和"浊重者"。这种称呼并非《列子》所独有，它在道家系统或受到道家思想影响的著作中并不鲜见。在《文子》《淮南子》等著作中，都出现过"阳""阴"与"清轻""浊重""清阳""重浊"等概念的互训状况。这些概念源自更为久远著作中的"清气"和"浊气"等概念，但已经某种程度上摆脱了"清气""浊气"的原始直观性特点和经验色彩，而演化为更加抽象和概括性的概念。[2]"清轻者上为天，浊重者下为地，冲和气者为人"的论述，清楚地展现了"阴阳"运动的过程，而"冲和气"的说法更是表明"气"的化生运动就是依靠这二者的对撞和激荡而完成的。在这种意义之下，"阴阳"不但代表着"气"运动的推动力，也演化出了另一种含义，即"阴阳"是为"气"的两种属性。在这种意义上，"阴"和"阳"分别代表一种属性，它们就可以单独分别使

---

[1] 杨伯峻:《列子集释》，中华书局，2012，第5页。
[2] 曾振宇:《思想世界的概念系统》，人民出版社，2012，第104页。

用，也可以作为形容词来形容"气"。

"阴阳"概念代表"气"生化运动的内驱力并形成"气"的两种属性，也就意味着"阴阳"在意义的涵盖范围上与"气"是一致的。一定程度上，我们可以说"气"等于"阴"加"阳"。这也是"阴阳"很多时候在使用中可以与"气"替换的原因。但除此之外，还有着二者不能替换的情况。

例如《天瑞》篇第十二段中的"虹蜺也，云雾也，风雨也，四时也，此积气之成乎天者也。山岳也，河海也，金石也，火木也，此积形之成乎地者也。知积气也，知积块也，奚谓不坏？"[1]在此段中，"气"与"地"相对而出，"积气"和"积块"则分别代指"天"和"地"。此处的"气"显然不等于"阴"加"阳"。其实，我们可以察觉，此处的"气"概念也与前一种意义上的"气"概念相异，实际上，它的意义范围缩小了。前文说过，"清轻者上为天，浊重者下为地"，则可以理解为天由"清轻者"构成，地由"浊重者"构成；而联系此处"积气"代指天，"积块"代指地，我们可以认为"气"在此处是"清轻者"的意思，"块"则是"浊重者"的意思。换言之，在这一段落中，"气"代指"阳"，而"块"代指"阴"。这样一来，"气"在意义范围上就大大减缩了。而且，"气"也在概念层次上下降了。当我们说"气"是以"阴阳"为内驱力的宇宙生化基础并涵盖"阴""阳"两种属性时，"气"是前文所说的构成具体一切存在的精微宇宙元素。在这种意义上，"气"是处于形上世界的。但在此段之中，"气"的

---

[1] 杨伯峻：《列子集释》，中华书局，2012，第31页。

意义减缩为单一的"阳",这就意味着它不再是能够形成一切事物的宇宙元素,而必须落实在具体事物"天"上。这样一来,它就从形上世界下降到了形下世界。这种意义层次上的下降在《列子》中为数不少。落实在形下世界的"气",与具体事物紧密相连,具有另外一些重要的意义。

再来看落实在具体事物上的"气"。由于"气"在宇宙生成系统中作为基础性的宇宙元素而存在,因此它存在于世界的每一个具体事物之中。在《列子》原文里,这种落实在具体事物上的"气"可以分为三种:落实在具体环境中的"气"、落实在具体生物上的"气"和落实在具体的人身上的"气"。其中,落实在环境中的"气"比较独立,很容易区分。而后两者则经常混合在一起,出现"气"同时代指生物与人的情况。这与大多数道家系统的思想体系并不以人为宇宙中心的特点有关。《列子》一书也是如此。既然人与其他生物乃至存在一样,来自宇宙本源"道",并由"气"及其他元素所构成,那么人在宇宙之中就并非特殊的,也并不比其他任何存在高贵或低下。这种基于宇宙论框架的万物平等理念,在多数道家思想体系中发挥着重要作用,并形成了道家思想与其他学术思想的显著区别。

具体的事物不能离开它们所适应的环境,否则就会失去存在的基础。《列子》作者所举出的一系列实例都在试图说明这一点。例如"鸲鹆不逾济,貉逾汶则死矣,地气然也。虽然,形气异也,性钧已,无相易已。生皆全已,分皆足已"[1]。尽管"地气"两字

---

[1] 杨伯峻:《列子集释》,中华书局,2012,第151页。

看起来像是单指土地环境，但实际上是指广阔的生存环境。而且，用"地气"或"土气"来代指环境的例子非常普遍。《列子》作者描述过很多奇异的地区，它们有的"土气常燠"[1]，有的"土气温适"[2]，有的"土气和"；而生物也随不同的生存环境而发展出不同的特点。这种用"×气"来代指事物的生存环境的用法，值得注意。我们知道，"气"在宇宙论中是构建每一个具体存在的元素，而实际存在的具体环境其实是由很多具体的事物构成的。所以，"地气"或"土气"其实可以解释为一个具体空间中由"气"元素为基础的全部事物的集合，并且这个集合以土地为最重要的部分。而"气"是携带着某些特点下降并落实到具体事物上的，因此，承受"气"的具体事物必定也生来就携带着这些特点，具有"气"所赋予的某些共同特点的具体事物累加在一起，使得一个具体环境呈现出独特之处。

后文的"形气"两字，显然不是代指环境，而是代指身处一种具体环境中的生物。这表明这种以"×气"代指具体事物的用法不仅仅存在于环境之中。在《列子》中，更经常出现的是由"×气"两字代指生物与人的情况。显然，在《列子》中，具体生物与具体环境一样，由"气"组成，并且生来就拥有着"气"所携带而来的某些特点，呈现出作为某一类的独特之处，并被这些独特之处所定义着。而从后文的"生皆全已，分皆足已"看来，我们可以认为"气"在此处代指着具体事物自出现之日起就具有

---

[1] 杨伯峻：《列子集释》，中华书局，2012，第100页。

[2] 同上书，第156页。

的某种"分"。这种"分"与这一具体事物不可分割,因为它就存在于具体事物本身之中,与其相融并定义着这种具体事物的存在。而"×气"的用法就是指以"×"代指的某种事物得自"气"的"分"。

自然,人作为一种具体的事物,也被得自"气"的"分"所定义着。凡是《列子》中表达落实于具体的人身上的"气",都可以被理解为这种得自"气"的"分"。但这种"气"的下降和落实带来的"分"与宇宙本源"道"的下降有所不同,或者说各有所偏重。下降落实的"道"虽然有着物质和精神的双重属性,但更多的是为人带来了某种终极价值。但"气"的下降落实则不是这样。从很多原文实例中可以发现"气"的下降,更多的是给主体带来了与肉体相关的特性和能力。

例如《汤问》篇第九段中的诊病故事,"扁鹊谓公扈曰:'汝志强而气弱,故足于谋而寡于断。齐婴志弱而气强,故少于虑而伤于专。若换汝之心,则均于善矣。'"[1]一段中"气"与"志"的对举,在"气"下降到具体人身上的时候非常常见。从扁鹊所说的话中,我们可以看到,"志"与"气"可强可弱,并与一个人的智虑和行动力直接相关。对于"志"与"气"的不相配,扁鹊提出的办法是换"心"。而从后文中公扈与齐婴换心后外表未变但精神互换的结果,可以得知"心"作为精神运动的器官,与"志"是紧密相连的。那么"气"自然就与未互换的肉体直接相连了。

除去以上"气"在具体个人身上与肉体相关的含义,在"气"

---

[1] 杨伯峻:《列子集释》,中华书局,2012,第166页。

被应用在对境界问题进行论述的段落中时，它经常代表人得自"道"的天赋之分。例如《黄帝》篇第四段中这几句对话："'至人潜行不空，蹈火不热，行乎万物之上而不栗。请问何以至于此？'关尹曰：'是纯气之守也，非智巧果敢之列。'"[1]此段中"纯气之守"的说法，便表达了此种含义。处于提升过程中的修行者，把守住自身纯粹的"气"作为修养工夫的重要一环，通过"养其气"来达到"通乎物之所造"的境界。这种修养工夫的出现，与宇宙论中"气"构成具体事物的基础元素地位紧密相关。处在具体之人身上的"气"是直接出自宇宙本源的。"气"作为构成具体的人的基本要素，是人与"道"之间最紧密的桥梁，它是人自身之中本真的、直接来源于"道"的"分"。因此，在努力与"道"相合的自我提升过程中，守"气"和养"气"自然会成为重要的环节。"气"不仅仅存在于人身上，它还存在于这个宇宙中所有的存在物之中。只要守和养自身的"气"，就可以通达万物，去除物与物之间的隔阂。列子所说的"潜行不空，蹈火不热，行乎万物之上而不栗"的状态，就是"至人"已经完全破除物我隔阂的境界。在这种意义上，"气"的含义与《列子》中的"德""性"都有着相似的含义。

《列子》的"气"论在前人认知和论述的基础上作出了源于自身理解的演化，并形成了一些个人的风格和特点。这里的"气"并非只是大略的形成宇宙万物的元素，而是精微的形成具体每一个事物的元素。"气"不形成宇宙本身，而是通过自身形成的每一

---

[1] 杨伯峻：《列子集释》，中华书局，2012，第46页。

个具体事物的累积而形成宇宙。由于它作为基础元素的地位,当其落实于具体事物上的时候,就代表着这些事物得自宇宙本源的"分"。而这种"分"正是《列子》修养工夫中"养气"或"守气"环节的来源。

二、与其他道家思想之"气"的比较

中国哲学中"气"的概念就像其他哲学概念一样,意义高度抽象。这些高度抽象的含义是从汉字"气"的原始含义中发源演化而来的,我们探讨"气"概念哲学化的历程,必定要回溯到"气"这个字的原始含义和原初的使用方法。但是,对于"气"而言,它在甲骨文和金文中的使用状况较为复杂,比其他汉字更难以梳理一些。

现在,学者们普遍认为"气"是一个象形字,其表现的是云气,或云气升腾的样子。例如许慎在《说文解字》中就认为"气"的含义是"云气也,象形"。殷商时代的人们已经开始逐渐迈入农耕文明社会,而原始农业的收成多少与自然气候和当年的雨水量具有非常紧密的联系。殷商时代的人们通过对自然界的细致观察,已经大致理解了雨水和云气之间的关系,因此他们自然产生了对"气""云"和雨水的敬畏、崇拜。在这个时候,虽然"气"和"云"两个汉字都已经被创造出来,但由于两个字都与雨水有紧密联系,因此经常混用。许慎在《说文解字》中解释"云"的含义时也说"云,山川气也",表现了"云"和"气"两个字含义接近，经常互训的情况。甲骨文中曾多次出现了关于求云、求雨的占卜卜辞："兹云，其雨？不其雨？"[1]这些都说明对于当时的人们来说，云、气、雨的多少是关乎社稷存亡的大事，求雨更是首领工作的重中之重。可能是由于这些原因，在殷商的甲骨文和周代的金文中，不少地方出现的"气"字并非表示云气的含义，而是在同音、字形相近的基础上与"乞"字通用，有时还与"迄""汔"等字通用，这些复杂的情况都使得对"气"原始意义的梳理变得很困难。例如甲骨文中的求雨卜辞"庚申卜今日气雨"，其中的"气"其实就是"乞"，表达了乞求之意。这种用法直到春秋时代仍旧存在，《墨子·非儒下》中的"是若人气"，其中的"气"就是乞求、求讨的意思。也有学者认为，"乞"字原本并不存在，人们最初就是用"气"字来代指乞求之意，在后来的文字演化之中，"乞"才逐渐从"气"中独立出来，成为一个单独的汉字。

"气"除了代指和表现自然界中的空气、云气之外，随着人民生活领域的扩大和手工业的发展，"气"也开始逐渐代指人们生活、工作中目睹的烟气、蒸气之类的气体。例如《周礼·考工记·栗氏》中所记载的内容："凡铸金之状，金与锡。黑浊之气竭，黄白次之；黄白之气竭，青白次之；青白之气竭，青气次之。然后可铸也。"这里记载的是青铜冶炼的具体过程，在此过程中会逐步冒出各种颜色的烟气，分别是黑色、黄色、白色和青色，当冒

---

[1] 董晓燕：《"气"含义嬗演及中医气理论发生》，《辽宁医学院学报》2016年第14卷第4期，第63页。

出青色气体的时候，可知冶炼成功，可以开始铸造了。人们逐步熟练掌握青铜冶炼和青铜器铸造的技术之后，青铜容器逐渐进入人们的生活，用各类容器蒸煮食物或药物的记载也逐渐增加，此时，"气"又开始代指这个过程中出现的蒸气。例如马王堆三号汉墓出土的帛书《五十二病方》中就有用熏蒸的方法治病的记载："血痔，以弱爇煮一牡鼠，以气熨。……取秋竹煮之，而以气熏其，已。"这段文字中的"气"都是指药物蒸气。

在以上列举的用法之中，"气"只是一个普通的汉字，代指由于各种原因出现了烟气、云气，还没有显现出哲学概念的抽象含义。但"气"的哲学化其实也非常早，在西周时期的《左传》《国语》之中就已经有所体现。在这一时期，人们逐渐开始梳理"气"的特性以及运动变化的规律，并尝试对其进行理论概括和抽象升华。例如《国语》中记载了周幽王二年发生的大地震，太史伯阳父在解释地震原因时说了这样一番话："夫天地之气，不失其序；若过其序，民乱之也。阳伏而不能出，阴迫而不能蒸，于是有地震。今三川实震，是阳失其所而镇阴也。"[1]这里特别值得注意的是，阳父没有将地震的原因归结于上天的震怒与惩罚，而据我们现在所知，当时的社会环境和政治环境其实还是具有很强的宗教性的。所以，阳父摒弃了宗教性的解释，尝试完全以自然的、客观的原因来解释地震这种自然现象，这是当时非常先进的思想，展现了那个时代的人们正在逐渐脱离原始宗教的束缚，开始以人的理性和自然客观的视角来看待世界。阳父解释地震的思路其实

---

[1] 左丘明:《国语》，时代文艺出版社，2009，第18页。

对于我们来说也仍旧很熟悉：一切自然现象都是天地之"气"交互运动的结果，"气"分阴阳，当阴阳二气无法达成平衡且积聚到一定程度时，就会从某个地方极端地爆发出来，地震等自然现象就是这样出现的。从这种解释来看，在《国语》的时代，"气"与原始的阴阳理论已经产生了汇流，这种汇流逐渐发展，人们开始将阴阳二气与自身的健康和性情联系起来，"气"在这个过程中哲学意味逐渐得到了增强。例如《国语》中的这段论述："口内味而耳内声，声味生气。气在口为言，在目为明，言以信名，明以时动，名以成政，动以殖生，政成生殖，乐之至也。若视听不和，而有震眩，则味入不精，不精则气佚，气佚则不和。于是乎有狂悖之言，有眩惑之明，有转易之名，有过慝之度。"[1] 这就是用阴阳学说和"气"的概念来探讨人体健康问题的例子。当然，人们对"气"的探讨这时主要集中在说明世界的运转规律和秩序，以及各个事物之间的联系等等。这种"气"的理论还没有完全脱离感性色彩，因此只能说是有着哲学化的萌芽，"气"在此时还没有真正成为一个成熟的哲学概念。

直到春秋战国时代的思想大爆发时期，"气"的抽象化过程才由一系列思想家们真正完成。此时出现了两种有关"气"的思路，一种是将"气"本身视作世界的本原，将"气"提升到哲学体系的最顶端。这种思路当时以《管子》为代表，后来经历了王充、张载等人的进一步发展。《管子》中《内业》、《心术》上下、《白心》四篇的作者认为"道"就是"精气"，二者是内在一致的

---

[1] 左丘明:《国语》，时代文艺出版社，2009，第66页。

两个概念。《内业》篇说："凡物之精，此则为生，下生五谷，上为列星；流于天地之间，谓之鬼神；藏于胸中，谓之圣人。"[1] 也就是说，世界上的一切物质存在和精神存在都是来自"精气"的。另一种思路是将"道"作为世界的本原，将"气"视作万物具体的构成元素。这种思路首先由老子明确阐述出来，并在后来的庄子等道家学者和历代儒家学者的手中逐渐发展成熟。

1. 与《老子》之"气"的比较

如前文已经分析整理过的一样，《列子》的宇宙生成理论是由"道"和"气"两个概念为核心共同构筑而成的，在描述这一理论的段落中，"道"和"气"以及其他与这两个概念意义类同的词语出现频率很高；但在《老子》的这类段落文本中，"道"以及代指"道"的词句出现频率极高，而"气"这个概念却很少出现。即使将"阴阳"等与"气"并非同义但也相关联的词汇算在内，在《老子》全文中也只出现了不到五次。这个数量与《列子》全文中的四十五个"气"有着相当大的差距。既然《老子》文本中"气"以及类似概念很少出现，也就是说这类概念在书中并不占有重要的地位。事实上，纵观《老子》中出现的"气"，其意义主要偏向于肉体性、物质性的意义，即形气、精气之类。如"载营魄抱一，能无离乎？专气致柔，能如婴儿乎"[2] 之中，"气"便与"营魄"

---

[1] 管仲：《管子》，房玄龄注，上海古籍出版社，1989，第 151 页。

[2] 陈鼓应注译《老子今注今译》，商务印书馆，2003，第 108 页。

相对,指与魂魄相对的精气。而在另一段中的"心使气曰强"[1]里,"气"则完全是指与"心"相对的肉体。"气"与宇宙生成有关的唯一语句,是"万物负阴而抱阳,冲气以为和"[2]。但此句中的"气"显然就是指"阴"和"阳"。这种含义与《列子》中的"气"在抽象程度上仍有不小的差异。"气"这个概念重要性的高低,对于哲学思想的架构来说是相当重大的区别。这种区别必然导致二者宇宙生成理论的差异,作为本根论核心的"道"概念也必然有着相当的不同之处。经过前文相关段落的论述可知,《列子》中的"气"在宇宙生成过程中所起到的作用,是连接"道"所在的形上世界和具体万物所处的形下世界,填补形上与形下世界沟通、流变的缺失环节。由于"气"对于宇宙生成过程的补充,《列子》中的"道"才可以安处于形上领域之内,不与形下世界发生直接的联系。而在《老子》之中,并无"气"来起到这样的连接、沟通作用,"道"必然要直接联系着以其为根源的具体万物,与万物发生更为亲密的联系和互动。

这种区别可以归结为作为一个哲学体系的道家思想在发展流变的过程中,前期理论和相对后期理论的区别。详细梳理《老子》文本中的哲学概念使用状况,可以发现《老子》并未真正清楚地对其体系中的形上层面和形下层面作出区分。从《老子》对"性""天""德"等概念的表述和重视程度高低上都可以发现这一点,但最为明确表现出这一点的,仍是其体系中"气"这个概念

---

[1] 陈鼓应注译《老子今注今译》,商务印书馆,2003,第274页。

[2] 同上书,第233页。

的缺失。在道家思想的发展中,"气"的大量出现和其沟通"道"
与万物作用的明确,可以说是形上和形下两个层面被清楚区分开
来的标志。而由于《老子》并未清楚区分这两个层面,因此其
"道"等一系列的概念都混杂有形上和形下的成分,其抽象性也自
然不可能很高。当然,作为道家思想的始源,《老子》的经典地位
是不容置疑的,后来者也不可能用后世思想的标准来要求早期思
想。但这种发展流变中的区别仍旧值得注意,特别是对于《列子》
这样成书时间和思想定位都存在争议的典籍来说更是如此。在今
本《列子》的思想体系中,"气"已经大量出现,从而明确分割了
形上世界和形下世界,使得"道"的抽象性大大加强,思想结构
的逻辑性也比《老子》更为完善。

2. 与《庄子》之"气"的比较

"气"不仅仅是道家思想理论体系的核心概念之一,同时也是
一个在先秦时代思想发展过程中呈现出很大变化的概念。[1] 这一
词语最初是以气息、呼吸等具体实际的意义而被广泛使用的,但
在思想发展的潮流中,它逐渐被添加上了哲学和抽象的意味,并
最终成为中国宇宙生化思想的核心观念。而这一演化过程主要是
在先秦、两汉时期发生的,因此对于这一时期的思想、典籍来说,
"气"的概念非常丰富而又复杂,并处于激烈的演化变动之中,各
派思想对它的定义可能都有着多多少少的不同,而这些不同又总
体上构成着一种具有方向性的演进潮流。而《列子》和《庄子》

---

[1] 曾振宇:《思想世界的概念系统》,人民出版社,2012,第47页。

作为先秦时代的两部典籍，不可避免地身处这一潮流之中，其书中的"气"概念也呈现出丰富的含义和鲜明的特色。因此，分析两书中"气"的概念，有助于进一步理清《列子》和《庄子》的理论构架。

对《庄子》全书的"气"概念进行梳理，可知在其书中，"气"总共出现了四十六次。相对于《庄子》全书的篇幅来说，"气"这一词语的出现次数意外得少。相比《庄子》，在全书篇幅短小得多的《列子》之中，"气"概念一共出现了四十五次，其使用频率显然比《庄子》要高出不少。在前文论述《列子》之"气"具体含义层次的章节中已经分析过，《列子》全书中的"气"概念可以大致分为三类：第一类是在宇宙生化过程中代指构成生命、物质的基本宇宙元素，以解释万物的出现和组成；第二类是代指阴阳两面或其中的一面，以解释万物生成、生长的动力；第三类是落实在具体事物之上，代指事物的气息、物质性或具有特殊性的环境等等。而考察《庄子》对于"气"的使用状况，可以发现其对于《列子》中的三类意义都有所展现。例如上文中提到的《知北游》中的"人之生，气之聚也"[1]，便是以"气"代指构成人之生命的基本元素；而《秋水》之中的"自以比形于天地而受气于阴阳"[2]，则以"气"代指"阴阳"两面；《庚桑楚》中的"夫春气发而百草生，正得秋而万宝成"[3]则是以"气"代指春季特有的

---

[1] 郭庆藩：《庄子集释》，王孝鱼点校，中华书局，2013，第 647 页。

[2] 同上书，第 500 页。

[3] 同上书，第 680 页。

适于生长的环境。

但对比《庄子》内篇和外、杂篇之中"气"的具体意义,则有一点非常值得注意,即"气"作为构成宇宙生化之基本元素这一类意义,在内篇中很难说有所展现,而这一意义在外篇之中却非常明确地出现了。统计出现频率的话,"气"一字在《庄子》内篇中出现了十四次。而这十四个"气"基本都可以被归类为后两类含义。例如《大宗师》中的"阴阳之气有沴"[1],是"气"与"阴阳"相关的用法;而更多的地方只是用"气"来表示气息等实际事物或状态,例如《逍遥游》中的"绝云气,负青天"[2]、《齐物论》中的"夫大块噫气,其名为风"[3] 等等。唯一一处可能被解释为基本宇宙元素含义的语句,是《人间世》中的一段:"气也者,虚而待物者也。唯道集虚。"[4] 这种表述可以被理解为,"气"是一种基本宇宙元素,具有"虚"的性质,而"道"是这种基本宇宙元素的源头。刘笑敢等学者就持有这样的观点,并且以此作为《庄子》内篇也存在宇宙生化理论的重要依据。[5] 但这种观点多少存在值得质疑之处。首先,内篇出现的十四个"气"之中,只有这一处存在向宇宙元素含义靠拢的可能性,即使真的将其解释为基础宇宙元素,单凭这短短的一句话,也很难说能够建构起一个较为完整的理论框架。其次,完整地看待这一语句,可以发现它与前面

---

[1] 郭庆藩:《庄子集释》,王孝鱼点校,中华书局,2013,第 236 页。

[2] 同上书,第 16 页。

[3] 同上书,第 47 页。

[4] 同上书,第 137 页。

[5] 刘笑敢:《庄子哲学及其演变》,中国人民大学出版社,2010,第 136 页。

的话语关系非常紧密。前文说道:"若一志,无听之以耳而听之以心,无听之以心而听之以气。听止于耳,心止于符。气也者,虚而待物者也。"[1] 这一段表述显然是将主体的境界区分为"听之以耳""听之以心""听之以气"三个类别,层层递进,逐渐从生理、普遍的层面拔高,摆脱肉体和意志的束缚,最终达成淡泊无碍的精神自由。"听之以耳"是仅止于肉体的、生理性的"听",是最为普遍而普通的感受方式;"听之以心"是从精神、意志的层面上去"听",这种"听"虽然也是需要被排除的一种方式,但仍旧比"听之于耳"有更多价值。而在"听之以气"的层面里,从作者文本表述中显示出的倾向性上来看,在此处提到"气"并进行描述,其目的是表达"气"所具有的"虚"这一性质,并以"虚"来支撑和论述作者想要表达的"心斋";而并非抱有在这里论述"气"的宇宙论含义和"气""道"两个概念在宇宙生化中关系的目的。因此作者才会仅仅将"气"解释为"虚而待物者",集中强调出"虚"这一点。由此,后文的"唯道集虚",可以从宇宙论上被解释为本源之"道"是带有"虚"性质的宇宙元素"气"的根源,也可以从境界论上被解释为"虚"性是通达至"道"这种终极境界的唯一途径。并且从上下文以及该段落的主旨来看,后者更符合作者想要表达的意思,其可能性比前者要高。再次,从另一方面来说,"虚"这种性质并非作为宇宙元素的"气"所独有的性质。"气"原本就是用来形容不可触及、不可感知,而又显然存在着的某些自然因素的概念。不管是作为"阴阳"之"气",还是

---

[1] 郭庆藩:《庄子集释》,王孝鱼点校,中华书局,2013,第137页。

作为气息、呼吸、节气、环境特质等含义的"气","虚"都是它们的性质之一。而《人间世》这一段落事实上只强调了"气"之"虚"性,在"道"指代一种境界的基础上,"虚"被作为通达至"道"之境界的路径和手段。在这种主旨和语境之下,"气"其实被解释为其概念所具有的任何一层意义,该段落的文意都会是通畅的。综合以上的分析可以得知,《人间世》中"气也者,虚而待物者也"一段中的"气"是《庄子》内篇中的"气"概念里唯一有可能被解释为基本宇宙元素的一处,而由于此段对于"气"之"虚"性的强调和境界论的主旨,此处的"气"其实可以被解释为"气"所具有的任何一种含义。因此,仅此一处并且不能被完全肯定的论据,不能证明《庄子》内篇中出现了"气"作为基本宇宙元素的用法。

由此反观《庄子》外篇中出现的"气",可以发现其用法在以上分析的方面与内篇有着相当显著的差异。外篇之中,"气"总共出现了三十二次,而在这三十二次之中,"气"作为基本宇宙元素使用的情况在三个篇目中都较为明显地出现过。这三个篇目就是上文已经提到过的《至乐》《达生》《知北游》三篇。在这三个篇目之中,《至乐》篇所论述到的部分是具有普遍性的宇宙生化理论,而《达生》和《知北游》两篇都是以人为主体来论及宇宙生化理论的。并且这些篇目的论述都与《列子》类似的论述有着较强的相关性,将二者进行对比分析的价值也比较高。从这些篇目对"气"的表述来看,其论述所表达的宇宙生化理论大致囊括了三点。第一点,是《至乐》篇所表达的宇宙生化过程中的五个大的阶段。文中提道:"察其始而本无生,非徒无生也而本无形,非徒无形也而本无气。杂乎芒芴之间,变而有气,气变而有形,形变而有生,今又变而之死,是相与为春秋冬夏四时行也。"[1]此段中表达出作者对于事物如何从无到有的过程的认识。首先是"芒芴",即混沌不明的状态;其次是"有气",成玄英的注疏在此处将"气"解释为"阴阳二气"[2],但此处解释为宇宙元素也同样可行;再次是"有形",如果将上一阶段解释为"阴阳二气",则此处便会比较难以解明,但如果将上一阶段的"气"解释为基本宇宙元素,则此处便可以被解释为具体的阴阳出现;从次是"有生",即具体的生命、事物真正出现;最后则是"死",即具体事物的再度解体。以此对比《列子》中的类似段落,可以发现《至乐》篇的表达与《天瑞》篇第二段存在相似度较高的对应关系。《天瑞》篇中论述到"太易""太初""太始""太素"四个宇宙生化过程阶段,其中"太易者,未见气也;太初者,气之始也;太始者,形之始也;太素者,质之始也"[3]。显然,尽管在细节和一些词语的解释上存在争议,但这四个阶段与《至乐》篇中五个阶段的前四个非常相似,一定程度上也确实是对应的。所谓的"太易",在原段后文之中也有着"气形质具而未相离,故曰浑沦"[4]的解释,这一解释与《至乐》中的"杂乎芒芴之间"在意义上是很相似的。二者也都是从第二个阶段开始有了"气"的出现,从

---

[1] 郭庆藩:《庄子集释》,王孝鱼点校,中华书局,2013,第546页。

[2] 同上。

[3] 杨伯峻:《列子集释》,中华书局,2012,第6页。

[4] 同上。

第三个阶段开始有了"形"的出现，而第四个阶段虽然在表达上不尽相同，但也都是作为宇宙生化由无到有的最后一个阶段，再后面的阶段便是由有回归到无了。因此可以说，由《天瑞》篇和《至乐》篇的对比来看，《列子》与《庄子》后篇在宇宙生化过程的表述上非常相似，可以认为二者对宇宙生化阶段和过程具有较为相近的理解。但"气"在其中的具体含义并不特别清晰，可以有多重含义的解读。第二点，是《知北游》篇所表述的，以"气"概念为核心的生化循环系统。该篇中提道："人之生，气之聚也。聚则为生，散则为死。若死生为徒，吾又何患！故万物一也，是其所美者为神奇，其所恶者为臭腐；臭腐复化为神奇，神奇复化为臭腐。故曰：'通天下一气耳'。"[1] 这一段的文意主旨，是事物的生、死、神奇、臭腐都是一种暂时的状态，并且这些暂时的状态都存在着相互转化的必然性，而这种暂时性和必然性的源头，都是"气"这一永恒不变的存在。"气"之聚散从而形成形形色色的事物和特征，具体的事物和特征都会消失，但"气"是永恒而稳固的。而此处的"气"，显然已经不能被解释成"阴阳二气"，只能被解释成构成一切事物的基本宇宙元素。而在《列子》之中，类似的表达尽管没有《庄子》中这样完整全面，但其大意也是比较类同的。例如在《天瑞》篇第十一段中，便有"故物损于彼者盈于此，成于此者亏于彼。损盈成亏，随世随死。往来相接，间不可省，畴觉之哉？凡一气不顿进，一形不顿亏"[2] 的文句。这一

---

[1] 郭庆藩:《庄子集释》，王孝鱼点校，中华书局，2013，第647页。

[2] 杨伯峻:《列子集释》，中华书局，2012，第28—29页。

段文句中虽然在表达上不甚清晰，但仍旧体现了事物生死的暂时性、事物之间的相互转化，以及这种转化与"气"的紧密联系。因此可以说，《庄子》后篇和《列子》也有着比较相似的生化循环系统理论，并且这种理论都是以作为基本宇宙元素的"气"为基础的。第三点，是《达生》篇中所论述到的，以"气""道"等概念之间的联系为主线索的人生境界提升过程。该篇中有："彼将处乎不淫之度，而藏乎无端之纪，游乎万物之所终始。壹其性，养其气，合其德，以通乎物之所造。"[1]此段显然论述的是通过一定的途径通达于"道"之境界的过程，"物之所造"即代指作为万物本源的"道"。而"气"是这一过程中的一个阶段，介于"性"和"德"之间。它的含义显然已经与前文提到的，同样将"气"列入境界提升过程的《人间世》中的"气"有所不同。后者仅仅是以"气"来强调"虚"的特性，而《达生》中的"气"显然已经无法用"虚"来解释。事实上，考察该段中"性""气""德"的使用方式和关系，可以发现它们代指的都是人得自本源"道"的天分，使用三个不同的概念只是在表达这种天分的三个不同的方面。其中，"性"偏向于本然天性的方面，"气"偏向于肉体和生气的方面，"德"偏向于价值和德性的方面。因此才有"壹其性，养其气，合其德"这样的修养方式，即忠实于自身的自然天性、保养自身的生命基础、合于自身与生俱来的德性价值，由此即可通达于"道"的境界。其中，"气"以肉体、生气的意义出现，而这种意义显然与其在宇宙生化论中作为构成事物的基本元素有着紧密

---

[1] 郭庆藩：《庄子集释》，王孝鱼点校，中华书局，2013，第563页。

的联系。因此在该段中的"气"，可以算是其基本宇宙元素含义在境界论中的变形使用。前文中已经提到过，《列子》与《庄子》文本中有着一些重合或相似的段落文句。而这一段落便是其中之一，它几乎原封不动地出现在《列子·黄帝》的第四段落之中。其中唯一不同的词句是，《庄子》中的"合其德"在《列子》中变为了"含其德"。但这一字的改动事实上并不对原文大意构成影响。因此可以说，《列子》中也有着上文分析过的《庄子》中的以"性""气""德"与"道"的关系为核心的境界修养理论，而其中的"气"也与上文分析一致，是基本宇宙元素含义的变形。

　　尽管在当今的《庄子》研究之中，多数学者仍旧采取以内篇材料和思想为主体，以外篇、杂篇材料为辅助的方针，但在《列子》和《庄子》"气"概念的比较研究里，显然必须不能武断地以内篇之"气"来代指整个《庄子》的"气"概念，而是必须将内篇、外篇分开来看，并且将二者分别与《列子》之"气"进行比较。而由以上分析可以发现，《列子》之中的"气"概念和与其有关的理论部分，与《庄子》外篇的论述有着极高的相似度，基本可以认为二者"气"概念的含义、宇宙生化循环理论、境界修养论都是一致的。而上文中已经分析过，《庄子》内篇中的"气"概念仅包含与阴阳有关的含义以及气息、呼吸等基本含义，而难以确认其存在与宇宙论相关的含义。因此，可以说《庄子》内篇和外篇，在"气"的含义层次以及与其相关的理论结构上有着极大的差异；由此也可以进而推断，在这些含义和理论方面，《庄子》内篇与《列子》也差异很大。

在比较《列子》和《老子》之"气"的差异时曾经提到过，"气"这一概念是一个思想体系之中宇宙生成理论的核心，它的出现频率和含义能够从一个侧面比较有力地展示该思想体系中宇宙论、生成论的成熟程度，并且一定程度上可以作为判定一部先秦典籍在思想史上先后位置的依据。带着这样的目的观察《列子》和《庄子》中的"气"，能够发现值得注意的若干事实，并作出一些合理的推断。首先，前文也提到过，《庄子》全文之中一共出现了四十六个"气"字，而《列子》全文中共出现了四十五个"气"。对比《庄子》文本八万左右的总字数和《列子》文本仅仅三万八千左右的总字数，《庄子》中"气"出现的频率远远低于《列子》。在这之中，《庄子》内篇出现了十四个"气"，外篇中出现了三十二个"气"。虽然通过上文分析，可知《庄子》内篇、外篇的"气"有着较大的差异，但针对内篇和外篇各自的篇幅来说，其"气"出现的频率没有太大的差异。换言之，虽然外篇之"气"相比内篇而言含义更加丰富，但"气"的使用频率实际上也没有显著的提高。尽管使用频率不能说明所有的问题，但它仍然可以作为一个比较重要的指标，来观察概念的受重视程度。显然，"气"这一概念在《列子》中比在《庄子》中受到更多的重视，由此也可以推断，《列子》中以"气"为核心的宇宙论、生成论可能比《庄子》中的更为成熟、完善一些。其次，根据上文对《庄子》内篇、外篇之"气"的分别分析，可知内篇中难以确认出现过宇宙元素含义的"气"，而外篇之中则确实出现过这一含义的"气"。而宇宙元素含义的"气"概念作为宇宙生成理论的核心，可以用来推断一个理论体系宇宙论成熟的程度。当然，或许《庄子》内篇的作者也有着自身对于宇宙生化过程的认识，但其篇目中没有清楚提及，作为研究而言也就只能认为其思想体系中没有这一板块的内容。由此看来，《庄子》外篇在宇宙生成理论方面比内篇完善、成熟得多，其内容也与《列子》中该方面的理论非常相近。

第三节 "天":"形,必终者也"

"天"这个字在《列子》文本中共出现了一百四十九次,是篇目中出现最频繁的概念,其出现形式也较为丰富。纵观"天"概念在《列子》概念体系中的意义,它也是这一体系中比较重要的概念之一,许多概念都与它联系着。因此,分析"天"在《列子》全文中的含义,是梳理该书思想的重点之一。总体来说,在"道"与"气"所产生的宇宙系统之中,《列子》之"天"主要体现了具体而实在的事物所具有的一系列特征。

一、《列子》之"天"的含义梳理

通过梳理"天"每一次出现所表达的含义,我们可以把"天"这一概念在《列子》中的义项总括为四个:代指阴阳系统之"阳"的"天";代指最庞大的具体事物之一或代指整个自然界的"天";代指人之自然天性的"天";代指"天下"的"天"。其中,代指人之自然天性的"天"与"性""命"等概念相似,因此将其放在人性论部分来进行探讨。而"天下"的"天"并不具有太多哲学意味,因此只在末尾处作简要提及,此节重点论述的是"天"这一概念的前两种含义。

1. 代指阴阳系统之"阳"的"天"

在多数道家哲学的系统中，"气"概念及以其为基础的气化系统都被用作解释宇宙生化过程中形上与形下层面的关系问题。[1] 而从道家哲学发展的早期开始，"阴阳"概念就被引入这一系统，它们的相互作用被用来充当气化循环运动的动力源泉。"气"与"阴阳"这一对概念的结合，在道家宇宙生化系统的发展完善的过程中起到了至关重要的作用。《列子》的思想作为道家学派哲学的一个分支，在这一问题上也并不例外，其作者同样使用了"气"与"阴阳"相结合的方式来解释宇宙生化过程中的很多问题，并形成了自身较为完善的气化循环系统。相对其他道家思想系统有所不同的是，《列子》的作者经常使用"天"和"地"这对概念来指代"阳"和"阴"。例如在《天瑞》篇第三段中，作者论述各种事物都有着自身的限定性时将"天""地"与"圣人""万物"并列，并有"天地之道，非阴则阳"的论述。在许多论述中，"天""地"完全代替"阳""阴"，展示相互激荡的作用并成为气化循环的动力。

这种用"天""地"指代"阳""阴"的使用方法与《列子》作者对宇宙生化过程的认识有关。在《列子》文本里，对具体形下的万物如何从形上的宇宙本源中产生的过程有着相当具体的解释，作者把这一过程称为"有形者生于无形"[2]。而其中即有，在"形变之始也，清轻者上为天，浊重者下为地，冲和气者为人；故

---

[1] 曾振宇：《思想世界的概念系统》，人民出版社，2012，第 100 页。

[2] 杨伯峻：《列子集释》，中华书局，2012，第 5 页。

天地含精，万物化生"[1]。该段落中，"天"与"地"并不是指代，而是作为具体事物使用的，但此处所表达的"天""地"形成之过程解释了《列子》作者用这两个词语来指代"阳"与"阴"的原因。由这一描述可知，作者认为"天"这一具体存在由"清轻者"所形成，"地"这一具体存在由"浊重者"所形成，而"清轻者"与"浊重者"的相互运动对冲则是人以及世界万物形成的动因。因此，用"天"和"地"两个具体事物分别代指构成其物的元素，也就成为一种可以接受的惯常用法了。在同样的意义上，作者也偶尔用"气"和"块"来替代"天""地"，作为"阳"和"阴"的替代概念。

2. 代指最庞大的具体事物之一或代指整个自然界的"天"

上一段落中我们提到，用"天"来替代"阳"的概念，其原因是"天"这一具体实在的事物主要是由"清轻者"，也就是"气"的阳性一面来构成的，在这两个概念具有非常紧密关系的基础上，才出现了一定程度上相互替换的用法。实际上，在《列子》的观念系统中，"天"以及与之相对的"地"主要是作为实在事物而处于形下的具体世界的概念。《列子》的作者在段落中多次表明"天"与"地"是具体的事物，并不断从各个角度尝试证明两者与其他具体实在的事物没有本质上的差别。第一点，作者试图证明"天"与"地"的实在性。按照书中逻辑，实在的具体事物都由宇宙本源"道"所产生。"道"是无限制的，由其所生也就意味着被

---

[1] 杨伯峻:《列子集释》，中华书局，2012，第7页。

"道"赋予了限定性。因此，作为源于"道"的具体实在事物的证明，就是事物本身的限定性。而这种限定性的体现，就是事物在某些方面总是存在缺憾，即文本中所说"然则天地亦物也"[1]，"天有所短，地有所长"[2]。此后，作者用女娲炼石补天的神话来直接证明"天"之不足，这种用神话作为证据的方式虽然不能真正成立，但毕竟说明了作者的一种努力。第二点，作为事物之限定性的另外两种表现，《列子》作者也同样试图证实"天"和"地"的有形性和时间上的有限性。在证明两者有形性的方面，在《天瑞》篇第十二段中，作者对"天"与"地"的结构给出了自己的解释。如前一章节中我们所确认的，《列子》作者认为"天"是"清轻者"构成的，也就是"天，积气耳，亡处亡气"[3]。但它并不是离我们非常遥远，而是就在我们身边并包裹着我们，如同作者所说，"若屈伸呼吸，终日在天中行止"[4]。由此可见，作者认为地平面以上的广大空间都是"天"，即"天"的下缘就是地平面。并且此处的"天"不仅是一个空旷的大空间，它是一个集合式的观念，由许许多多具体事物组成，即"虹蜺也，云雾也，风雨也，四时也，此积气之成乎天者也"[5]。此处值得注意的是，"四时"也是"天"的组成部分。也就是说，作者认为气候、季节变化及其带来的影响都属于"天"这个具体事物固有的一部分，而并非受任何意志

---

[1] 杨伯峻:《列子集释》，中华书局，2012，第143页。

[2] 同上书，第8页。

[3] 同上书，第29页。

[4] 同上。

[5] 同上书，第31页。

或神格的影响。这也就证实了，在不少段落中的"天职生覆"[1]及其他类似含义的表达，并不是《列子》中的"天"有所人格化或神格化的体现，而只是这种具体事物固有结构的展现。相对应地，"地"也同样被认作是由"山岳也，河海也，金石也，火木也"[2]等一系列具体事物集合起来，并具有明确上缘地平线的"积块"。由此可知，《列子》作者完全从自然角度赋予了"天""地"非常具体实在的解释和结构，在这种结构之上，"天""地"的有形性都是非常明确的。在证实二者的时间有限性方面，作者则是在"天""地"有形性的基础上展开了推理。"形，必终者也；天地终乎？与我偕终。……生者，理之必终者也。终者不得不终，亦如生者不得不生。而欲恒其生，画其终，惑于数也。"[3]具有有形性的具体事物必定有其时间限制，当到达其应当起始或终结的时刻时，起始或终结必然将不受其意愿左右地到来。而"天地"已经被证明是具有有形性的具体事物，那么它们一定也有自身的时间限制，必定有时间上的起始和终结。在"天""地"之有形性已经得到确认的基础上，这其实是一个比较严谨的三段论式演绎推理过程。由此，《列子》作者作出了"天地终乎？与我偕终"[4]的总结。"天""地"与"我"事实上没有本质的区别，它们都是有形、有限、具体实在的事物，在逻辑层级上是完全平等的。

　　但某种程度上，"天""地"与其他具体事物仍旧还是有所

[1] 杨伯峻：《列子集释》，中华书局，2012，第8页。

[2] 同上书，第31页。

[3] 同上书，第18—19页。

[4] 同上书，第17页。

区别。这种区别，就是"天"与"地"形体更大，存续的时间也更为长久。实际上，《列子》作者认为"天""地"是具体实在事物中最为巨大的两个，即"夫天地，空中之一细物，有中之最巨者"[1]。而上一段落中我们也提到《列子》文本认为"天"和"地"都是集合型的事物。"天"指地平面以上的广大空间，并囊括一切气象、气候和季节因素；"地"指地平面及地平面以下的空间，并囊括一切土地中蕴含之物及地面上向上凸起的部分。当然，人以及其他生物并不是二者的构成部分。但按照作者所说，"若屈伸呼吸，终日在天中行止"，即我们虽然不属于"天"或"地"的一部分，但我们的一切活动都在二者所构成的空间之中进行。也就是说，"天"与"地"这两个集合相加，再算上其构成的空间内的一切，便可以涵盖我们所知的具体实在自然世界的全部。因此，《列子》作者便经常使用"天地"一词来代指整个具体世界。这种代指在《列子》文本中十分常见，甚至其出现频率比将"天""地"作为具体事物本身来使用的频率更高，可见作者非常认同这一用法，例如《天瑞》篇第十四段中的"吾盗天地之时利，云雨之滂润，山泽之产育"[2]，《黄帝》篇第十段中的"虽天地之大，万物之多，而唯蜩翼之知"[3]等等。值得一提的是，在此类用法中，也有类似但实际上并非人格化或神格化的语句出现。如《天瑞》篇第十三段中的"生非汝有，是天地之委和也。性命非汝有，是天地

---

[1] 杨伯峻:《列子集释》，中华书局，2012，第31页。
[2] 同上书，第34页。
[3] 同上书，第62页。

之委顺也。孙子非汝有,是天地之委蜕也"[1]。从《列子》作者所构建的"天""地"概念可知,"天职生覆,地职形载"本身就是二者的自然能力的一种体现,是它们与生俱来的一部分,而并非什么意志或其他力量的作用。因此,此类语句其实体现的也只是一种自然法则而已。

3. 代指"天下"的"天"

当然,除了一系列的代指用法,"天"这一概念在《列子》文本中仍会以其字的基本含义而出现。在这种意义上,"天"完全只是指自然天空。如《黄帝》篇第十五段中的"老子仰天而叹"[2]等等。此类单纯字义的用法相比代指用法而言在文本中出现的频率更低,但其作为体现"天"这一概念原始意义的部分,仍旧值得注意。而由"天"之原始字义衍生的词语"天下"在《列子》文本中共出现了五十次,比代指形下世界的"天地"一词出现频率要高。

通过前两个章节的辨析我们已经得知,在《列子》的宇宙观中,"天"与其他具体事物一样,是一个实在而有限的具体事物。它与其他具体事物唯一的区别就是更加庞大、更加长久。但从另一个方面来看,"天"基本涵盖了地平面以上我们所生活的全部空间和因素,对于人类而言,"天"之庞大囊括了我们所能认知到的一切事物,"天"所拥有的长久时间也远远超出了人所能认知的时

[1] 杨伯峻:《列子集释》,中华书局,2012,第32页。
[2] 同上书,第76页。

间范围。因此,从渺小的人的角度来看,"天"在一定程度上可以说在范围和时间上都是无限的,而"天下"这个词语最初的意义便由此衍生而来。在"天下"一词之中,"天"既是指作为最庞大长久的具体事物的"天",也是指作为自然天空的"天"。对于人类来说,自然天空是遥远而无法触及的,需要我们去仰望,而自然天空之下即是我们所生活的世界,因此"天下"具有人类所生活的世界的含义。与此同时,作为具体事物的"天"在人类看来是广大而长久的,基本可以趋近于无限,因此"天下"也同样具有在时间上稳定而长久,在范围上极其广大之意。将两种含义叠加起来,可知由《列子》的"天"之意义衍生出来的"天下"一词是完全从人类视角出发的,它应该具有人类所生活的、时间上极其长久、范围上极其广大这三点含义。从"天下"一词在《列子》文本中的具体使用状况来看,其含义多数与上述含义相联系,但并不一定完全与之相符,更多的情况是该词的意义在上述含义的基础上,根据不同的实际语境而有所发展和改变。在实际使用中,"天下"一词的含义基本有两种:表示"所有"之意,以及表示统治范围。如《说符》篇第十四段中提到的"天下之马"[1],是指人类认知范围内全部的马之中最为出色的马。而此中的"天下"一词,就是代表人类认知范围内所有的马,如《仲尼》篇第一段中的"曩吾修诗书,正礼乐,将以治天下,遗来世"[2],便是不特定属于任何政权而代指一种政治力量辐射范围内的"天下"。事实

[1] 杨伯峻:《列子集释》,中华书局,2012,第245页。
[2] 同上书,第110页。

上，"天下"在《列子》中表现出较为突出的两个特点：一是不论在哪一种使用方法中，这一词语的范围都不是无限的，而是具有显著的限制性。这一点与"天"概念的有限性是相互联系的。二是《列子》中的"天下"一词的使用主体多数是站在地位较高者的立场上，而不是站在普通民众的立场上的。这种主体视角造成了《列子》中"天下"一词的意义和范围与某些其他古籍的不同。这一点在"天下"一词的两种具体使用情况中都有体现，但在表示统治范围的情况下表现更为突出。

二、与其他道家思想之"天"的比较

1. 与《老子》之"天"的比较

对"天"使用状况的对比也是《列子》和《老子》比较研究中的一个重要环节。"天"在《老子》中出现了八十九次，毫无疑问其在两书中都是出现次数最多的概念。尽管在哲学架构上的重要性比不上"道"，但出现频率本身就说明了它的特殊地位。对比《老子》和《列子》中的"天"可以发现，尽管有着微妙的不同，但意义基本是一致的。总的来说，《列子》和《老子》的"天"概念相似之处不少；而其相异之处除了显示出《老子》中一些早期思想的特点和信仰的残留之外，还揭示了《列子》与《老子》在宇宙空间结构认识上的差别。

下面就先来观察两书中"天"这一概念的相似之处。首先，在《列子》和《老子》对万物的认识之中，"天"和"地"都是具体实际事物之中最庞大的两个，也都认为这两样事物相合便可以笼罩整个自然界，因此在文中经常以"天"或"天地"来代指自然界。例如《列子》中的"运转亡已，天地密移，畴觉之哉"[1]，便是以"天地"代指整个自然界，来说明自然界缓慢而很难察觉的运动。《老子》也是同样。例如"天地尚不能久，而况于人乎"[2]，便是以"天地"作为最庞大长久的具体事物，以"天地""不能久"来说明无论多么伟大的具体事物也都有着自身的时间限度。由此可知，《老子》和《列子》一样，本质上将"天""地"看作具体实际事物，从而超越了过去将"天"作为人格神的认知水平。其次，《列子》和《老子》都以"天下"一词作为最广大的认知范围和政治统治领域，并且"天下"一词在两书"天"的使用中都占有最高的出现频率。如《列子》中的"今天下之人皆惑于是非，昏于利害"[3]，便以"天下"作为最广大的认知领域;《老子》中的"侯王得一以为天下正"[4]，是以"天下"作为最广大的政治领域。相比而言，《老子》中"天下"的出现频率高于《列子》，这应该是由于《老子》文本的政治劝诫性比《列子》更强，其所面向的读者群体也比《列子》更为明确。再次，在两书中，"天"都以自然天性之意而被使用，并且这一类的"天"也都经常与"道"连用。例如《列子》中的"窈然无际，天道自会;漠然无分，天道

---

[1] 杨伯峻:《列子集释》，中华书局，2012，第 28 页。

[2] 陈鼓应注译《老子今注今译》，商务印书馆，2003，第 164 页。

[3] 杨伯峻:《列子集释》，中华书局，2012，第 106 页。

[4] 陈鼓应注译《老子今注今译》，商务印书馆，2003，第 221 页。

自运"[1]，就与《老子》中的"功遂身退，天之道也"[2]一样，都是以"天"来代指"道"的自然天性，并以"天道"连用来代指自然、应然的规律。由以上梳理可见，《列子》和《老子》在"天"这一概念的使用状况上有不少相同之处，这些相同之处或多或少都能够表明两个文本同属于一个思想学派，对于概念的意义和用法有着共识，其思想之间存在着某种程度上的承接关系。

下面来整理《列子》与《老子》在"天"概念意义和使用上的不同之处，并继而剖析这些不同之处所体现的二者认识、思想体系上的某些差异。

首先，《列子》之"天"的四条义项之中，唯一一条在《老子》中没有出现对应情况的，就是以"天"来代指气化系统中的"阳"。如"属天清而散，属地浊而聚"[3]等段落，其中的"天"都指代着"气"的阴阳两面之中阳性的那一部分，"地"则指代着阴性的部分，阴阳两面的对冲运动则通常用"天地含精"之类的语句来展现。当然，这种"天"的用法出现的前提，是该思想体系中已经存在着较为系统而详细的、以"气"化作用为核心的宇宙生化理论。而《老子》之中尚未出现像《列子》一样对这个过程的大篇幅议论，其书中唯一一处出现近似表达的是"万物负阴而抱阳，冲气以为和"[4]一句。从此句来看，《老子》中已经出现了后世道家思想中宇宙气化理论的雏形，但全书中仅此一句，无法

---

[1] 杨伯峻：《列子集释》，中华书局，2012，第194页。
[2] 陈鼓应注译《老子今注今译》，商务印书馆，2003，第105页。
[3] 杨伯峻：《列子集释》，中华书局，2012，第19页。
[4] 陈鼓应注译《老子今注今译》，商务印书馆，2003，第233页。

认为其形成了一个系统理论构架。更何况，作为本段重点的"天"
并未出现在此句之中。可见，两书在"天"这一点义项上的不同
之处，根源仍旧是宇宙生化理论成熟、细化程度上的差别。

其次，考察《列子》和《老子》有关"天""地"形成具体世
界方式的表述，可以发现二者在具体世界结构的认识上存在很大
的差异。在这一方面，二者论述中的"天""地"都是最庞大的具
体事物之一，即纯粹自然意义上的"天"与"地"，并且二者也都
认为，"天"与"地"共同笼罩、覆盖着人类所认识到的整个具体
世界。但由这些共同的前提出发，二者却形成了两种不同的具体
世界结构。在前文分析《列子》"天"概念的章节中，已经对其具
体世界结构有过详细的分析。在《列子》中，"天""地"是两个
集合式概念。以地平面为界线，以上都属于"天"的范围，以下
都属于"地"的范围，"天"之中包含天气、时令变化等一系列因
素，"地"之中包含山河、草木等一系列因素。可以认为，《列子》
认知中的具体世界等于"天"加"地"，除"天""地"之外，世
界中不再包含其他要素了。而《老子》中具体世界的结构则与此
不同，其文本中有"天地之间，其犹橐龠乎？虚而不屈，动而愈
出"[1] 的论述，"橐龠"即风箱，它便是《老子》认知中具体世界
结构的简要形态。也就是说，"天"和"地"不是集合，而是两个
实在的事物，作为具体世界的界线而存在着；"天"与"地"在界
线上相交接，二者之间形成一个巨大的空间，这个空间就是人类
以及万物存在着的地方；在这个空间的两侧，"天"与"地"也并

---

[1] 陈鼓应注译《老子今注今译》，商务印书馆，2003，第93页。

非静止不动，而是相互挤压运作，从而形成宇宙之间的生气流动，最终使得万物生长和各种现象出现。例如《老子》中还有"天地相合，以降甘露"[1]的语句，说明其认为雨露并不是"天"的一部分，而是"天"与"地"相互作用出现的结果之一。以上便是《列子》与《老子》在具体世界构成上的差别。因此，《老子》中不会出现类似《列子》"若屈伸呼吸，终日在天中行止"这样的语句，因为《老子》的"天"并非包裹着万物的，而是位于万物之上的高处。因此，万物都需仰望着"天"，而比较难以真正接近它。这种万物仰望"天"的状况，与接下来将要分析的第三点不同之处有一定的关系。

再次，在"天"的任何一层意义上，《列子》之"天"的自然程度都要高于《老子》之"天"。从前文对《列子》中"天"概念的梳理可以看出，从构成具体世界的两个要素这一层意义来说，"天""地"都是彻底自然意义上的存在，它们自身虽然存在时令、气候之类的变化、运动，但其存在与万物的生成过程没有关系，也完全没有认知、意志和情感。如同原文中所说的，它们就只是"空中之一细物，有中之最巨者"而已。而从另外三种意义的层面上说，不管是作为"阳"的代指，作为认知、政治领域范围，还是代指自然天性，"天"都不具有意志性，没有任何人格化倾向。但《老子》中的"天""地"则似乎不是这样纯粹，而是从字里行间让读者感受到，"天地"一定程度上是有知觉的人格化事物。原文经常将"天"与某些情感联系起来，例如"勇于敢则杀，勇于

---

[1] 陈鼓应注译《老子今注今译》，商务印书馆，2003，第198页。

不敢则活。此两者，或利或害。天之所恶，孰知其故"[1]"夫慈，以战则胜，以守则固。天将救之，以慈卫之"[2] 等等。对于这些文句中"天"的所指，学界仍然有所争议，"天"在此处指代"道"的观点也被某些学者所认同[3]。但笔者在这里并不采用这种观点，仍旧认为其代指的是"天"本身。另外，在构成具体世界的要素这一层意义上，《老子》中的"天"也并非完全是不参与万物生长过程的。在上一段的论述中，已经明确了其世界构成中"天"和"地"如风箱的两端般相互作用，在广阔的空间中产生某种动能，从而使得万物生长、发展。也就是说，《老子》认为万物存在、产生的根源是"道"，但万物产生之后的成长动因则在于"天""地"的相互作用。这就意味着"天""地"并不只是自然存在于具体世界中，还在具体世界的运作中占据着主导地位，掌控着万物的生长和发展。从《老子》具有某种程度上的人格化，并掌控着具体万物生长的"天"之中，可以隐约察觉到早期文明将"天"作为人格神进行崇拜的影子。尽管《老子》思想已经超越了当时人们的原始宗教、哲学思想，本质上不再将"天"作为人格神来崇拜，但其思想中显然依旧残留着早期信仰的某些因素，"天"的人格化倾向仍然存在于其文本的认知和话语之中。因此，才会出现上段所提到的，"天"高居于万物之上，万物仰望着"天"的状况。这种状况更加明确了《老子》文本大致形成时所处的社会环境，那

---

[1] 陈鼓应注译《老子今注今译》，商务印书馆，2003，第326页。

[2] 同上书，第310页。

[3] 刘笑敢：《老子古今》，中国社会科学出版社，2006，第476页。

应该是一个某种程度上仍旧存在着早期宗教信仰的环境。而在《列子》中，此类信仰残留基本已经消失，"天"完全被作为具体事物来看待，它是与万物处于同一层级上的同等存在。显然，在《列子》思想出现的环境中，早期信仰的色彩应该已经基本褪去，至少可能已经不再是主流的观念。一种思想体系的思维水平和特点必定与其所处的具体社会环境相符，这种思想史中不同阶段思想的差别在《列子》和《老子》之"天"的对比中显得非常清楚。

2. 与《庄子》之"天"的比较

在《庄子》中，"天"总共出现了六百多次，不仅仅在该书概念中是压倒性的多数，也远远超过了《老子》和《列子》中"天"的数量。考察《庄子》中的"天"概念，可以发现其使用状况基本与《列子》之"天"类似，即其代指气化系统中的元素之一、代指最庞大的具体事物之一或整个自然界、代指认知领域或政治范围、代指具体事物的自然天性。如果说《老子》与《列子》之"天"的差别主要体现在思想观念体系的成熟度上，那么《庄子》和《列子》之"天"则体现了二者概念体系成熟程度的相似。在《列子》与《庄子》这两个概念体系之中，主要的核心概念都已出现，并且其含义以及在体系中的作用都比较一致。因此，二者"天"概念之间区别更为微妙，主要显示在"天"与"道""气""性"等其他核心概念所构建的概念结构的细微不同之中。因此，笔者将从"天"的四种使用情况入手，对《列子》与《庄子》之"天"进行比较。总的来说，作为政治及认识领域的

"天下"以及代指自然界的"天地"在两书中都占据了大多数的出现频率，但这两种使用状况在两书中没有太多区别，因此在这里也不再多做论述。而另两种使用状况则有着较为重要的不同，接下来本文就以它们为线索，尝试梳理《列子》和《庄子》"天"概念的不同之处，并由此从一个侧面显示二者哲学概念体系的差异。

首先来看"天"在气化系统之中的作用。上文已经论述过《列子》之"天"在气化系统中的地位，即"天"与"地"代指"气"的两面，二者相互运作，从而形成宇宙生化的动力。如"清轻者上为天，浊重者下为地，冲和气者为人，故天地含精，万物化生"便清楚地显示了这样的生化结构。《庄子》之中也有相似的表述，如《达生》之中的"天地者，万物之父母也，合则成体，散则成始"[1] 等等，同样体现了"天"与"地"两种元素的融合运动产生万物的思想。但值得注意的是，《庄子》中的"天""地"和"气"之两面——"阳"和"阴"的对应方式不同于《列子》。前文已经梳理过，在《列子》中所显示的对应关系，是"天"对应"阳"，"地"对应"阴"；而《庄子》中的某些表述则与此正好相反。例如《秋水》中的"是犹师天而无地，师阴而无阳，其不可行明矣"[2]，便以"天"对应了"阴"，以"地"对应了"阳"。并且此类表述不止出现一次，《田子方》中的文句更为清晰一些："至阴肃肃，至阳赫赫；肃肃出乎天，赫赫发乎地；两者交通成和而

---

[1] 郭庆藩:《庄子集释》，王孝鱼点校，中华书局，2013，第562页。

[2] 同上书，第515页。

物生焉，或为之纪而莫见其形。"[1]此处虽然并未将"天""地"等同于"阴""阳"，但确实将二者对应性地联系了起来，并且也描述了"阴""阳"交汇而生物的气化过程。如果此类相反的对应关系仅仅在文本中出现了一次，可以被认为是在成书过程中出现了文字错误，但《庄子》中多次出现这样的对应关系，则不能被认为是偶然。纵观先秦时代的文献，可以发现此类与现今认知相反的对应关系并非只出现在《庄子》中。例如作为早期阴阳学家著作的银雀山汉简《曹氏阴阳》，其中就有"天无为也，主静，行阴事；地生物，有动，行阳事"[2]，也就是将"天"与"阴"、"地"与"阳"相对应。可见在当时，"阳""阴"与"天""地"的对应并未固定，不同的学者和著作对此都有着不同的认知。但在思想发展和社会变迁中，最终"天"对应"阳"、"地"对应"阴"的认知固定了下来，与此相反的认知则逐渐消失。这种认知的固定应该是随着阴阳气论的成熟逐渐确立起来的。如此，天阳地阴的对应认知流传下来，最终形成长久以来人们的文化观念。从以上的梳理可知，在思想史发展的过程中，应当有着一个从对应关系不固定到逐渐确定并固化的发展脉络。《庄子》中出现与现今观念相反的对应关系，就表示至少出现此类语句的篇目，在思想发展中的位置应该处于此类认知未固定的时期，而早于其固定的时期。同时，《庄子》外篇为其学所著，出现时间晚于内篇，已经是现今学者们较为认同的观点，而"天"对应"阴"、"地"对应"阳"

---

[1] 郭庆藩:《庄子集释》，王孝鱼点校，中华书局，2013，第630页。

[2] 吴九龙释《银雀山汉简释文》，文物出版社，1985，第66页。

的语句都出现在《庄子》外篇之中。也就是说，在《庄子》外篇
出现的时期，阴阳气论的发展仍旧处于并未真正固定的阶段。再
看《列子》，"天"对应"阳"、"地"对应"阴"的关系则比较明
确，因此其在思想史中的位置应该比《庄子》外篇晚，或至少不
早于《庄子》外篇。当然，思想史上的发展与实际时间年代并不
一定能够对应，思想演化中的回溯和杂驳也时常出现，因此这样
的界定只适用于思想史流变中的位置，而不适用于对实际时间和
年代的判断。

第四节 《列子》宇宙论的构架与其本体论 争议的解决

一、"道""气""天"的关系及它们所构成的《列子》 宇宙论框架

从以上对《列子》中"道""气""天"三个概念的含义进行的剖析来看，三者比较完整地形成了一套有关世间具体万物的根源、形成过程和存在状态的解释。其中，"道"作为"不生者"和"不化者"，居于整个理论体系最顶端的位置，是一切具体事物的根源之所在。而以"天"为代表的具体事物以及它们所处的世界，则以"道"所给出的依据为准则而存在着，并无时无刻不在"自生自化"。如此便给出了"道"与以"天"为代表的具体事物之间存在上的因果关系，并且二者明确形成了两个存在层面。《列子》之中有段落明确表述了这两个层面的划分和区别："大禹曰：'六合之间，四海之内，照之以日月，经之以星辰，纪之以四时，要之以太岁。神灵所生，其物异形；或夭或寿，唯圣人能通其道。'夏革曰：'然则亦有不待神灵而生，不待阴阳而形，不待日月而明，不待杀戮而夭，不待将迎而寿，不待五谷而食，不待缯纩而衣，不待舟车而行。其道自然，非圣人之所通也。'"[1] 此段文句有神话

---

[1] 杨伯峻：《列子集释》，中华书局，2012，第154—155页。

的意味，但排除具体的修辞，可以发现其中大禹所描述的世界，便是具体个别的事物集合而成的世界；而夏革所描述的层面，则是"道"所在的层面，其特点就是"不待"和"自然"。

但仅仅有这两个层面，作为宇宙论的解释来说是不足的。上段所引用的部分也有提到，前一个层面为"圣人能通其道"的部分，而后一个层面则"非圣人之所通"。显然，这两个层面之间有着严重的断裂，"道"的"不生不化"和具体事物的"自生自化"之间存在很大的空缺，需要其他的因素来解释具体事物由"道"分化而出的过程，以便将两个层面联系在一起。因此，"气"便出现在其中，承担了这一职责。《列子》以详细的"太易""太初""太始""太素"四个阶段，解释了以"气"为核心形成事物之"形""质"的步骤，以此解释了万物在"道"所给出的依据之下化生而出的过程。而这一过程以及万物由生至死的一系列变化，本身就是具体事物所谓的"自生自化"。换言之，具体事物的"自生自化"，本质上就是在"道"之规定范围内的"气"之变化。《天瑞》篇第十一段中对此有着比较详细的论述："运转亡已，天地密移，畴觉之哉？故物损于彼者盈于此，成于此者亏于彼。损盈成亏，随世随死。往来相接，间不可省，畴觉之哉？凡一气不顿进，一形不顿亏；亦不觉其成，亦不觉其亏。亦如人自世至老，貌色智态，亡日不异；皮肤爪发，随世随落，非婴孩时有停而不易也。间不可觉，俟至后知。"[1] 这种直观的，具体生命由生到死过程中缓慢而不间断的变化，便是由"气"所形成的"自生自化"。

---

[1] 杨伯峻:《列子集释》，中华书局，2012，第28—29页。

而由"物损于彼者盈于此，成于此者亏于彼"一句可见，无数个别事物的"自生自化"构成了整个具体世界以"气"为基础的平衡，这种生化平衡成了《列子》人性论和境界论某些论点的重要依据，后文将会对此有所提及。

由此，《列子》便形成了它的宇宙论构架。这一构架是由"道"——"气"——"天"三者形成的，"道"和"天"居于两端，"气"在其中起到联系和融合的作用。其中"道"是一切存在的依据，"气"是一切存在的基础元素，"天"则代表着一切具体个别存在本身和它们所形成的世界。

二、《列子》本体论争议问题的解决

由以上分析，我们可以明确《列子》思想体系中存在以"道"为核心的本根论部分。这一部分的结构比较完善，并且受到了《列子》作者的极大重视，成为《列子》后续一系列理论的依据之所在。从《列子》文本来看，有关"道"的论述基本都是从本根论角度出发的，并无更加抽象的意味。这样的分析结果，就已经能够解决"《列子》中是否存在本体论"这个问题了。从以上对于《列子》之"道"的分析来看，其所体现的意义显然同时包含宇宙生成和万物之本双重含义，不符合西方哲学中"本体论"（Ontology）的形态。

此外，《列子》中是否存在本体论"这个问题还能够从另一个角度得到解决。这种解决办法首先要考虑学者们为何会问出这个问题。在绪论中已经提到过,由于《列子》本身的真伪之争,针对《列子》的研究无法得到确切的思想史背景,但对于思想研究来说,思想史背景又几乎是必须的。为了解决这一矛盾,很多涉及《列子》研究这一领域的学者都会详细发掘该书中的各种例证,试图证明此书的成书过程和历史背景。20 世纪末之前,持有《列子》一书为魏晋伪书观点的学者较多,为了证明将《列子》放置在魏晋背景之下研究的正当性,不少学者都从该书中寻找证据,以证明其书理论框架与魏晋玄学思想的相似性。而在针对魏晋玄学的研究之中,大部分学者所持的观点和所使用的词语都是魏晋玄学所论述的重点即在于本体论,并且这一点是魏晋玄学的创举,在此之前的中国哲学不存在对于本体论的明确表述。[1] 因此,只要能够找到《列子》中存在与魏晋玄学相似的所谓"本体论"表述,则可以成为《列子》是魏晋伪作的重要证据。由此可见,尽管"本体论"一词是否能够被应用于中国哲学领域是一个争议很大的问题,但这个词在此种语境之下意味着怎样的研究范畴并不是学者们关注的重点。该词用在这里,代表着魏晋玄学对于宇宙本源的认知,学者们关注的重点,实际上在于《列子》与魏晋玄学对于宇宙本源的认知是否具有高度的相似性。

而这一点在《列子》之"道"与王弼之"道"比较的章节中已经得出了结论。王弼对于"无"的诠释和重构毫无疑问是魏晋玄学代表性的组成部分。也就是说,首先如果依照大多数学者的

---

[1] 田永胜:《论王弼之"无"》,《苏州大学学报》(哲学社会科学版) 2004 年第 1 期,第 92 页。

观点，魏晋玄学对于"道""无"等概念的描述应该属于对本体论的阐释；其次，王弼对于"无"的诠释是魏晋玄学中非常核心而重要的组成部分。那么由此可以推论，大多数学者认为王弼对于"无"的诠释属于对本体论的诠释，并且是魏晋玄学本体论的代表性理论。相比较而言，《列子》中的"道"并未显示出相似的含义，它的含义尽管已经比《老子》抽象程度更高、更深入，但仍旧具有较强的生成论因素，与王弼对"无"的论述相比差距很大。因此，以上述推理为基础，可以推论出《列子》中有关宇宙本源的论述与魏晋玄学对于"道"的论述差别很大，《列子》对于宇宙本源的认知不属于学者们在研究魏晋玄学之时所用的"本体论"一词的阐释范畴。而由以上分析也可以得知，从《列子》中是否存在本体论"这一问题出发所得出的，将《列子》放置在魏晋时代背景之下进行研究的正当性，是不能得到确立的。

以"德""性""命"为核心的
《列子》人性论

第二章

人性论往往是中国哲学思想体系的论述重点，它阐释着宇宙本源与具体事物、个人之间的关系，并为具体事物的本质和价值性寻找依据，这一点在《列子》中也不例外。综合《列子》中论述人性论的段落，可以发现"德""性""命"这三个概念在其中被论述的频率最高，所占据的地位也最为重要，可以认为三者便是《列子》人性论的支柱。三者之间的联系也非常紧密，共同构成了一个以具体个别的个体为中心的、沟通宇宙本源与个别事物的人性体系。

第一节 "德"："德者，得也"

"德"一字在《列子》中出现二十二次，不仅在文字中出现形式较多，意义较为丰富，而且其内涵与"性""气""命"等其他重要概念有着非常紧密的联系，故其在《列子》哲学体系中的地位也比较重要。因此，理清"德"概念的含义及其与其他概念的关系，对于梳理《列子》哲学体系有着不可忽视的意义。

一、《列子》之"德"的含义梳理

通过梳理"德"的义项可以获知，在《列子》文本中，"德"有着天赋之"德"和功用之"德"的意涵。其中的后一层意涵并不含有重要的哲学意义，因此仅在章节末尾将其含义进行简要概括，而重点梳理天赋之"德"这一层含义。

1. 天赋之"德"

天赋之"德"这一层含义在"德"字出现的全部二十二次中只占约三分之一，但其意义却远远比其他含义的"德"重要。另外，从文字和段落的梳理中可以发现，这种含义的"德"除一次之外，全部出现于《列子》首篇《天瑞》中。《天瑞》在《列子》全文中的重要地位毋庸置疑，它奠定了《列子》中作为哲学架构基础的宇宙生化理论，且几乎所有的重要概念都在此篇中得到了重点论述,"德"在其中也并不例外。在对《天瑞》篇中"德"概念的论述分析中,可以获知天赋之"德"的特质、来源和主要内涵。

在诸多特质之中,天赋之"德"最显著的特质,便是与生俱来。在《天瑞》篇第六段中有着这样的论述:"人自生至终,大化有四:婴孩也,少壮也,老耄也,死亡也。其在婴孩,气专志一,和之至也;物不伤焉,德莫加焉。其在少壮,则血气飘溢,欲虑充起;物所攻焉,德故衰焉。其在老耄,则欲虑柔焉;体将休焉,物莫先焉。虽未及婴孩之全,方于少壮,间矣。其在死亡也,则之于息焉,返其极矣。"[1]在这一段中,作者给出了一个具体自然人从生到死的循环,也同时给出了一个自然人从生到死的过程中"德"的变化。根据原文,人在刚刚出生的婴孩状态时,是"德莫加焉"的。这个阶段是人一生之中"德"最为完整、最为纯粹的时期。而在其他任何一个阶段,"德"都是"未及婴孩之全"的。由此可见,理念层面的"德"是随着人出生而原本就存在于人的生命之中的,它在大多数人的人生过程之中,随着人的经历而不断变化,而且这种变化与世俗所认为的人生的充实程度是成反比的。原文中提到,人处于婴孩状态时是"德莫加焉"的,在处于少壮时期时却是"德故衰焉"的。当进入衰老过程,"德"又有所回复,尽管比不上婴孩时期的完整,至少也比少壮时期要好。而这种"德"的"衰"以及回复,与人自身的"欲虑"以及和外物的关系有着直接的联系。对于婴孩时期的"德"之全,除了与生

---

[1] 杨伯峻:《列子集释》,中华书局,2012,第20页。

俱来的因素，作者给出的原因就是"气专志一"和"物不伤焉"；而对于少壮时期的"德故衰焉"，作者给出的原因是"欲虑充起"和"物所攻焉"。从词句的先后顺序来看，作者似乎是认为人自身的"欲虑"逐渐扩张从而破坏了原本的"气专志一"发生在前，"物所攻焉"发生在后，即人的"欲虑"对自身天性的破坏是外物侵入的诱因。但由于这种先后顺序的证据并不充分，笔者并未在《列子》原文的其他段落中找到更多的佐证，因此暂且存疑。

　　在同一段落中，也可以找到作者对于"德"之来源的解释。该段中原文提到"其在死亡也，则之于息焉，返其极矣"。但此句中没有出现"德"这个字眼，因此无法仅仅根据这一句来断定此处所说的"返其极"的主语是人之生命还是"德"。而《天瑞》篇第九段的论述为这一点提供了补充和佐证。该段中说："晏子曰：'善哉，古之有死也！仁者息焉，不仁者伏焉。'死也者，德之徼也。"[1]"徼"即是回归之意。由此可以认为，《天瑞》篇第六段末尾处"返其极"的主语是"德"，此处的"返其极"即是回归本源的意思。可以推断，作者是认为"德"来自人之生命的本源，在人死之后也将回归到那里。由此可见，《列子》的作者认为，"德"作为一个人与生俱来的一部分，其来源也可以归结为宇宙本源"道"。也就是说，天赋之"德"按照《列子》的体系而言，实际上应该表述为"道"赋之"德"。

　　在了解了天赋之"德"的基本特质和来源、归处之后，其具体含义也必定成为被讨论的重点。幸运的是，在《列子》原文之

---

[1]　杨伯峻：《列子集释》，中华书局，2012，第25页。

中，对这层意义上的"德"之含义有着比较明确的解释。其含义分为两层，一层是狭义的、在具体个人生命中的含义，另一层是在更为广义视角下的含义。

首先来看"德"在具体个人生命中的含义。有关"德"与具体个人生命的联系，论述最为细密的仍是《天瑞》篇第六段。在该段的论述中，有"其在婴孩，气专志一，和之至也；物不伤焉，德莫加焉"的语句。此句中，作者对于婴孩所处的状态进行了两遍描述，即"气专志一，和之至也"和"物不伤焉，德莫加焉"。从语句的顺序和语气来看，后者应该是前者的补充说明，但总体上说两句的意思应该是一致的，至少是指向同样的方向。进行进一步的细读，可以发现"物不伤焉"对应着"气专志一"，"德莫加焉"则对应着"和之至也"。对于"气专志一"和"物不伤"的关系，在前几段中已经有过详细的论述，此处不再赘述。而"和之至"和"德莫加"的关系应该也如同前两者，是相互对应、相互补充，并指向同一种意义和状态的，也就是说，此处的"德"与"和"意义应该是无限接近的。而对于"和"的含义，除了上述语句中的"气专志一"之外，在《列子》原文中还有不少其他的材料，如《黄帝》篇第十二段中的"以商所闻夫子之言，和者大同于物，物无得伤阂者，游金石，蹈水火，皆可也"[1]，以及《汤问》篇第五段中的"饥惓则饮神瀵，力志和平。过而醉，经旬乃醒"[2]。后一句中的"力志和平"与《天瑞》篇第六段的"气专志

―――――――――

[1] 杨伯峻:《列子集释》，中华书局，2012，第65页。

[2] 同上书，第157页。

一"意义类似。在论述"气"之含义的章节中，笔者曾对"气"和"志"在这种语境下的意义和联系有过论述。"气"在此处倾向于肉体、材质性的意义，因此也可以用"力"来代指，而"志"的意义则偏向精神层面。肉体因素与精神因素，即"气"与"志"相互接触、激荡，并达到稳定与平衡，即是"和平"，也就是"和"这一状态在具体个人身上的基本含义。根据前文论述，这一"和"的含义也就应该是具体个人角度上"德"的含义。而《黄帝》篇第十二段的论述则具体解释了"气专志一"就能够"物不伤"的原因——"和者大同于物，物无得伤阂者"。也就是说，当人"气专志一"时，其在自身和外物之间的分别心消失了，形成己身与外物无差别的状态，这种物与物之间界限淡化到极致的状态即是"大同于物"。而"物"对于"德"有所伤害的根本原因，就是人自身的分别心，将己身与外物之间划出清晰的界限，当这种界限消失时，自然"物无得伤阂"。综上所述，"德"概念在个人生命角度上的含义即是"和"，其基本要素是人之肉体和精神的稳定和平衡。当"和"达到极致之时，也是"德莫加"的状态，即淡化自身与外物的界限，导致"大同于物"的状态。

　　接下来看更为广义视角上"德"的意义与内涵。对于这一层内涵表述最为清晰的，当属《天瑞》篇第十四段。对于在该段中出现的"天地之德"这一说法的具体含义，历来就是理解该段主题的难点。该段从国氏与向氏关于"盗"与"不盗"的争论入手，在原文中论述道："若一身庸非盗乎？盗阴阳之和以成若生，载若形；况外物而非盗哉？诚然，天地万物不相离也；仞而有之，皆惑也。国氏之盗，公道也，故亡殃；若之盗，私心也，故得罪。有公私者，亦盗也；亡公私者，亦盗也。公公私私，天地之德。知天地之德者，孰为盗耶? 孰为不盗耶? "[1] 这一段的主题表面上是"盗"，但实际上却不止如此。就段中的论述来看，作者已经不是将"盗"作为一个社会生活中的观念，而是将一切事物的存在都归结于"盗"，即"盗阴阳之和"。在这种广义视角上，国氏"盗山泽之产育"[2] 的行为与向氏"手目所及，亡不探也"[3] 的行为没有什么本质的区别，都是"盗"，但作者仍旧认同国氏无罪而向氏获罪的结果。其给出的原因是:"国氏之盗，公道也，故亡殃；若之盗，私心也，故得罪。"这里所提到的"公""私"才是此段的重点。"公"与"私"之间最大的差别是是否"切而有之"，即是否认为某事物是自己所私有的东西。国氏之盗无罪，是因为国氏清楚一切自己所利用的资源、事物都并非自己所私有的。虽不完全恰当，但这种认知可以用卢重玄在对另一处语句进行解释时所说的一句话进行概括，即"知公知私而无私"，其重点自然在于"无私"。而向氏之所以获罪，实际上是因为有"私心"，即"知公知私"而有"私"。显然，在作者的观念中，同样都是"盗"的行为，有没有"私"的认知是主体是否有罪的决定性因素。了解了这一点，作者在后文中对于"天地之德"的论述便体现出比较清晰的意义了。文中说:"公公私私，天地之德。知天地之德者，

---

[1] 杨伯峻:《列子集释》，中华书局，2012，第35—36页。

[2] 同上书，第34页。

[3] 同上书，第34页。

孰为盗耶？孰为不盗耶？"在有关"天"概念的章节中，笔者已经论述过《列子》中常见的，用"天地"来代指整个具体世界的用法，此处的"天地"便符合这种用法，是代指了人类认知中的整个具体实际世界。而在前文中，笔者也已经论述过"德"最为显著的性质，即与生俱来。既然从广义视角上说，一切具体存在的事物都是"盗阴阳之和"的结果，那么作为最巨大具体事物的"天地"和较为渺小的人应该没有本质的差别，它们的"德"都是与生俱来的，也都是来源于"道"。作为形下世界中最广大事物的"德"，作者对"天地之德"的解释是"公公私私"，后文还添加了一句补充说明："孰为盗耶？孰为不盗耶？"虽然"公公私私"的意义比较难解，但后面的补充则更容易进行推测。两句反问本身就营造了一种不知道是不是"盗"的语境，其实际意义应为没有"盗"这一认知、这一概念，即张湛在这处的注解中所说的"盗与不盗，理无差也"。前文中，作者已经把一切事物的存在都归结为"盗"，其次才讨论了以"公""私"为核心的获罪问题。而从原文来看，站在"天地"的角度上，获不获罪不在被讨论的范围内，"公""私"问题也早已不再重要。"天地"是站在一切具体事物存在的立场上，消解了"盗"与"不盗"的区别。但即使如此，"公公私私"仍旧是"天地之德"的一部分，即"天地"仍旧包容着一切具体事物对于"公私"的区别化认知，但实际上自身无"公"无"私"。总而言之，广义视角上的"德"就是指"天地"，即整个具体世界的"德"，这种"德"也是具体世界与生俱来的一部分，其主要含义可以大致概括为"知公知私"而无"公私"。

2. 功用之"德"

当"德"这一概念落实到实际生活以及具体功用的层面上时，其意义虽然仍旧与天赋之"德"有所联系，但更多的是表现出相异和变化。从《列子》原文对于功用之"德"的描述来分析，可以归纳出其具有的三种不同的含义：功德、才德、德行。接下来，本文将依次根据原文简要概括三种含义的具体使用状况，以及它们与理念之"德"的联系。

首先来看"功德"。这一种意义上的"德"着重于描述其所导致的"功"，即超乎常人的业绩或非常人所能完成的事迹。因此，在《列子》中涉及"功德"性质"德"的段落往往是在论述古代的圣人或圣王的故事。例如《黄帝》篇第十八段中的"庖牺氏、女娲氏、神农氏、夏后氏，蛇身人面，牛首虎鼻：此有非人之状，而有大圣之德。夏桀、殷纣、鲁桓、楚穆，状貌七窍，皆同于人，而有禽兽之心"[1] 等等。可以发现，这里"德"代指的都是"功"的意义。既然在文中以"德"字代指"功"，那么可以推测，《列子》作者是认为天赋之"德"与"功"之间存在着某种联系。通过前文论述，《列子》中的"天地之德"其实是一种知晓具体人世对于公私、内外等一系列界限的区分，对此表示理解，但又不真正认同这种界限，并在自身的运转过程中不实行这种区分的状态。原文中所提到的一系列圣人，显然就是处于这样的状态之中，并在自身的实际生命中贯彻了这种"德"，并以此达成了超乎常人的

---

[1] 杨伯峻:《列子集释》，中华书局，2012，第 80 页。

"功"。由此可见,"功德"与天赋之"德"仍旧有着联系,前者必定以后者为基础和动因,并在具体生活中作为后者的某种显现而存于世。

其次来看"才德"。这一方面的"德"主要用来指代主体所具有的才华或才能。例如《力命》篇第二段中在北宫子、西门子和东郭先生的论述中提到的"子自以德过朕邪"[1]和"汝之言厚薄不过言才德之差,吾之言厚薄异于是矣"[2]。此段所属的《力命》篇,全篇都在围绕着"力"和"命"两个概念对作者的观念进行阐释,由该篇的一些文字可知,作者认为"才"属于"力"的范畴,此处以"德"来代指的"才"自然也属于"力"的范畴。此段中出现了两种意义的"德":第一种是西门子话语中的"才德",第二种是东郭先生话语中的天赋之"德"。"才德"之差确实存在,但其"厚薄"并非人生走向的决定性因素。而天然蕴藏于人生命之中的天赋之"德",则会自然而然地将人生导向必然的方向,如同北宫子被点拨之后达到"终身迫然,不知荣辱之在彼也,在我也"[3]的境界一样。因此"才德"与天赋之"德"共存于主体之中,但后者显然才是人生发展最终的皈依,而前者只是一种表面上的展现。

最后来看"德行"的方面。"德行"意义上的"德"所代指的,往往是由主体某种价值取向而导致的特定行为。《列子》全文

[1] 杨伯峻:《列子集释》,中华书局,2012,第185页。
[2] 同上书,第186页。
[3] 同上书,第187页。

中,"德行"的出现频率较多。通过梳理这些"德行",可以大致概括出作者所想要暗示的价值观念。总结起来,"德行"体现出的价值大多与谦退不争有关。例如《黄帝》篇第十五段中老子在教训杨朱时所提到的"大白若辱,盛德若不足"[1],以及《黄帝》篇第二十段中著名的呆若木鸡的故事中提到的"鸡虽有鸣者,已无变矣,望之似木鸡矣。其德全矣。异鸡无敢应者,反走耳"[2]。在前者中,老子对杨朱进行教导的原因,是杨朱的才华和气度太过外显。因此,"大白若辱,盛德若不足"的教导,是在提示杨朱要以谦退的态度行事,其核心是一种和光同尘的行为方式。同样,在第二十段中,斗鸡的状态从"虚骄而恃气"[3],到"犹应影响"[4],再到"疾视而盛气"[5],最终达到"望之似木鸡"的万全状态,也是一个逐渐变得谦退不争、和光同尘的过程。这一过程最终使得他物没有与之争斗的想法,从而杜绝争斗的可能,并同时永久地立于不败之地。这种谦退不争的行为方式在道家思想中是被老子所重点提倡的方式。在后来的学派发展中虽然不再像老子那样经常提及,但仍旧存留于各种支脉之中,未曾消失。

---

[1] 杨伯峻:《列子集释》,中华书局,2012,第 76 页。

[2] 同上书,第 83 页。

[3] 同上。

[4] 同上。

[5] 同上。

二、与其他道家思想之"德"的比较

1. 与《老子》之"德"的比较

"德"是一个发源非常早的文化观念。从现今出土的甲骨文、金文文献来看，甲骨文中出现的"道"非常少见，而"德"已经出现了许多不同的写法。由此看来，"德"这个观念的发源应该比"道"还要更早一些。《甲骨文集释》中收录了"德"的十五种写法，《甲骨文编》中收录了二十种，殷商时代的人们如此频繁地用各种方式展现"德"，至少说明"德"当时已经成为人们生活中的一个常用概念。尽管每一种概念和观念都有其最原始的含义，但实际上，任何观念都会随着人们生活的拓展和使用环境的变化而不断变化。并且，人们在对观念进行理解和解释的过程中，会有意无意地融入大量自身的人生经验和特定目的，从而使得一个概念的意义逐渐偏离它的原始状态，衍生出新的意义。在此之上，后世的阐释者们会继续在这个概念上叠加自身的个人因素和特定的时代因素，由此这个概念会在不断叠加的过程中逐渐远离它最初的原意，衍生出大量新的含义。我们在审视一个概念或观念时，必须返回其最原始的状态去进行研究，这就要求研究者一层层不断剥离、消除后来者出于各种原因叠加上去的种种因素，去发掘观念原初的本义。与此同时，这个过程也是我们逐步梳理后人对观念的叠加的过程，去考察观念的流动、衍生过程及其对社会、文化的影响的过程。"德"的发展和演化就是这样一个典型过程。提到"德"这个观念，人们往往会想到道德、德行、品德等等，但这些释义都是在"德"的发展过程中不断被后人叠加上去的意义。

如果要追溯"德"最初的含义，还是要检视其最初的字形所表达的意义。甲骨文中的"德"由两个部分构成，这两个部分分别是"彳"和"直"。两个部分的排序当时并不确定，有时一个在上一个在下，有时一个在左一个在右，但这两个部分是固定出现的。"彳"代表的是行走、道路的意思；"直"的字形是"目"上加一竖，代表的是目视前方的意思。这两个部分合在一起，代表一个不管是当时还是现在都经常出现在人们生活中的场景："目视于途"，即注视着自己所走的路，让自己不要走错了方向。[1]在这个时候，"德"的字形中还没有"心"这个部分，也就是说它所表达的意思还没有深化到精神领域之中。但对这个"目视于途"的本意显然非常容易进行深化和拓展，稍加引申就能被引入社会、人生的领域，变成人生意义上的走正路、做正确的事等含义。古人也没有错过这个简便易行的引申，在金文时期，"德"就显现出我们现在所熟悉的字形结构了，除了"彳"和"直"之外，又被添加了"心"这个部分。这就意味着"德"完全被内化为一个精神领域的概念，其伦理内涵不断被加强。现在出土的金文实物中，"德"的各种写法有三十五种之多，但"彳""直""心"三个部分是固定不变的，这显示了"德"的精神、伦理含义已经取代了它

---

[1] 孙熙国:《先秦哲学的意蕴:中国哲学早期重要概念研究》，华夏出版社，2006，第90—91页。

的本意,成为人们最常用的意义。从西周到春秋时代的用法来看,"德"的基本含义有两个。其一是个人的意识、动机、心意,其二是具有道德意义的行为、动机。在后来的发展中,第二种含义不断得到加强,这也为"德"进入哲学领域奠定了基础。

在老子之前,"德"的哲学抽象程度还不是很突出,人们更常用、更熟知的是它的伦理含义,以及由此衍生出的政治含义,即为政者利民惠民的施政行为或作为统治者应当具有的品德。这一点是与古代宗教信仰相关的,统治者自封为至高意志的代言人,认为自身执政的合法性来自上天的赋予,那么为了持续具有这种合法性,就必须显示自身"有德",以此祈求上天对政权的长久庇佑。这种思路显示了当时"德"的另一层含义,即"得",这种含义的出现应该也是由于古代汉语使用的不精确性。"得"的原始字形所显示的意象是"以手拣贝于途中",由于贝壳在当时是有一定价值的物品,甚至在一些地区可以作为货币来使用,因此这一字形意味着走在路上捡到了好东西。而由于"德"与"得"同音,因此在使用中出现了混用的情况。这样一来,"得"的一部分字义混入了"德"之中,使"德"又具有了"得到好东西"这种意义。当然,由于"德"在这时已经具有了相当浓的伦理意味,这里的"得到好东西"也就不再意味着捡贝壳,而是引申为"得其正道",即具有良好的品德并表现出来。[1]这一含义使得"德"可以真正成为一个哲学概念。"德"与"得"这种含义是在春秋时代明

---

[1] 孙熙国:《先秦哲学的意蕴:中国哲学早期重要概念研究》,华夏出版社,2006,第92—93页。

确出现的，例如《管子》中就有："德者，道之舍，物得以生生，知得以职道之精。故德者，得也。得也者，其谓所得以然也。"[1] 从这段论述中我们已经可以明确感受到，"德"的含义变得抽象化，不再代指具体的道德行为和品质，而是与"道"联合，真正进入了哲学人性论的领域。这种内涵在《老子》中得到了更为详尽而系统的论述。老子认为，"道"是世界万物的本原和开端，也是一切事物产生和发展应该遵循的总规则，而"德"是"道"在具体事物之中的落实。在这种意义上，老子使"德"这个概念成为连接人与"道"的桥梁，并成为哲学体系中人性论的基础。在这个过程中，"德"的概念被大大地抽象化，成为哲学体系中位置仅次于"道"的概念。由于人作为万物灵长的地位，"德"对于人来说具有非常重要的意义，在现实生活的消耗和磨损之中，人随时随地都在面临着"失德"的危险。因此，老子非常重视对"德"的蓄养，他希望人们能够认识到"德"的重要性以及"德"在现实生活中的丧失现状，希望人们都能够回归"至德"的生活。

对于"德"的意义和价值的论述，在这一时期其实并不是老子的专利。春秋战国时期，随着世俗王权的力量逐渐胜过神权，上古时期对于"天"的绝对信仰已经式微，古代宗教信仰对人的权威性和约束力逐渐分崩离析。在这种形势之下，很多思想家开始跳脱出宗教的束缚，基于人的现实生活来思考人应该如何安身立命的问题。这样一来，个人意义上"德"的价值就变得十分重要，很多当时的思想家都注意到了这一点，并开始对"德"进行

[1] 黎翔凤:《管子校注》(中册)，中华书局，2004，第770页。

考察和探讨。在这个过程中，对"德"进行了较为深入探讨的是当时的儒家学派与道家学派，两派都非常重视"德"，但二者所论述的"德"有着比较明显的区别。儒家学派所论述的"德"继承了殷商时期德论的浓厚伦理性质和宗教体系。前文我们提到过，殷商时期的人们以"天"为最高信仰，认为"德"来自"天"，"天"会根据统治者有德或无德来判断统治者的政权是否具有合法性。而在春秋时期，儒家学派继承了这一思路，并通过将宗教之"天"转化为道德之"天"，为儒学的人性论提供了依据。儒家学派认为，"德"来自"天"，天德是人德的根源和保证。在此基础上，孔子将"仁"的内涵融入了"德"，让天德与人德在"仁"的内涵中统一了起来，从而达到了道德伦理性质的天人合一。但道家学派却顺着另一种思路，完全抛弃了"天"的至高性和宗教性，使"天"完全回复为自然意义上的天。在老子对"道"进行抽象化和创造性的诠释之后，道家学派创造了全新的宇宙论体系，"天"在这个体系之中与万物平等，在它们之上，"道"被提升为终极的存在，是一切事物与德性的来源与基础。这样一来，道家的"德"便不再以"天"为根据，而是以"道"为根据了，这种新的宇宙论是对古代以"天"为核心的宗教信仰的彻底颠覆。相比之下，如果说儒家学派哲学体系中的"天"和"德"还残留着一些殷商时期宗教信仰的影子，那么道家学派以"道"为根据的"德"则已经彻底抛弃了宗教性，转向纯粹的人类理性，这种意义上的"德"，不再局限于道德伦理的领域，它所关注的是更为纯粹的人类本质问题。

　　老子的"德"论本质上是人性论。虽然《老子》中"性"字
出现的频率极低，但作者有关人性的观点已经融入了关于"德"
的论述之中。在老子的时代，"天"的信仰已经式微，人们迫切地
需要为自己的人性寻找新的安身立命之所。在这样的实际诉求之
中，老子提出了自己以"道"为核心的宇宙论。他在著作中用了
很大篇幅去描绘"道"以及"道"的特质、存在形势，这些描绘
集中表现了老子梦想中人的理想生活状态。"德"是"道"在人身
上的具体体现和落实，也是老子人性论的基础。人通过领悟和蓄
养自己的"德"而借此通达于"道"，从而达到与"道"融合的境
界，并过上自然而快乐的生活，这是老子对每一个现实个人的期
望，也是他建立这一人性论的目标。"道"与"德"的这种紧密联
系，在《老子》文本的第二十一章中有明确的论述："孔德之容，
惟道是从。"陈鼓应对此进行过解释："道是无形的，它必须作用于
物，透过物的媒介，而得以显现它的功能。道所显现于物的功能，
称为德。"[1]也就是说，"道"本身是无形、不可见的。"德"来源于
"道"，是无形无相的"道"在具体事物中的具体表现。虽然"德"
来源于"道"，但这并非意味着二者可以完全等同。只有理解自身
的"德"，并通过修养和领悟达到相当的境界，才能够以自身之
"德"显现出"道"。

　　"德"来源于"道"，是"道"在具体事物之中的落实，这一
落实过程是如何实现的呢？哪些证据可以证明万物由"道"获得
了"德"呢？《老子》第三十九章中论述到："昔之得一者：天得

---

[1] 陈鼓应注译《老子今注今译》，商务印书馆，2003，第156—160页。

一以清，地得一以宁，神得一以灵，谷得一以盈，万物得一以生，侯王得一以为天下正。"[1] 这一片段就为读者论述了万物由"道"获得"德"的过程和表现。由此可知，老子所论述的"德"主要取我们上文探讨过的"得"这一层含义，指一切具体事物都来源于"道"，并得到了一些"道"的特征。但由于不同的个体具有不同的位置、境界和资质，它们从"道"得来的"德"也有所不同，在自身呈现出不太一样的特征。因此，"天"由"道"而来，并具有了清明这一特征；"地"由"道"而来，并具有了宁静这一特征。由于由"道"而来并获得了"道"的一部分特征，神显现出灵明，谷显现出丰盈，万物显现出生命，侯王显现出天下正统的地位。天、地、谷、神、万物、侯王，它们从"道"获得的性质并不一样，但这些不一样的性质就是它们的自身之"德"。万物因为由"道"而来才能成为它们自身，显现在万物之中的"道"赋予了万物种种不同的特性，这些特性就被统称为"德"。这就是"道"由抽象到具体的衍生过程，也是"德"由具体的伦理道德抽象化为哲学概念的思路。由此，"德"具有了高度的抽象化和哲学化，这种特质正是老子的创造。通过这一过程，老子不但将"德"内在化、哲学化，还赋予了它高度的抽象化，使得"德"一跃而成为位置仅次于"道"的概念。

在世间万物之中，人是最为特殊的存在。这一特殊性的表现在于：其他事物都是非常单纯的，在其存在到消亡的过程中不会发生激烈的改变，同一类型的事物之间也没有太大的差异。例如

---

[1] 陈鼓应注译《老子今注今译》，商务印书馆，2003，第221页。

一块石头和另一块石头之间的差别其实不会很大。但与之不同，人是复杂的、流动的、多样性的，人在其一生中会发生各种各样的变化，并且不同的人差异性非常巨大，既有尧、舜这样德行完满的圣人，也有桀、纣这样荒淫无度的君王。因此，对于其他的事物来说，"德"从降生之日起就存在于它们的身上，并且一直不会被破坏、消失，直到它们存在的最后一刻。作为一个"物"，并不会面对"失德"的情况。人却不同，尽管人降生之时所具有的"德"是充沛、丰盈的，但是在产生了主观意识、面对过生命中的种种问题和磨难之后，人们先天所获得的"德"会被磨损、抛弃，脱离了婴儿阶段的人类随时都会面临"失德"的危险。因此，"德"对于人来说，其价值要明显高于"德"对于物的意义。与此同时，尚未"失德"的人可以通过领悟和修养保持自己的"德"，已经"失德"之人也可以通过修养来重新获得"德"。《老子》第五十一章中所论述的"尊道贵德"，说的就是这种过程："道生之，德畜之，物形之，势成之。是以万物莫不尊道而贵德。道之尊，德之贵，夫莫之命而常自然。"[1] 也就是说，事物的出现都遵循着同一个逻辑：第一步是"道生之"，"道"是世界的本原，也是万物之所以存在的依据和逻辑起点；第二步是"德畜之"，与"道生之"不同，这里老子使用了"畜"这个字，其中的不同在于"生"是瞬间发生的，而"畜"则是一个漫长的持续过程，这两个动词准确展现了"道"与"德"对于事物本身的不同作用。不管是其他事物还是我们人类，都由"德"所畜养，由此可以推导出，人

---

[1] 陈鼓应注译《老子今注今译》，商务印书馆，2003，第260页。

刚刚降生的时候与万物所蕴含的"德"并无二致。《老子》中论述过："含德之厚,比于赤子。"[1] 这里所谓的"赤子",即人类的婴儿时期,也是个体的人还没有真正产生独立意识的状态。一旦婴儿成长为人,就受到了现实生活种种情景的磨难,从而拥有了个人的思想,也从此脱离了天然状态,与世间其他的事物产生了区别,"德"也因此而磨损、丧失。所以,老子期望人们通过努力回复到"赤子"的状态:"知其雄,守其雌,为天下溪。为天下溪,常德不离,复归于婴儿。知其白,守其黑,为天下式。为天下式,常德不忒,复归于无极。知其荣,守其辱,为天下谷。为天下谷,常德乃足,复归于朴。"[2] 从这段论述中可以看出,老子认为人的修养不可能一蹴而就,而是需要经过一个长期的"复归"过程,这种"复归",一方面是返回最初的状态,另一方面也意味着接近"道",回归到所有事物的终极归宿。"复归"的重点在于"知"和"守"。首先,人们应该做到"知",即意识到自身对"德"的离弃,由此才可能意识到"复归"的重要性。但仅仅达到"知"这个阶段是远远不够的。其次就是"守"这个阶段,它代表着人必须对自身的价值取向和行为作出取舍。"雄"和"白"是现实社会所承认的成功标志,是世人争相追求的东西,但它们与"道"和"德"是相悖的。要想提高修养、复归于"德",就要改变这种价值取向,转而追求朴实无华的东西。"知"与"守"两个阶段,都体现了人的主观抉择,做到这些才能做到真正的"复归"。这种

---

[1] 陈鼓应注译《老子今注今译》,商务印书馆,2003,第274页。

[2] 同上书,第183页。

"复归"就不再仅仅意味着回到婴儿那种无知无识的状态，而是人通过理性抉择和价值取舍，超越婴儿的状态，达到"常德乃足"，并真正让自身接近于"道"、回归于"道"。

　　"德"之所以能够在老子的哲学体系中占据重要的位置，是因为老子将"德"作为一个桥梁，沟通"道"与世间万物。通过将"德"这个概念引入哲学体系，"道"得以真正落实在万事万物之中，老子的人性论也因此拥有了依据。"德"在经历了以老子为代表的一批哲学家的改造之后，其含义与西周时期相比发生了巨大的变化。西周时期的"德"与我国的原始宗教信仰紧密相关，并由此衍生出道德伦理和政治含义，虽然某种程度上也能够代指人的具体行为、道德品质，但其内在依托仍旧有着比较浓厚的宗教性质。在此基础上，老子促进了"德"这一概念的抽象化和哲学化，并将其与世界本原"道"直接联系起来，使"德"衍生出新的内涵。老子所谈论的"德"更多是对现实生活中的人类而言的。虽然人是万物中最特别也最具灵性的存在，但也是由于这种灵性，人的"德"比起其他事物更加容易丧失。"德"对于人来说永远处于未完成的状态，这也就要求每一个人都要时刻注意蓄养自身的"德"，以期最终能够"复归于朴"，达到与"道"相通的境界。

　　与《列子》中的"德"相比，《老子》中的"德"虽然言简意赅，但实际上覆盖范围更广，涵盖了后世"德"与"性"两个概念的意义。在《老子》之中，"德"的使用频率更高，全文共出现了四十一次；而在《列子》中，"德"共出现了二十二次。当然，即使在《列子》中，"德"和"性"两个概念也并非割裂的，他们都代指着具体事物、特别是人得自宇宙本源"道"的天然部分，只不过二者从不同的方面对这一部分进行了诠释。其中，"性"更偏向于本然天分、质地的角度，而"德"则偏向于价值及其在现实生活中的显现。《列子》与《老子》的"德"在一些基本认识上有着不少共识，但在具体使用之中呈现出的差异性较大。接下来，就先来梳理一下两书中"德"概念的共通之处，再来分析它们之间的不同之处。

先来看《列子》和《老子》之"德"的共通之处。首先，两书中的"德"都是来源于"道"，并一直与"道"相联通的。这一点在双方文本中都有着比较明确的表述。例如《列子》之中有"壹其性，养其气，含其德，以通乎物之所造"[1]的表述，其中"物之所造"便是指宇宙本源，而"德"显然与之有着直接的联系，作为通达于本源的一条道路而存在。而另一段中的"死也者，德之徼也"[2]则明确了生命结束后"德"将回归本源。《老子》中也有类似的语句，如"常德乃足，复归于朴。朴散则为器"[3]等等，表达的意义与《列子》是相同的。其次，两者的"德"都具有明确的价值属性。在《列子》中，"德"的价值属性是其区分于"性"概念的重要界限。例如"公公私私，天地之德"[4]，即点明"德"所具有的"知公知私而无私"[5]的价值感。而在《老子》中，

---

[1] 杨伯峻:《列子集释》，中华书局，2012，第48页。

[2] 同上书，第26页。

[3] 陈鼓应注译《老子今注今译》，商务印书馆，2003，第183页。

[4] 杨伯峻:《列子集释》，中华书局，2012，第36页。

[5] 同上书，第36页。

"德"的价值性也非常明确。如"生而不有，为而不恃，长而不宰，是谓'玄德'"[1]等文句，都表明"德"有着非常清晰的价值意义和内容。再次，"德"必定有着其所依附的主体。在众多的哲学概念中，一些概念是不需要主体的。例如"道"，以及"气""天"的部分含义，它们所处的层面在具体个别的事物之上，因此不需依附主体来体现自身的意义和价值。但另一些概念则不然。例如"性""德""心"，以及"命"的部分含义等等，它们本身就是作为诠释个体问题的概念而存在的，因此必定需要一个确定的主体，才能表达自身存在的意义。这一点在《列子》和《老子》之中也是相同的。"德"的这几层意义，可以说并不局限于道家学说，它是多数中国思想学术派别的共识，各个思想流派都基本依照着大致相同的原则来使用"德"这个概念，以此来展现其思想特有的价值意识。

再来看《列子》与《老子》中"德"概念的不同之处。如前所述，《老子》之"德"由于囊括了后世"性"的概念含义，因此比《列子》之"德"的涵盖范围更大。但实际上，即使将《列子》中的"德"和"性"两个概念的含义相加，仍旧在广度上比不过《老子》中"德"的意义内容。与《列子》中"德"的地位不同，《老子》的"德"是其思想体系中重要性更高、覆盖面更大的一个概念。接下来，笔者将分条目深入地剖析二者细节上的不同之处，并尽可能总结出这些不同之处产生的缘由及其在思想体系上的影响。

---

[1] 陈鼓应注译《老子今注今译》，商务印书馆，2003，第260页。

首先,"德"在《列子》和《老子》文本中的主体类别上有着很大的区别。通过对《列子》中"德"之主体表述的审视,可知其全文中出现了三种主体:个人、动物,以及"天地"。其中有关个人之"德"的表述占了绝大多数,例如"五帝之德,三王之功"[1]"仲尼之德不出诸侯之下,而困于陈蔡"[2]"端木叔,达人也,德过其祖矣"[3]等等,这些个人包括了一系列上古神话人物和现实社会人物,但都可以被认为是具体实在的个体人类。动物之"德"只出现了一次,即"鸡虽有鸣者,已无变矣。望之似木鸡矣。其德全矣"[4]中所述的,以鸡为主体的"德"。以"天地"为主体的"德"在文中也只出现在一个段落中:"公公私私,天地之德。知天地之德者,孰为盗耶? 孰为不盗耶?"[5]通过前文的分析,已知在《列子》之中,"天地"与其他具体事物在观念层级上是平等的。也就是说,这三种"德"的主体大致都能够被归结到一类,即具体的个体事物之"德"。反观《老子》,详细梳理其全文中对"德"的表述,可以发现其主体可以分为两类:"道"之"德",以及人之"德"。而其中,人之"德"又可以分为两类,即群体之"德"和个人之"德"。在全文中,以"道"为主体的"德"明确出现了三次,并都具有自己的特称:"孔德",或者"玄德"。例如"孔德

---

[1] 杨伯峻:《列子集释》,中华书局,2012,第 96 页。
[2] 同上书,第 184 页。
[3] 同上书,第 219 页。
[4] 同上书,第 83 页。
[5] 同上书,第 36 页。

之容，惟道是从"[1] "生而不有，为而不恃，长而不宰，是谓'玄德'"[2] "'玄德'深矣，远矣，与物反矣，然后乃至大顺"[3] 等。在人之"德"中，个人之"德"占据绝大多数，例如"善者，吾善之；不善者，吾亦善之；德善"[4]，其主体便是"吾"这个个人，并且此处的"德"带有后世思想中"性"概念的含义，有着个人天生自然具有的、得自"道"的德性之意。而以群体、民众为主体的"德"也在《老子》中有所提及，例如"非其神不伤人，圣人亦不伤人。夫两不相伤，故德交归焉"[5]，此处的"德"便是归于治理范围内的广大民众。

其次，除了上段论述的主体类别差别之外，《列子》和《老子》之"德"在其他角度上的类别也不完全相同，即《老子》中将真正的"德"和形式上的"德"作了区分，而《列子》中则没有这种区分。例如《老子》中有这样的表述："上德不德，是以有德；下德不失德，是以无德"[6] 以及"失道而后德，失德而后仁"[7] 等等。在这样的语句中，同一个"德"字代表着两个种类的表现。此段中的"上德"是指真正的"德"，被《老子》所认同；而除了"上德"之外，其他的"德"都是指形式上、礼仪上的"德"，属于虚伪的、外在的"德"，是"失道"的表现，是被《老子》所拒

---

[1] 陈鼓应注译《老子今注今译》，商务印书馆，2003，第156页。

[2] 同上书，第260页。

[3] 同上书，第304页。

[4] 同上书，第253页。

[5] 同上书，第291页。

[6] 同上书，第215页。

[7] 同上。

斥的"德"。可以说,《老子》的"德"包含真正的"德"和形式上的"德",因此在文本之中,"德"包含着被《老子》认同和不认同两个方面的内容。《列子》中的"德"则更为单纯。全文出现的二十二个"德",从展现的角度来说可以被分为很多类型,例如才德、功德、德行、修养境界等等,它们全部都是从正面价值的角度被表述的,形式上的、虚伪的"德"一次都没有出现过。唯一一处不能算是正面价值的"德",出现在《力命》篇第三段中。在这一段落里,西门子以"德"之差导致的富贵穷达差异嘲笑北宫子,被东郭先生以"汝之言厚薄不过言才德之差,吾之言厚薄异于是矣。夫北宫子厚于德,薄于命,汝厚于命,薄于德。汝之达,非智得也;北宫子之穷,非愚失也"[1]进行了反驳。东郭先生所言的"德"显然是指个人得自"道"的天然质地,而西门子所言的"德"则是"才德",即个人才能上的天赋。从《列子》在此段中所体现的倾向性来看,显然作为天然质地的"德"是更被认同的一方;而对于"才德",东郭先生并不认为它非常重要,但也没有否定或拒斥它。实际上,《列子》对"才"确实并不排斥,例如"颜渊之才不出众人之下,而寿十八"[2]一段中,"才"便是作为正面意义出现的。因此,《列子》对于"才德"之"德"的态度,至少应该是并不排斥的。可见,总体来说,《列子》中的"德"从未出现过负面意义。

再次,与上一段所梳理的区别相关,《列子》和《老子》中

---

[1] 杨伯峻:《列子集释》,中华书局,2012,第186页。
[2] 同上书,第184页。

"德"所具体表现出的内容及其倾向性也并不相同。纵观《老子》文本中的"德",其中有一些总论性的语句并未清楚地说明其"德"的具体内容,例如"修之于身,其德乃真;修之于家,其德乃余;修之于乡,其德乃长;修之于邦,其德乃丰;修之于天下,其德乃普"[1],段中的"德"就是总括性的,并未说明其具体的含义。但除此之外,绝大多数的"德"都展现了较为明确的价值内容,且这些价值内容往往带有显著的劝诫语气。总体来看,这些价值内容基本可以被归纳为两个种类:具体个人的谦退之"德"和个人以及"道"的无为之"德"。例如"知其雄,守其雌,为天下溪。为天下溪,常德不离,复归于婴儿。……知其荣,守其辱,为天下谷。为天下谷,常德乃足,复归于朴"[2],此段中的"常德"即具体个人的"德",并且其内容非常明确,是指谦退不争的"守雌"之"德",及其在治理天下过程中的意义。在《老子》中,论及个人之"德"的时候,谦退不争之"德"占据了绝大多数,可见《老子》对这种"德"的重视。而论及"道"之"德"的例子,如前面已经提到过的"生而不有,为而不恃,长而不宰,是谓'玄德'",明确指出了"道"之"德"的内容是对于其所生的具体万物的不加干涉。而这种无为之"德"落实在具体个人身上,则往往会对国家的治理和政治的清明有着重要作用,这一点文中也有不少例证。由此可见,《老子》之"德"所体现出的内容非常具体,并且具有很强的统一性,其主旨也多数都是对国家治理者

---

[1] 陈鼓应注译《老子今注今译》,商务印书馆,2003,第271页。

[2] 同上书,第183页。

的告诫和劝说。在这一点上,《列子》和《老子》是有所区别的。《列子》中的"德"尽管也有着其价值含义,但很多时候并不会体现出具体的含义内容,显得比《老子》中的"德"抽象很多。如在"予一人不盈于德而谐于乐,后世其追数吾过乎"[1]"以德分人谓之圣人"[2]等诸多语句中,读者虽然能够感受到其中的"德"有着自身的价值含义,但其含义并未得到明确的说明,似乎文本默认读者对"德"的具体意义已经有所了解。并且《列子》中"德"出现的段落,其主旨绝大多数也与政治没有直接关系。唯一一段明确以"德"来论述政治问题的段落是《说符》篇第十一段中的"今赵氏之德行无所施于积,一朝而两城下,亡其及我哉"[3],其主旨与《老子》类似,是在表述"德"的积累与社稷长久的联系。

由以上梳理可知,在具体事物的层面上,《列子》中的"德"仅指个体之"德",并点明了不仅仅是人,动物乃至其他任何具体事物都有着自己的"德";而《老子》中并未出现人以外的其他具体事物的"德",但其"人"囊括了个体和群体。在形式类别的层面上,《老子》区分了真正的"德"和形式的、虚伪的"德",而《列子》之"德"基本都是指真正的"德"。在具体内容和含义的层面上,《老子》之"德"往往体现出明确的内容和政治性,而《列子》中的"德"则更为抽象,并没有体现出太多与政治的关系。在具体事物层面上二者"德"之主体以及具体内容上的差别,

---

[1] 杨伯峻:《列子集释》,中华书局,2012,第 94 页。

[2] 同上书,第 191 页。

[3] 同上书,第 241 页。

并非根本上的差异，更多的是细节上的详略不同。《列子》文本并未否认有群体之"德"的存在，《老子》文本也未断定除人之外的具体事物没有自身的"德"，它们只是没有提及这些问题。二者内容和倾向性上的差别也并没有相互抵触，完全可以并行不悖。这种区别除了可能与两书理论细节的丰富程度、思想倾向不同有关，应该还与二者的读者群和写作目的上的差别有关。《老子》一书显然具有明确的读者群，在文本形成的过程中显示出很强的目的性，它的内容很大程度上倾向于治理国家，读者应该多数都是历代贵族及治理者，并在文句中显示出较强的劝诫感。因此，书中之"德"自然更多地以人为主体，囊括了作为主要治理对象的群体民众，并说明了其具体内容，政治倾向也比较强。而《列子》一书则令人感到并无如此强的目的性，其读者群也不像《老子》那样明确。如此一来，它自然不用对人之"德"有特别的执着，而是较为散漫地囊括了更多类型的主体，也不必与国家治理有太多的联系。与此相对，《列子》和《老子》"德"之主体在非具体事物的层面上的差异，及其形式上的区分差别则更为重要。由上段的梳理可知，《老子》明确举出了"道"之"德"，并区分了真正的"德"和虚伪的"德"；而《列子》中则完全不存在"道"之"德"的层面，"德"的显现也基本都是正面的。这种差别依旧与《列子》和《老子》思想体系在一个学派发展过程中的阶段性相关。由前文的一些分析可以知道，《列子》作为道家后学的思想体系，其思想结构具有更多的模块，各个模块已经被补充了很多内容和细节，因此其思想总体上比前期思想囊括了更大的范围，其理论构架中的各个核心概念也已经被细分到自己的模块之中，具有了明确的位置和内涵，尽管相互联系，但不会跨越各自之间的界限。《列子》中的"德"便是如此，它在发展过程中与"性"逐渐分割开来，其意义被明确为形下的具体事物得自本源的、具有价值意义的部分。由此，"德"已经完全属于形下世界的一部分，不可能再僭越到形上世界，即"道"的领域中去。因此在《列子》中不可能出现"道"之"德"，只能出现具体事物之"德"，且"德"的价值意义和形式已经基本确定，很少再出现负面意义的"德"。而《老子》作为前期的始源思想，其哲学架构中并无后学那样多的模块，也没有后世发展出的诸多核心概念，只存在着作为后学源头的一部分最为关键性的概念。要用更少的概念组合出一个大致完整的思想体系，这些概念涵盖的层次就必定会更多，其内容囊括的范围也就必然更广。而且，由于早期思想对各个模块之间的划分还达不到非常明确，因此处于模块之中的概念仍旧可以在具体表达中越过模块之间的界限，从而相互支持，使得整个思想体系的运转更加顺畅。上文已经提到，《老子》文本对形上和形下世界的划分便不是非常清晰，使得作为宇宙本源的"道"也承担了一部分形下世界的意义。而"德"也是如此，尽管大体上作为形下世界的概念而存在，但在《老子》的一些表述中出现了有着形上世界性质的含义。以"道"为主体的"德"，本质上是在以"德"这个概念来表达"道"的特性。因此这种表述便是典型的形下概念承担形上意义的情况。区分"上德"和"下德"，也是这种"德"之意义、层级划分尚不完全确定的体现。可见，《列子》与

《老子》在"德"之主体上的差异，也体现了两个思想体系在思想史发展中的阶段性差异。

2. 与《庄子》之"德"的比较

《庄子》全篇出现了二百零六个"德"，其使用频率之高令人瞩目。这种出现频率的对比，能够令人对《列子》和《庄子》中"德"所受到的重视和其含义的丰富程度有一个大致的预估。考察二者之"德"在具体文本中的使用状况，《庄子》中的"德"尽管在基本含义和设定上与《列子》大体一致，但其含义所涵盖的范围要远远大过后者，并且在一些关键的点上与后者的论述有着微妙的差异之处，因此非常值得分析和与后者进行比较。在对《列子》之"德"进行分析的章节中，笔者将其含义分为理念和实际两个层面进行解析，并论述了两个层面之间的联系。对于《庄子》之"德"，其实也可以以同样的方式对其分类。因此，接下来笔者就将在这两个层面上，对《列子》《庄子》中的"德"进行比较。

首先来看在理念之"德"层面上，《列子》和《庄子》之"德"的异同之处。前文已经论述过，《列子》之"德"来源于"道"，并与生俱来，根植于主体的存在之中，与"性"相比，它更为强调主体的价值倾向——自然，以及这种价值倾向的来源。并且，在以个人为主体时，"德"的含义无限接近于"和"，即"力"与"志"，肉体因素与精神因素的平衡、稳定。由此来观察《庄子》中有关这一层面上"德"的表述，可以发现一点相同之处和一点不同之处：相同之处在于《庄子》中也有着表明"德"来源于"道"的确切文句。例如《齐物论》中的"夫道未始有封,言未始有常,为是而有畛也。请言其畛:有左有右,有伦有义,有分有辩,有竞有争,此之谓八德"[1],此处明确指出了主体之中的分化,而具体的"德"源自"畛",即物与物之间的分隔与界限。而这种分隔与界限,是主体与他物的分界,是来自"道"的限定性。因此,"德"源于"畛",而"畛"源于"道",这种逐级分化的关系被表述得比较清楚。而由此可以发现二者的第一点不同之处,即《庄子》中"德"的具体含义与《列子》中的表述有所差异。例如上面所举出的《齐物论》中的这一段文字,其中的"德"显然不是指《列子》中的"力"与"志"的平衡、稳定,而是指"左""右""伦""义""分""辩""竞""争"八种由"道"而来的"畛"。成玄英在此处将"德"解释为"功用",实际上有些不符合原意,此处的"德"应该就是在代指"畛"。由上文列出的八种"畛"可见,这些"畛"正是不同主体、不同思想之间发生争论和冲突的原因。因此,不同主体得自"道"的"德",正是它们产生冲突的根源所在。而《庄子》中也论述了在"德"的层面上消弭这种冲突的途径,即《德充符》中所提到的"游心乎德之和"[2],以及"德者,成和之修也"[3]。在论述《列子》之"德"的时候曾经提到,在其书中"德"与"和"的意义非常接近。但在《庄子》的表述中,显然"和"只是"德"的一部分,不"和"的

---

[1] 郭庆藩:《庄子集释》,王孝鱼点校,中华书局,2013,第80页。

[2] 同上书,第176页。

[3] 同上书,第197页。

状态也同样是"德"的一部分。考察其书中"和"这个字的使用状况，可以发现其平息冲突之义。例如《齐物论》中的"和之以天倪，因之以曼衍，所以穷年也"[1]，便是以"天倪"来平息诸多是非之间的冲突。而这诸多相互冲突的是非，其根源就在于"畛"，在此之中，"和"显然是针对"畛"而产生作用的。由此可知，"德"所囊括的范围是一个广大的区间，这个区间可以表述为由不"和"到"和"，也就意味着主体得自"道"的"畛"由相互冲突到超越彼此的界限，以更为广阔的视角包容对方并使自身得以安宁和提升的过程。在这个过程中，"畛"的任何一种状态都可以被称为"德"。而这样的"畛"，其实是每一个主体得自"道"的限定性，有着这样的限定性，主体才能够真正产生自身的存在。因此，"德"在很多时候被阐释为"得"，即主体得自"道"的天分。而《庄子》中呈现出来的"德"有正面的，也有负面的。例如《人间世》之中便有"有人于此，其德天杀"[2]的表述，此处的"德"就是一种负面的主体限定性。而在正面含义方面，《庄子》中的"德"与《列子》中的"德"表现出来的内涵还是基本一致的，它们都包括了自然、无私、谦退等内涵。由此，可以发现《庄子》和《列子》之"德"的第二点不同之处，即这样的"德"在诸多概念中所处的地位有所不同。在《列子》文本中，尽管"德"有着重要的地位，但其地位从未超过"道"，总是排列在"道"之下的。在《黄帝》篇第四段中，作者将"含其

---

[1] 郭庆藩：《庄子集释》，王孝鱼点校，中华书局，2013，第102页。

[2] 同上书，第151页。

德"作为"通乎物之所造"的最后一个阶段,即是表明"德"是距离本源"道"最近的一个概念,但它的地位仍旧在"道"之下。《黄帝》篇第十三段也是如此,将"杜德几也"的阶段排在"未始出吾宗"之下,表明"道"毫无疑问在"德"之上的地位。而在《庄子》之中却不全是如此。在前文中对比"天"概念的段落中也已经提到过,《庄子》中的不少段落里都出现了将"德"排在"道"之前,而二者都列在"天"之后的独特排序。例如《天地》中的"故通于天地者,德也;行于万物者,道也"[1]等等。当然,可以发现此处的"道"并非指本源,而是指实际的、具体的规律或"道术",作为本源的"道",地位是绝不可能在"德"之下的。可以说,在"道"作为本源出现的时候,《列子》和《庄子》都会以"道"在"德"之上的状态来呈现二者的关系;而当"道"作为具体的规律、"道术"出现的时候,《列子》从未将这一含义的"道"与"德"并列排序,而《庄子》则将这样的"道"列在了"德"之下。可见,在《庄子》中,具体个体之上实际的"德"也受到了相当的重视,并且在个体的存在之中,这样的"德"在诸多概念之中地位最高。

其次便来看实际层面上《列子》与《庄子》之"德"的异同之处。当与"道"连接紧密的"德"下降到实际功用的层面上时,会在个体和事物之中呈现出形形色色具体的"德"。可以说,实际功用中的"德"是天赋之"德"在具体事物之中的显现。前文专门的章节中已经提到,《列子》实际层面上的"德"具有三种含

---

[1] 郭庆藩:《庄子集释》,王孝鱼点校,中华书局,2013,第366页。

义,即"功德""才德"和"德行",三者分别代指"德"所呈现的"功"、个人天赋的"才",以及实际行为中呈现的品德。与此相比,在《庄子》中出现的实际而具体的"德",含义则远远超过《列子》。上一段中已经提到,《庄子》的理念之"德"含义有正面体现,也有负面体现,其实际之"德"也是同样,包含善、恶、中性三种面向的呈现。而这些可善可恶的、落在各种各样不同主体上的"德",往往用"×德"的形式来表达。例如《应帝王》中针对"经式义度"而言的"是欺德也;其于治天下也,犹涉海凿河而使蚊负山也"[1],其"德"便呈现负面含义;《马蹄》中的"彼民有常性,织而衣,耕而食,是谓同德"[2],其"德"便是中性的,不存在褒贬之意;《寓言》中的"大白若辱,盛德若不足"[3],其中的"德"含义便是正面的。这一点是《庄子》与《列子》之"德"差异最大的一点,因为后者全篇中的"德"不管在哪个层面上,呈现的都是正面、善性的含义。这足以看出,《庄子》之"德"比《列子》之"德"更为复杂,也有着更多的层次。

---

[1] 郭庆藩:《庄子集释》,王孝鱼点校,中华书局,2013,第264页。

[2] 同上书,第305页。

[3] 同上书,第844页。

第二节 "性"："分皆足己"

"性"这一概念在《列子》中出现次数并不多，只有二十六次，但其重要性不可忽视。"性"在《列子》人性论之中处于核心地位，并且与其他众多概念，如"道""气""天""德""命""心"等，都有着十分紧密的关系。可以说，"性"在《列子》的整个思想系统中都是一个中枢性的概念，以它为轴心，可以辐射到其他诸多概念以及诸多思想部分之中。因此，理清它本身的含义以及与其他各个概念之间的关系非常重要。

一、《列子》之"性"的含义梳理

"性"在《列子》文本中有两层主要含义：具体个体本质性的内在质地，以及具体个体在具体环境中所形成的习性。二者都以具体而非宽泛的个体作为主体，一内一外地关照具体个体在具体环境中的立足点和趋向性。在《列子》文本里，"性"与其他概念的关系融汇在对于这两层含义的阐释中，并与这两层含义不可分割。接下来，我们就来分别梳理"性"的两层含义。

1. 内在质地之"性"

具体个体本质性的内在质地这一含义，在《列子》之"性"的含义范畴中是一个基础。作者在文中比较明确地点出了"性"

之来源、构成，以及它对于具体个人的意义。并且在文本对这一内在质地的阐释中，经常可以觅得一些具有价值性或判断性的语句。这表明在作者的认知中，具体之人的"性"本身就蕴含着一些价值倾向上的限定，由此，具体之人的存在本身也就带有价值上的意义。接下来，我们就来从其来源、构成、对于具体个体的意义以及它所凸显的价值倾向四个方面来梳理"性"这一概念的含义。

首先来看"性"的来源。"性"这一概念首次在《列子》文本中出现的段落是《天瑞》篇第十三段，而此段即用非常简练的表述将"性"和"气"两个概念联系在了一起。段中论述道："性命非汝有，是天地之委顺也。……天地强阳，气也；又胡可得而有邪？"[1] 我们已经知道，用"天地"一词来代指"气"这一概念的两面，即"阴阳"，是《列子》文本中非常常见的用法。此处的"天地"即是这种用法，"天"和"地"同时出现，代指完整的"气"，即构成具体事物的、同时具有物质性和精神性的宇宙元素。作者在此将"性命"归为"天地之委顺"，也就是将"性命"之来源确认为产生万物的"气"化运动。同时，我们注意到张湛在此处的注解中引用了郭象的话语，"若身是汝有，则美恶、死生当制之由汝"。在这一注解中，张湛用"美恶"来对应质地之义的"性"，用"死生"来代指运命之义的"命"。也就是说，此处的"性命"并非一个词语，而是"性"与"命"两个概念的单纯叠加；其意义也并非"性命"这个词语的意义，而是"性"加"命"

---

[1] 杨伯峻:《列子集释》，中华书局，2012，第32—33页。

的两个含义。由此可以确认,在此段中"性"和"命"的来源都是"气"。

其次来看"性"的构成。"性"与"气"之间的联系不止于上文所论述的内容。《杨朱》篇第十四段里,作者阐述道:"人肖天地之类,怀五常之性,有生之最灵者也。"[1] 张湛在此处的注解中说:"类同阴阳,性禀五行也。"[2] 依照他的注解,此段中的"天地"仍旧可以被确认为"阴阳",也就是"气"的总称;而"五常"被具体解释为"五行",即"气"化系统中的五种相生相克的元素。我们知道,阴阳五行学说作为中国哲学传统的重要部分,起源于先秦,流行并细化于汉代。这种学说的重点在于天人感应,以宇宙系统中五种元素的不同性质及其相互作用,对应人类肉体和精神的各个部分及各种变化。而从这一段的表述,可以发现比较明显的天人感应意味。由此可知,《列子》中的"性"并非一个统一而凝固的整体,而是像"气"之"五常"一样,由不同性质的元素组成,并在其内部有着不间断的流动和变化。在此基础上,作者在该篇第十六段中略微涉及了人之"性"的性质问题。"丰屋、美服、厚味、姣色,有此四者,何求于外?有此而求外者,无厌之性。无厌之性,阴阳之蠹也。"[3] 既然明确提出了"性"之"蠹",即"性"之恶的一面,那么与此相对,"性"自然也有善的一面。我们首先可以注意到,在这段论述中,作者对于"性"之善恶的

---

[1] 杨伯峻:《列子集释》,中华书局,2012,第224页。

[2] 同上。

[3] 同上书,第227页。

认识显然与社会主流的认识不尽相同，其将对于"丰屋、美服、厚味、姣色"的追求作为"性"之善的一面，而除此之外的追求则被看作"无厌之性"。四者之中，"屋""服""味""色"可以说是人作为生物所具有的最基本的生理需求，而"丰屋、美服、厚味、姣色"已经不仅仅局限于此，确切地说，这是指身处于人类社会之中的人过上较为舒适的具体生活所需要的因素。尽管这种追求已经有着社会化的部分，但其本质仍旧是生理性的，没有显现出任何的精神性质，特别是没有一丝社会道德的影子。社会道德与其他的许多因素一起，被作为"无厌之性"划归到了"性"之"蠹"中，是被作者排斥和否定的部分。而这种"性"之"蠹"，其源头被确认为"阴阳"，即"气"之"五常"的一部分。这样一来，不管是作者所认同的"性"之部分还是作者所不认同的"性"之部分，都被确认为来源于"气"。可以说，二者之不同的性质及其影响，都是"性"之"五常"的不同性质及其相互影响的产物。由此，我们可以略微理解作者在《杨朱》篇中对"无厌之性"以及影响怀有排斥，却又不认同彻底抛弃它们，而是采取了即之不离态度的原因。

再次，来看"性"对于具体个体的意义。从上文的分析中，我们已经知道"性"是人的本质中来源于宇宙本源的"分"，即其与宇宙本源关系密切。而"道"这一宇宙本源本身便是一切价值的根据和源头，因此显然，"性"所具有的价值性也是来源于"道"的，这种人身上与生俱来的价值属性，便被作者用"德"来代指，二者之间的这种关系在《列子》文本中有着较为清晰的表述。在《天瑞》篇第六段中，作者提到了人生由始至终四个阶段的变化，即"婴孩也，少壮也，老耄也，死亡也"。其中，"其在婴孩，气专志一，和之至也；物不伤焉，德莫加焉"[1]。"婴孩"这一意象在道家哲学和思想中经常出现，其隐喻着至纯至真的人之天性，以及达到终极境界之人返归本性后显示出的如婴儿一般的表象。总体来说，道家思想中有着"自然婴儿"和"人文婴儿"的区别，前者是天然的产物，后者则是个人修养提升之后的境界[2]。《列子》此段所说的，显然只是"自然婴儿"，其所提示的人生自始至终的四个阶段，也只是未经过修养提升的平常大众所要经历的四个阶段而已。"自然婴儿"这一阶段，是每一个具体个人都必然经历的人生之初始，而这个初始阶段，是"和之至""德莫加"的阶段。我们已经知道人之"性"是来源于"道"并与生俱来的，而作为"自然婴儿"的降生之初必然具有这份本质之"性"，并且在这个阶段，外物的影响仍是零。也就是说，"自然婴儿"只具有"性"，而不受到任何其他因素的影响，即"物不伤焉"。这种唯"性"之有的状态被作者认为是"德莫加焉"，一定程度上是在"性"与"德"之间画上了等号。也就是说，无任何外来因素影响状态下的"性"，本身就是"德"，"德"不假外求，自生以来便根植于自身。在此基础上，人提升自我修养、提升个人境界，以接近和复归终极价值的途径也就自然显现了出来，即

---

[1] 杨伯峻：《列子集释》，中华书局，2012，第 20 页。

[2] 曾振宇：《原样理解：〈老子〉之"道"哲学意涵新识》，《文史哲》2011 年第 2 期，第 25 页。

"壹""守""全""藏"自身之"性",排除一切外物之影响。这种
途径的显现,与"性""德"两个概念一致性的确认是分不开的。

最后,来看"性"所体现的价值含义。在这里必须提到"天"
在个人意义上代指人与生俱来之自然天性的含义。在道家的思想
体系中,这份与生俱来、没有经过人为教化的自然天性是最为珍
贵的。《列子》在行文中突出地表现出对人以及生物的"天"的
珍视与维护,并拒斥一切外物对"天"的侵犯与改变。在作者
看来,能够做到"全于天",即一分不少地守护住自身的自然天
性,就能够达到"其神无郄,物奚自人"[1]的境地。"神"显然是
人在"天"的基础之上而自由产生的,符合自身自然天性的精神
与意识。而如果这份自然天性被天性之外的"物"所侵入,"神"
就会出现裂痕,"天"也就不再完整。在这里,作者把"物"作
为改变"天"从而使人丧失自然天性的主体,营造出"天"与
"物"完全对立的氛围,显示了《列子》作者鲜明的道家立场。在
这种语境下,"物"通常被解释为"外物",是处于自然天性以外
的存在,其具体含义实际上就是一切的人为因素。从《列子》文
本中的另一些叙述来看,与"天"相对的还有另一个概念"色"。
"色"即"貌相声色",代指一切具体世界中有形之物的外貌或表
象。而"天"与"色"的相对,说明"天"一定程度上代指着具
体事物表象之下的核心或本质,这份本质也并非凭空得来,它来
自事物共同的本源,并与其相连接。因此,守住自身的天然本性,
便能够破除由"色"的差别而产生的诸多认知和偏见,保持与事

---

[1] 杨伯峻:《列子集释》,中华书局,2012,第48页。

物本质以及世界本源的联系，从而提升自身的修养和境界。作者将这一过程描述为，"处乎不深之度，而藏乎无端之际，游乎万物之所终始。壹其性，养其气，含其德，以通乎物之所造"[1]。其中，"性""气""德"都与"天"的含义相似，但各自倾向于不同的几个方面，从宇宙本源"道"之中分化而出。从这层意义上来说，"天"也是事物分化出自"道"的一部分，即张湛注解中所提到的"自然之分"。在理解这一层关系的基础上，人们便能够得知"色"之差别的虚幻，避免由"色"伤"神"的情况，守住自身的天然性分，从而尽可能地接近与回归本源。因此作者说，"圣人藏于天，故物莫之能伤也"。

在《列子》文本中，"天"在一些段落中作为"性"的代称，具有与"性"相同的本质含义，对于"性"与形上本源的关系作出提示。如在《黄帝》篇第四段的表述中，"壹其性"是"通乎物之所造"的途径，而处于"壹其性"状态的人，"其天守全"。在段落结尾，作者将达到很高境界的"圣人"形容为"全于天""藏于天"。此段中的"性"与"天"本质上是一致的，其所指的是同一个概念，但由段中语句以及具体表述可见，二者在本段中提示着同一概念的不同面向，因此二者不能轻易互换。"物之所造"毫无疑问是指宇宙本原"道"，而"天"一字提示着"性"与本原的紧密联系，我们由此知道，"性"之终极来源仍旧是"道"。对"性"与"道"之间的这种紧密联系，即"天"在此处的确切含义，《汤问》篇第一段有着更为明确的表述。此段在列举了一

---

[1] 杨伯峻:《列子集释》，中华书局，2012，第48页。

系列巨细相异、性质相异的事物,让读者体验到强烈的对比之后说,"虽然,形气异也,性钧已,无相易已。生皆全已,分皆足已"[1]。我们知道,在先秦汉语中"生"和"性"两字通假,基本可以互换。此句中作者将"性"之"全"与"分"之"足"基本等同起来,而两者显然是从不同的角度来描述同一个概念的。其中,"分"就是"天"所代指的部分,即"天"是"性"来源于"道"的"分"。在这一层意义上,"天"完全不是另一个概念,而只是"性"的另一种提法而已。

由此,我们可以发现《黄帝》篇第四段中作者所认同和提倡的,人对待自身之"性"的方法:"壹""守""全"和"藏"。四个方法是依次递进的。首先是"壹其性"。所谓"壹",显然有着认识方面的含义,即在认识到自身之"性"的本质和来源的基础上,专一于此"性"。其次是"守"。"守"这个字在论述"性"的段落中与和"性"相关的两个概念共用,即我们上文论述到的"气"和"天"。通过上文的剖析,我们已知作者认为"性"由"气"生成,但"气"所带来的不仅仅是自然之"性",也有着其"阴阳之蠹"所造成的"无厌之性"。此段中,作者明确指出,自身境界的提升,必须以"纯气之守"为基础。"纯"一字便排除了"阴阳之蠹"在这里的存在,而只将自然之"性"作为"守"的对象。另一方面,在"守"与"天"共用的场合中同时出现了"全",即"其天守全"。也就是说,在针对来自"道"的"分"时,对此"分"的"守"是下一个阶段"全"的基本途径。这样一来,通

[1] 杨伯峻:《列子集释》,中华书局,2012,第151页。

过合理的推导，我们基本可以将"守"的两个对象：来自"气"之"纯"和来自"道"之"分"联系起来。"守"这一字同时针对"气"与"天"使用，而其作用都在于辨明"性"之中真正要保留的部分，并为接下来的阶段奠定基础。再次是"全"。作者对于"其天守全"的状态是"其神无郤，物奚自入"。这种描述显然是纯粹精神性的，并且提示出"守"和"全"所对抗的对象在于"物"，即外物对自然之"性"的侵蚀和损坏。外物对于"性"的侵蚀，并非发生在肉体和生理方面，而是发生在心理和精神方面，即"神"的方面。在这种对抗中，"天"与"物"一内一外对人所处的状态和境界发生影响，"神"可能在这种对立中产生裂痕，从而导致"天"的缺损，而"全"的意义就在于保护"天"而排斥"物"的一切影响。在"全"的前提下，人能够达到完全守护住自身的自然之"性"，并由此"通乎物之所造"，即与"道"合而为一，这就是作者所祈求的最高境界，即"圣人"的境界。而作者在对这种境界的描述中，使用了"藏"一字，即"圣人藏于天"。"藏"让人感受到对内外二者对立的消解，即彻底将自身的存在收束于"性"之中，外物的影响和侵蚀对处于这种境界的人相当于不存在。因此对于"圣人"来说，"物莫之能伤"，不再有被外物所侵害的可能性。在《列子》文本中，作者提出了不止一种达到最高境界的方法和途径，而此处我们所分析的一种是立足于人自身之"性"而论的。由此可见，《列子》体系与其他各种中国哲学体系，在修养论及其正当性的论述上采取的是同一种思路，即通过论证人"性"与宇宙本源之间的关系，来将本源的价值落实在人"性"之中，并以对自身之"性"，即来自"道"的价值的守护，来确证人提升自我境界，与终极价值合而为一的可能。

2. 习性之"性"

《列子》之中曾经出现过很多描述当时的特殊国家之人民的段落，这些段落中往往描绘了该国人民一些特殊的习俗和习性。例如《周穆王》篇第四段中提到的"阜落之国"，其人民"食草根木实，不知火食，性刚悍，强弱相籍，贵胜而不尚义；多驰步，少休息，常觉而不眠"[1]。此类描述中虽然经常出现"性"字，但显然，此处的"性"并非在提示其国民的本性，而是另有含义的。正如张湛在类似段落的注释中所提出的，这种"性"其实是"有所安习"，即由于一些具体原因而产生的、不能够轻易改变的习性或习俗。而这种段落中的"性"，以及其他一系列的习俗和特征，都与具体环境联系十分紧密，作者往往用"气"一字来提示这种特殊的具体环境。如同样是《周穆王》篇第四段中关于"阜落之国"，作者对于其环境的描述是"其土气常燠，日月余光之照，其土不生嘉苗"[2]，并将这种特殊的地理环境与其国民特殊的习俗和性情联系在一起，认为其国民特殊的性情习俗是由特殊的环境催生出来的。此类段落在《列子》中十分多见，我们可以从中察觉到，作者对这种与具体环境紧密联系的"性"非常重视。其中的一些段落主题较为浅显，大多是为了论证具体之人受具体环境影响而

---

[1] 杨伯峻：《列子集释》，中华书局，2012，第100页。

[2] 同上。

产生的一系列习性，也许看似怪异或背离道义，但实际上最为符合其人所处的特殊环境，因此是正当而可以理解的。例如《汤问》篇第六段中所提到的"南国之人祝发而裸，北国之人鞨巾而裘，中国之人冠冕而裳"[1]，以及更为特异的"其长子生，则鲜而食之，谓之宜弟。其大父死，负其大母而弃之，曰：鬼妻不可以同居处"[2]等等。对于这些与我们的认知相异的习俗，作者都显示出了宽容和理解的心态，认为"此上以为政，下以为俗，而未足为异也"。

那么，"安习"之"性"与本质性的"性"是否有所联系呢？对于这一问题的回答，可以从其他一些对主题论述更为深入的段落中找到。在《汤问》篇第一段的结尾处，作者罗列了一系列只能生于特定环境、环境一旦改变就会失去特性乃至死亡的生物，并论述到："地气然也。虽然，形气异也，性钓已，无相易已。"[3]根据我们上一段落的分析，依存于特定环境——"地气"而存在的特定习俗或特性，显然是属于"安习"之"性"范畴以内的。而作者却对这份"安习"之"性"作出了"性钓已"的判定。由此可见，后文"性均已"中的"性"显然不是"安习"之意，而是更为本质的"质地"之意。我们继而可以推断，"安习"之"性"并非"质地"之"性"的一部分，而是显像化的"形气"的一部分。因此，"安习"之"性"与"质地"之"性"的关系，与其他

---

[1] 杨伯峻：《列子集释》，中华书局，2012，第158页。

[2] 同上书，第159页。

[3] 同上书，第151页。

任何具体事物与"质地"之"性"的关系是一样的。"质地"之
"性"仍旧是本体性的存在,而"安习"之"性"则是基于此的表
象。如此,则"安习"之"性"必定也受到本体之"性"所具有
的朝向"道"的趋向性的影响。在《列子》文本中,也确实可以
找到此类的表述。如《汤问》篇第六段在列举一系列不同地方居
民的不同生活习俗之后论述道:"默而得之,性而成之。"[1] 十分类
似的语句也曾经出现在《仲尼》篇第十五段,对于得"道"之途
径的论述中。其中,"默而得之"是主体自身所做出的外在努力,
而最终是否能够真正达成目的,则在于"性成之",即内在的,对
于自身本体的体认。在《汤问》篇第六段中,作者对于显像化的
习俗使用了类似的表达方式,其含义也显示了一种特定习俗的出
现有着内外双重的原因。"默而得之"即主体所受到的外界因素影
响,在作者的认知中,显然此影响主要是指"地气"。"性而成之"
即该习俗形成原因中的主体内在因素,而这一内在因素的源头在
于"性",此处的"性"显然是本体性的"质地"之意了。可以
说,作者认为尽管一种习性与外在的具体环境有着紧密联系,但
其形成仍旧有着内在原因,这种内在原因即质地之"性"。由此可
以推论,作者认为当一种特殊环境与该种生物的本质彻底地格格
不入时,此生物也是不可能适应该环境而产生特定的习性的。在
这种情况下生物往往以死亡的形式告终。例如《汤问》篇第一段
中举出的"貉逾汶则死矣"[2],便属此类。另外值得注意的一点是,

---

[1] 杨伯峻:《列子集释》,中华书局,2012,第 158 页。

[2] 同上书,第 151 页。

"心"和"情"两个概念时常在段落中与"安习"之"性"一起出现，并显示出比较紧密的联系。如《汤问》篇第五段中的"人性婉而从物，不竞不争；柔心而弱骨，不骄不忌"[1]等等。在这些段落中，"心""情""性"往往是并列出现的，显示出三者在意义层次上的平等关系。由此我们可以再次确认，"心""情"和"安习"之"性"一样属于"形气"的层面，是显像化的因素。三者与质地之"性"的关系也是相同的。

由此，我们便明确了一点，即"安习"这一意义上的"性"是存在于"形气"的层面上的，它与其他有形、具体而实在的因素和事物一样，是以质地之"性"为本质的显像化存在。那么，显像化的"安习"之"性"在《列子》之中有着什么样的意义呢？要回答这一问题，我们仍旧需要回到对具体文本的分析梳理之中去。在《列子》原文中，有一些涉及"安习"之"性"的段落，并非在重点论述上一段中分析过的具体环境和习俗的关系，而是关联着更为社会化和价值化的内容。如《仲尼》篇第一段中，孔子在叹息自身之"道"无法得以实行时提到的"鲁之君臣日失其序，仁义益衰，情性益薄"[2]。此处出现的"性"既然处于"益薄"的变化过程中，便证明它不是本体性的质地之"性"，而是根据环境而变化的"安习"之"性"。此处的"性"与"情"连用，并与前文的"君臣"之"序"和"仁义"价值紧密相关。这种语句暗示了一点："安习"之"性"会随着具体环境的变化而变化，

---

[1] 杨伯峻：《列子集释》，中华书局，2012，第156页。

[2] 同上书，第110页。

而以"君臣"之"序"为代表的社会规则和以"仁义"为代表的社会价值也是具体环境的重要组成部分。自降生以来就生活在社会化、价值化环境里的人们，会随着社会规则和价值的指向而形成其"安习"之"性"。当社会规则和价值发生剧烈变化时，人们的"安习"之"性"也会显而易见地剧烈变化。因此，身处当时社会环境中的孔子，才会在亲眼看见人们"情性益薄"的转变后发出叹息。这一层意义上的"性"与社会规则和价值的紧密联系，在《杨朱》篇中表现得最为显著。因此，我们在考察这一点的时候，对《杨朱》篇文本的分析是非常重要的。

首先来看《杨朱》篇文本中所表现出的，在当时特定的社会环境和价值取向影响下的"安习"之"性"囊括了哪些方面的内容和特点。从上一段落的分析中已经可以得知，人类的绝大多数生活习惯都包含在"安习"之"性"的范畴内，例如衣食住行的习惯、体现出的外在性格等等，这些习惯没有好坏高下，只是不同而已。这一点在《杨朱》篇中也有体现，如第十五段中论述到的"野人之所安，野人之所美，谓天下无过者"[1]。但在作者所处的具体社会环境中，人们所形成的"安习"之"性"显然大大不同于"野人"所适应的"晨出夜入""啜菽茹藿"[2]。在《杨朱》篇第六段中，作者借他人之口描述了当时社会环境中人们所形成的生活习性和倾向："耳之所欲闻者音声""目之所欲见者美色""鼻之

---

[1] 杨伯峻：《列子集释》，中华书局，2012，第226页。
[2] 同上。

所欲向者椒兰""口之所欲道者是非""体之所欲安者美厚"[1]。而这一切叠加起来，就成了"意之所欲为者放逸"[2]。作者将不能达成以上欲求的状况称为"阏性"[3]，即认为顺应并满足以上欲求的生活方式才是符合当时人们之"性"的。尽管这种描述中似乎以生理上的满足为主，对社会价值指向性的表现似乎并不明显，但我们知道，在当时的社会中，拥有这样生活环境的人们并不多见。能够满足生理上一切需求并"放逸"地生活的，基本都是社会阶层顶端的人们。但从文本来看，此段中"安习"之"性"的囊括范围是宽泛的，并不仅限于这些顶层人物，而是整个社会中所有成员的"性"。也就是说，社会中的绝大多数人并不能真正得到"放逸"的生活，但却是对其充满渴望的。要想求得满足而"放逸"的生活，"名"，也就是一定的社会地位是必然要追求的目标。如此看来，这样的"安习"之"性"仍旧是包含着社会价值上的指向性。对社会化的人类来说，自身所处的社会环境的指向性比任何外在因素都更为贴近自身的生活。可以说，在具体社会环境中形成的"安习"之"性"涵盖范围很广，基本囊括了该环境中之人的整个生活方式。作者所描述的社会中的人们的生活方式，便是在这样携带着强烈指向性的"安习"的影响下，以追逐社会地位为手段，不断地期望着满足自身的"放逸"之"性"。

作者显然并不仅仅是想要花大篇幅来描述当时社会中人们的

---

[1] 杨伯峻:《列子集释》，中华书局，2012，第212—213 页。

[2] 同上书，第213 页。

[3] 同上。

习性。那么这样的"安习"之"性"在《列子》之"性"论中究竟有着什么样的意义？这一问题的答案可以从《杨朱》篇末尾的第十六段中得到一些线索。我们在前文的分析中已经提到过，该段落中出现了对"无厌之性"的描述，并将"无厌之性"的源头归结为"阴阳之蠹"。而在该段稍前的论述中，作者也对"无厌之性"作出了比较明确的界定："丰屋、美服、厚味、姣色，有此四者，何求于外？有此而求外者，无厌之性。"[1] 联系我们上一段落对于社会环境中"安习"之"性"的分析可知，对"丰屋、美服、厚味、姣色"的渴望属于作者所确认的该社会环境中人们的"安习"之"性"的一部分，但后者所包括的因素显然比这四项大得多。将《杨朱》篇第六段与第十六段的描绘相比较，可知"安习"之"性"除去"丰屋、美服、厚味、姣色"此类生理性因素之外，还包括"口之所欲道者是非"这一类精神性的需求，以及我们通过推理而得出的为了得到此种生活而对名利地位的追求。既然作者将"有此四者"而"求外"的需求，称作"无厌之性"，就意味着作者将此处的"性"分为了两部分内容：一部分是以"丰屋、美服、厚味、姣色"为代表的需求，这一类需求是作者所认可的较为合理的、应该被尽可能满足的需求；另一部分是以上四者以外的其他需求，此类需求是作者较为反感的，并将之称为"无厌之性"。由此可见，"无厌之性"所对应的正是具体社会环境下形成的"安习"之"性"中，"口之所欲道者是非"以及对名利地位的追求这一部分内容。实际上，从"无厌"这两个字来看，此种

---

[1] 杨伯峻:《列子集释》，中华书局，2012，第 227 页。

"性"最重要的特点，应该就是贪婪、不知满足。作者显然认为社会中人对基本需求以外的需求，体现着人在社会取向影响之下而产生的贪婪，并对此充满厌恶和反感。而且作者的这种反感是特别针对"名"以及人们对"名"的追求的，即"悠悠者趋名不已"[1]。但根据上一段落的分析，要满足在此种具体社会环境中所形成的"安习"之"性"，对于"名"的追逐一定程度上是不可或缺的，即使只追求"丰屋、美服、厚味、姣色"一类作者所认同的需求也是同样。在这一层意义上，作者对"名"的排斥与对追求基本需求的认同有所矛盾，作者显然也注意到了这点矛盾。在这一问题上，作者的态度显得十分灵活，其在前文中对"安习"之"性"表现出的宽容态度也起到了重要的作用。这里便涉及了《列子》文本对于"名""实"问题的界定和论述，《列子》中论述到的"名实"问题，与先秦各派学者争相论述的，以具体事物与概念之关系为主要命题的"名实"，有着完全不同的界定和内涵。其"名"并非名家所论述的具体事物之名称或概念之意，而是指"人为的虚文"[2]，其具体内容大致包括社会地位、名望等等；"实"也并非指具体事物，而是指"丰屋、美服、厚味、姣色"一类社会中人需求的满足。作者对这两者的本质观点显然是"非名贵实"，但正如我们所分析的，在当时的社会中满足"实"则必须有一定程度的"名"作为基础。由此，作者退了一步，将"非名贵实"

---

[1] 杨伯峻：《列子集释》，中华书局，2012，第 228 页。

[2] 郑晓江：《〈列子杨朱篇〉人生哲学探微》，《江西大学学报》（哲学社会科学版）1988 年第 3 期，第 17 页。

的态度妥协为"名者实之宾",即在避免"守名而累实"的前提下,采取"名固不可去"的态度。用对"名"即之不离的方法,尽可能保证"实"的圆满。[1]

由此可见,《杨朱》篇对于"安习"之"性"的态度与之前的篇章一致,都是大致上宽容由不同的具体环境所形成的"安习",并认同对其的满足的。即使作者一定程度上表现出对当下社会环境中的"安习"之某些部分的不认同,但仍旧对其采取了顺应和妥协的态度。而在这种妥协的态度之下,作者对于"名"表现出的厌恶和排斥情绪显得非常突出,一方面承认它是"实"之满足的基础,另一方面又无法遏制地表现出情感上的拒绝和疏离。这种理智与情感相互矛盾的心态,本质上向我们提示了作者在其思想体系中设置"安习"之"性"并对其采取大篇幅论述的原因。在《杨朱》篇中呈现出的社会环境,显然是一种作者所厌恶的,众人"趋名不已"的环境,在这种社会环境中,作者呈现出的人生价值和态度,是"君臣皆安,物我兼利"[2],即希求"利物"和"全生"的两全。在这种价值取向之下呈现出的人生态度,是"离人利己"[3],即彻底脱离人际关系和社会交往,只求自身的人格满足和身心愉悦。而当人人都处于这种状态之时,社会便能够处于一种安宁与稳定的状态,从而达到"物我兼利"的目的。可以说,

---

[1] 郑晓江:《〈列子杨朱篇〉人生哲学探微》,《江西大学学报》(哲学社会科学版) 1988 年第 3 期, 第 17 页。

[2] 杨伯峻:《列子集释》, 中华书局, 2012, 第 228 页。

[3] 郑晓江:《〈列子杨朱篇〉人生哲学探微》,《江西大学学报》(哲学社会科学版) 1988 年第 3 期, 第 17 页。

身处当时的社会环境之中，这种"物我兼利"是作者认知中最为完善的理想状况，但作者自身也非常清楚，这种状况只能是一种幻想。这种幻想破灭的关键因素，便是满足"实"就必须有"名"作为基础这一点，它使得彻底的"离人利己"变得绝对性地无法实现。由此看来，"安习"之"性"与本质之"性"的关系并不仅限于我们在前几段中论述的，后者为本质而前者为"形气"，"安习"对于本质之"性"也有着它的影响，并且对于具体实在的社会中人来说，这种影响的负面力量不可忽视。

二、与其他道家思想之"性"的比较

1. 与《老子》之"性"的比较

《列子》和《老子》中"性"的使用状况差别较大。在《列子》全文中，"性"一共出现了二十六次，虽然频率不是很高，但它在全篇的概念体系中占据着重要地位，作为一个中枢概念将《列子》中的其他数个概念联系在一起。因此，笔者在论述《列子》概念体系时将其以专章列出并给予梳理分析，以期更加深入全面地理清"性"的意义层次以及它与书中其他概念之间的关系。但在《老子》文本之中，"性"这个字一次都没有出现。概念的出现频率与其重要性是紧密相关的，这种重要性上的差异，令人联想到前文提到过的，两书中"气"概念的差异。对比《列子》中"气"和"性"两个概念在思想体系中所起的作用，可以发现二者的重要性都来自其作为两大层级或体系之中枢的地位。"气"连接着形上和形下层面,而"性"连接着宇宙本源和个人修养两个系统。如果没有它们,思想体系中的各个模块仍将粗略地存在,但其相互之间将是割裂的,整个思想体系无法顺畅地流转。继而,一些更加细化的思想模块将无法出现。例如《列子》中以"气"为基础的"化"在体系中也占据着重要地位,但在《老子》中没有这样的基础,自然也无法出现完整的"化"概念。在"性"的方面,《列子》中的以其为基础的"命"概念在思想结构中具有很重要的地位,但在《老子》中,"命"只出现了三次,且基本不具有道家后学中详细论述的"命"的意义。从《列子》和《老子》中的这种差别可见,"性"也像"气"一样,是道家思想发展流变之中较为后起的概念,是在后学逐渐发现原始思想中不够细致、成熟的部分时,在对其进行补充和细化的过程中逐渐丰富起来的概念。尽管如此,作为始源的思想体系之中必定存在着后学可能对其进行补充、细化的种子,这些种子虽然有可能微小,但当其符合后学发展思想体系的需求时,便能够被挖掘并最终成长起来。"气"便是如此。虽然它在《老子》文本中只出现了三次,但已经有着"冲气以为和"[1]这样的气化思想源头,由此才最终在道家后学的发展中成为重要概念。而细致考察《老子》有关"道"与个人修养之联系这一方面的思想,可以发现《老子》中虽然没有"性"这个字眼的出现,却也已经有着类似"性"所代表的"道"下贯并落实于万物之中的思想。只不过,这种思想并非用"性"

---

[1] 陈鼓应注译《老子今注今译》,商务印书馆,2003,第223页。

来表达，而是被"德"这个概念所包含了。

2. 与《庄子》之"性"的比较

在《庄子》全文之中共出现了八十七个"性"，其数量和出现频率表明这个概念在《庄子》思想系统中占有比较重要的地位，这便已经显示出《庄子》和《列子》在这两个概念上的可比较性。在接下来的篇幅中，笔者将比较两部著作中的"性"概念。

在对于"性"的比较之中，第一点值得注意的，是它在《列子》和《庄子》文本中的分布问题。在《列子》之中，实际上"性"在全篇的分布较为平均，只有在《杨朱》篇内出现频率略有增加。根据前文专门章节中的分析，可知这是由于《杨朱》篇之中不但有惯常意义的"性"，还多次出现了"性命"这样的连用词汇，因此其频率的增加是可以理解的。除此之外，"性"从开头的《天瑞》篇到后期的《杨朱》篇，在各篇之中的出现频率都大体持平。但在《庄子》之中，"性"的出现则不像《列子》那样均衡。在前面几个概念的对比中已经显示过，《庄子》中的一些概念在其内篇和外篇之中的出现频率和意义存在差异，而"性"也是这些概念中的一个，它在内篇之中不曾出现过，在外篇之中则出现频繁。联系《庄子》内篇和《老子》中都没有"性"概念出现的情况，可以推断尽管对于人性论的关注开始得很早，但其真正成熟完善以及"性"这个人性论核心概念的广泛使用，则是比较后起的现象。

第二点值得注意之处，是《庄子》中的"性"概念没有出现"习性"这一层含义。在前文论述《列子》"性"概念的章节中已经提到过，除了人性论方面的含义以及与其他核心概念相关的含义之外，《列子》之"性"还具有"习性"这种更为实际化的含义，指很多特别的生活、文化习惯都是当地的实际环境所造就的，自有其道理，这样的实际环境被"气"来代指。这样的关系也呈现出"性"和"气"两个概念在实际层面上的联系。但是，这一层的含义在《庄子》中却不曾出现，其外篇之中出现的所有"性"，基本都是指人或事物的自然天性所得。例如《骈拇》中的"骈拇枝指，出乎性哉，而侈于德。附赘县疣，出乎形哉，而侈于性"[1]，《马蹄》中的"夫埴木之性，岂欲中规矩钩绳哉"[2]，《胠箧》之中的"惴耎之虫，肖翘之物，莫不失其性"[3]以及后文诸多出现"性"的段落，都显示了"性"作为事物自然天性的一致意义。

在此基础上，第三点值得注意之处，是《庄子》中的"性"没有《列子》中出现的"无厌之性"所代指的负面部分。前文中也已经论述过，《列子》之"性"并非纯然正面的，在《杨朱》篇中曾经出现了"无厌之性"，即主体正常的自然天性和社会需求之外的奢侈欲望。这些"无厌之性"显然是需要被排除的负面因素，而其来源是"阴阳之蠹"，即"气"之中混杂的不净因素。由此可见，《列子》将欲望等负面因素也算作"性"本身具有的一部分，使得其篇中的"性"概念呈现出正负混杂的特点。而反观《庄子》

---

[1] 郭庆藩:《庄子集释》，王孝鱼点校，中华书局，2013，第 282 页。

[2] 同上书，第 301 页。

[3] 同上书，第 328 页。

之中的"性",则完全没有呈现过任何的负面意义。"性"的出现往往就是在强调人或事物天性的美好、自然,并一再呼唤主体回归于自身的自然天性。当然,《庄子》也承认主体过多欲望的存在,但一方面,这些欲望并未被归于"性"本身之中,而是被推到了外在世界、世俗认知对于自然天性的扭曲作用上;另一方面,《庄子》在论述天性的散失方面并不像《列子》一样重视欲望的问题,而是更重视"仁义"等貌似冠冕堂皇实质早已扭曲的观念对"性"的压抑。例如《在宥》中的"昔尧之治天下也,使天下欣欣焉人乐其性,是不恬也;桀之治天下也,使天下瘁瘁焉人苦其性,是不愉也"[1],便是将真正良好的治理顺从百姓天性的情况,和不良的治理扭曲百姓天性的情况做了一个对比。与此类似的段落大量存在于《庄子》外篇之中,例如《天地》之中的"跖与曾史,行义有间矣,然其失性均也"[2],《缮性》之中的"离道以善,险德以行,然后去性而从于心"[3]等等,不可枚举。由此可见,《庄子》之中的"性"概念比《列子》之中的"性"概念要单纯许多,它不像后者那样具有多层含义和正负混杂的性质,而只是纯粹指代事物主体的自然天性所得。当然,这样纯粹的"性"也与《庄子》自身对于个人体验和修养提升的重视有着一定的关系。

　　由此进而观察《列子》《庄子》之"性"与其他核心概念的关系,可以发现这一对比分析中的第四点值得注意之处,即《列

---

[1] 郭庆藩:《庄子集释》,王孝鱼点校,中华书局,2013,第333页。

[2] 同上书,第407页。

[3] 同上书,第490页。

子》中的"性"往往与"气"相联系，而《庄子》中的"性"则更多地与"德"共同出现。在论述上一点时已经提到过，《列子》中实际层面意义上的"性"与代指具体环境的"气"有着较为紧密的联系，并且后者被作为前者形成的主要原因。实际上不只是在实际层面上，代指主体本来质地与天分的"性"与作为基本宇宙元素的"气"也有着紧密的联系。例如《天瑞》篇第十三段中的"性命非汝有，是天地之委顺也。……天地强阳，气也；又胡可得而有邪"，便将主体的"性"和"命"之来源归于生化宇宙万物的"气"化作用，并将二者的构成也确定为作为基本宇宙元素的"气"。可见，《列子》中的"性"与"气"关系非常紧密，并且二者的关系显现了《列子》作者对于宇宙生化这一理论基础的重视。但与此相比，《庄子》中的"性"则基本没有与"气"共同出现。这当然也与"气"概念在该书之中本来就出现频率较低有关，但也证明了"性"完完全全是属于人性论、境界论范畴的概念。在《庄子》里经常与"性"一起出现的概念是"德"。例如《骈拇》之中的"骈拇枝指，出乎性哉，而侈于德"，《在宥》之中的"在之也者，恐天下之淫其性也；宥之也者，恐天下之迁其德也"[1] 等等。考察这些段落中共同出现的"性"和"德"，可以发现"德"往往比"性"的地位更高，二者呈现出递进性质的关系。在这种关系中，"德"是"性"通往更高层次的路径和中间环节。例如《天地》中的"性修反德，德至同于初"[2]，以及《缮性》中的

---

[1] 郭庆藩:《庄子集释》，王孝鱼点校，中华书局，2013，第333页。

[2] 同上书，第382页。

"离道以善，险德以行，然后去性而从于心"，都表达了"德"作为"性"与"道"之间中介点的地位。而"德"之所以有这样的地位，是因为"性"是"德"在特定主体之上的显像化表现，由"性"到"德"的过程，实质上是一个由显现到实质的过程。例如《刻意》中的"水之性，不杂则清，莫动则平；郁闭而不流，亦不能清；天德之象也"[1]，便论证了个别的"水之性"作为"天德"之一种表现的关系。也正是因为"性"与"德"之间如此紧密的关系，《庄子》中的"性"概念才必须呈现出更为纯粹的特点，否则作为更加重要概念的"德"也会变得杂驳，从而影响到《庄子》终极境界的论述，而那应该说是《庄子》全文上下的核心和目的。

3. 与魏晋玄学之"性"的比较

由于魏晋玄学之中，王弼和郭象两位思想家都对"性"这一概念作出了比较突出的论述和阐释，并且二者的阐释都与《列子》之"性"有一定的可比较性，因此笔者会将二者"性"论分别与《列子》"性"论进行比较，从中找出他们的相同和相异之处，并在分析之中获取一些对《列子》之"性"更深入的理解和定位。

首先来看王弼的"性"论与《列子》"性"论的异同之处。总体来说，王弼之"性"与《列子》之"性"有不少相似之处，特别是在"性"的内涵方面，不管是王弼还是《列子》，都将"性"作为事物与生俱来的本质，并且这一本质是来源于宇宙本源"道"的。可以说，"道"本身所具有的特质，降落并显现在具体事物之

---

[1] 郭庆藩:《庄子集释》，王孝鱼点校，中华书局，2013，第 483 页。

中，便形成了具体事物之"性"。因此，事物之"性"的显现即是"道"之"性"的显现。由此，不管是王弼还是《列子》，在论述事物得自"道"的"性"之时，都直接用"道"的特性来阐述事物之"性"，例如《列子》中常用的"虚""静""壹"等。除了这些之外，在王弼的论述中还出现了"朴""真""空"等词语，都是用来同时阐释"道"之"性"与事物之"性"的。在这一角度上，王弼的"以一为主，一何可舍？愈多愈远，损则近之，损之至尽，乃得其极"[1]与《列子》的"其天守全，其神无郤，物奚自入焉"[2]所表达的含义是一致的。而事实上，这一点也是多数道家思想所共有的认知和表达方式。但从"性"的构成上来说，王弼之"性"与《列子》之"性"则更多地体现出相异之处。纵观王弼关于"性"的论述，可以发现其认为具体事物之"性"主要是指事物得自"道"的"道性"，但此外"气"这个概念对于具体事物之"性"也有着强大的干涉力[3]，而这种干涉力与"情"有着较强的相关性。尽管王弼对于汉代气化哲学的繁杂有着诸多不满，但不可否认他并未彻底抛弃汉代长期以来对于"气"这一概念的阐释。并且，他仍旧持有"气"是构成宇宙一切事物的基本元素这一观点。在对《老子》第四十二章进行注释时，王弼论述道："故万物之生，吾知其主：虽有万形，冲气一焉。"[4]这便证明了王弼

---

[1] 王弼:《王弼集校释》，楼宇烈校释，中华书局，1980，第117页。

[2] 杨伯峻:《列子集释》，中华书局，2012，第48页。

[3] 王今一:《道性与气性——王弼的人性二元论》，《社科纵横》2012年第27卷第11期，第95页。

[4] 王弼:《王弼集校释》，楼宇烈校释，中华书局，1980，第117页。

对于"气"这一概念的认知。而"性"与"气"在王弼的论述之中则有着不可忽视的关系。例如在其对《论语》"性相近，习相远"一句的注释中便有"无善无恶则同也，有浓有薄则异也"[1]的表述。前面的"无善无恶"可以被理解为对于"性相近"的阐释，即得自"道"的"性"在"道"的角度上是超越人类社会对善恶的判定的，而后面的"有浓有薄"则是对"习相远"的阐释，其中的"有浓有薄"值得注意。"浓""薄"本身就是汉代气化宇宙论之中经常用来形容"气"的词汇，王弼将其用在此处对于"性"和"习"的论述之中，可见其"性"与"气"之间关系紧密。事实上，此处的"习"在王弼的理论体系中就可以被解释为"情"。在对于《论语》同一句的注释中，便有着："情近性者，何妨是有欲。若逐欲迁，故云远也；若欲而不迁，故曰近。但近性者正，而即性非正；虽即性非正，而能使之正。譬如近火者热，而即火非热，虽即火非热，而能使之热。能使之热者何？气也，热也。能使之正者何？仪也，静也。"[2]根据此段，可见事物之中同时存在着"性"和"情"，"性"得自"道"，体现着"道性"，是事物本质之中"正"的部分。[3]而"情"则受到"气"的影响，在"仪""静"的状态下可以合于"性"，从而得其"正"，不在此状态下则会远离"性"，从而流于"情之邪"。因此，"情"之所以有正邪善恶的分别，其原因就在于"气"。根据汤用彤先生的观点，

---

[1] 王弼：《王弼集校释》，楼宇烈校释，中华书局，1980，第632页。

[2] 同上。

[3] 王光照、仲晓瑜：《性、情及圣人——王弼性情理论探析》，《南昌大学学报》（人文社会科学版）2011年第42卷第5期，第42页。

王弼之"性""情"关系实际上是体用关系[1],那么这样的关系便将"情"所代表的"邪"排除到了外界"气"对于主体的影响上,使得其体"性"的纯粹性和绝对性得到了树立。这种表述与《列子》中的"性"差异较大。根据上文的梳理,《列子》认为"气"是构成"性"的基本元素,并对"性"的外在表现起到了直接的影响作用。与王弼不同,《列子》并未将善恶之分推到"情"或其他概念上,而是直接在"性"的范畴中分出了"无厌之性",并且将这一部分归结为"气"之"五常"的影响。这种表述与汉代气化宇宙论中的不少表述非常接近。例如"人生而静,天之性也;感而后动,性之害也"[2],以及"情性者,何谓也? 性者,阳之施;情者,阴之化也。人禀阴阳而生,故内怀五性六情"[3]等等。从这些表述中可见,《列子》与这些汉儒一样,认为"性"本身并不是一个纯粹的概念,其内部构成上便怀有善恶两方面的可能性,并且不管善恶,都是由"气"所生成、影响的。因此可以说,相比王弼的论述,《列子》的"性"论与汉代气化哲学中的某些论述更为近似。

再来看郭象之"性"与《列子》之"性"的异同之处。如果说王弼之"性"与《列子》之"性"仍有一些相似之处的话,那么郭象之"性"与后者则基本上都是相异之处。从"性"在理论体系中所占的地位来看,"性"这一概念是郭象理论构架的核心,

---

[1] 汤用彤:《魏晋玄学论稿》,上海古籍出版社,2001,第 75 页。

[2] 刘文典:《淮南鸿烈集解》,冯逸、乔华点校,中华书局,1989,第 28 页。

[3] 班固:《白虎通德论》,上海古籍出版社,1990,第 64 页。

是"独化"的主体。而以"性"为核心，便意味着对于具体事物自身存在的极度重视，而一定程度上忽视其他因素对其的影响。因此，从"性"的来源来看，郭象否定"性"来源于宇宙本源"道"这一点，认为"性"是个别事物自己所得的天性，而这个天性是没有来源的。例如在他对《大宗师》的注解中的"凡得之者，外不资于道，内不由于己"[1]，便从外在因素方面将《庄子》中的"道"之"不待"转化成了自身个别事物之"性"的"不待"，而从内在因素方面也否认了一切人为的、主观的因素对"性"的影响。这样一来，"性"便失去了一切可能性的源头，仅仅作为偶然降生于具体事物之中的规定性而存在。而由于一切因素都不能对其产生影响，"性"便只能根据自己的本性而"独化"了。因此可以说，郭象的"独化"实际上是"性"的"独化"，并且这种"独化"对于每一个具有"性"的事物而言都是必然的[2]。这样的理论构架与《列子》的差别相当明显。《列子》之"性"具有"道"这一来源，还受到"气"的重大影响，与郭象这一"独化"的"性"思路截然不同。

经过以上的对比，可以发现《列子》之"性"不管从哪个方面来考察，都与以王弼、郭象为代表的魏晋玄学有着较大的差别。事实上，与其理论构架和表达方式更为相似的，反而是以《淮南鸿烈》等著作为代表的汉代气化哲学。

[1] 郭象注、成玄英疏《南华真经注疏》，曹础基、黄兰发点校，中华书局，1998，第147页。
[2] 李昌舒：《自然与自由——论郭象哲学之"性"》，《中国哲学史》2005年第3期，第68页。

第三节　"命"："不知吾所以然而然"

"命"是一个具有突出研究价值的文化观念。对于命运观念的源起，马林诺夫斯基曾论述道："不论已经昌明的或尚属原始的科学，都并不能完全支配机遇、消灭意外，及预测自然事变中偶然的遭遇；亦不能使人类的工作都适合于实际的需要及得到可靠的成效。……那些靠不住的，大部分见不到的效果，那些一般归于运命、归于机遇、归于侥幸的事，初民才想用巫术来控制。"[1]因此，"命"是人类文化中产生最早的观念之一，在任何民族、任何文化圈中都是如此，中国文化自然也不例外。迄今为止的大多数学者认为，中国文化中的命运观念真正形成并固定下来的时代，应该大致在西周末年。傅斯年在他的《性命古训辨证》中，将中国文化的"命"观念分为五个种类，并认为其产生不早于西周中期。[2]徐复观认为，命运观念出现于西周末期或东周初期，这一出现过程伴随着以"天"为人格神的信仰的逐渐淡化，从前寄托在人格神身上的"天命"，也由此逐渐转化为具体事物的命运。[3]中国文化中命运观念的早期发展脉络，可以被大致概括为三个时期，即完全以占卜为中心来体现命运观念的原始社会，占卜体系逐渐完善、表达"命"信仰的语言词汇逐渐丰富的殷商时期至春秋时

---

[1] 马林诺夫斯基：《文化论》，中国民间文艺出版社，1987，第48—49页。

[2] 傅斯年：《傅斯年全集·第二卷》，湖南教育出版社，2003，第597—600页。

[3] 徐复观：《中国人性论史·先秦篇》，上海三联书店，2001，第34页。

期，"命"观念完全成型且逐渐转变为哲学概念的春秋战国时期。

中国文化的早期，"命"这个观念有着很多特点和类型。西汉的《白虎通·寿命》中便有"命有三科以记验：有寿命以保度，有遭命以遇暴，有随命以应行"[1]的说法。而从这以后，大量的学者对这个问题进行过探究和讨论，直到近现代，这样的探究仍然没有停止过。例如，傅斯年便认为中国人的"命"观念共有五个种类，它们分别是：命正论、命定论、命运论、俟命论和非命论。[2]由古至今，这些讨论和观念都各有自己的角度，也各有值得借鉴之处。事实上，不管将早期的命运观划分为多少个种类，人们对于命运关注的核心问题都是不变的。这些核心问题大致可以分为三个：首先，"命"是可以被预知的吗？其次，"命"是可以改变的吗？再次，"命"是道德的吗？而对于这三个核心问题的基本认知，在中国文化的早期其实便都已经出现了。可以说，从那个时代开始直到现代，人们对于命运关注的核心都是大致相同的。

首先来看"命"是不是可以被预知的问题。显然，"命运可以预知"这种观念在原始社会就已经出现了，否则不可能会产生占卜行为，人们尝试预测未来并为自己的行动提供帮助，齐家文化、龙山文化遗址中发现的大量占卜活动的遗迹，就是最好的证明。占卜文化在远古时期出现，在殷商乃至春秋时期发展到极盛，后来虽然略有衰退，但从官方到个人的占卜行为仍然在延续。而"命运不可预知"这种观念则相对出现较晚，它的出现时间大致应

---

[1] 陈立：《白虎通疏证》，中华书局，1994，第162页。

[2] 傅斯年：《傅斯年全集·第二卷》，湖南教育出版社，2003，第597页。

该在西周末年或春秋时期。我们可以发现，"命运可以预知"的观念是与信仰文化如影随形的，当人们相信至上神意志的绝对性时，自然便出现了"命运是由神的意志所决定的"这样的想法，预知命运的努力，实质上是对神的意志的揣测。而随着春秋时代无神论思想风潮的出现，神的存在被质疑，"天命"的绝对性也逐渐淡化，人们不再相信神的意旨，而是开始相信自身的理性和信念。由此，"命运可以预知"这种观念自然被打破，"命运不可预知"的观念真正登上了历史舞台。当然，在我们上文所考察的原始社会到春秋时期这段历史之中，"命运可以预知"的认识占据着绝对的主流，"命运不可预知"的认识最初根本没有，它是在这段历史的末期才逐渐出现的。

其次来看"命运是否可以改变"这个问题。这里其实还隐藏着与之相关的另一个问题，即命运究竟是必然的，还是偶然的。考察与"命"相关的殷商时代到春秋时代的文献资料，我们可以发现当时社会记载下来的绝大多数情况，只有通过占卜的方式预知命运的实例，而没有在知晓命运之后尝试改变命运的实例。因此可以说，当时社会的主流观念默认命运的必然性，认为命运是只能知晓，而无法改变的。这一点也是因为，在当时人们的心目中，"命"就是神的意旨和决定，而人的力量是不能够改变神的决定的。人们唯一为祈求好的命运所做的努力，就是用善行和美德来取悦神灵，以求神灵能够认同自己的行为和努力。因此，各朝各代的统治者才会显示出自己"有德"的一面，并兢兢业业地治理国家，以求神灵能够赐予自己的国家永恒不变的"天命"。但这些努力实质上都是在神做出决定之前，当神做出决定之后，再想改变这种决定，就是不可能的了。因此，对当时的主流意识来说，"命"都是必然的，没有偶然的"命"存在。"命"是偶然的、"命"是可以改变的，此类的想法和观念，出现的时间也比较晚，它们也是随着无神论思潮的兴起而出现的，对当时的社会来说应该算是一种新兴思想。

再次来看"命是否道德"这一问题。"命"是道德的，还是非道德的，这个问题实质上是从一种"是非"的视角来看待命运。将命运和道德、是非观念联系在一起，是从西周早期开始的。《尚书·召诰》中周公所说的话"相古先民有夏，天迪从子保，面稽天若；今时既坠厥命。今相有殷，天迪格保，面稽天若；今时既坠厥命"，就是从道德的角度思考国家存亡兴衰原因的经典范例。这种思考方式在个人命运的方面也有出现。例如《诗经·小雅·小明》中的"嗟尔君子，无恒安息。靖共尔位，好是正直。神之听之，介尔景福"[1]，便是称赞一位君子具有良好的德行，并借此请求上天赐予其好的命运。事实上，道德因素的渗入为人们对命运产生影响创造了途径。如果没有道德标准，那么命运作为神的意旨，对人们来说就会是完全无从揣测的，这样一来，人们就会陷入彷徨和绝望之中，而有了这条途径，人们就会努力提高自己的德行，来取悦神灵，以便求得更好的命运。联系当时的"命"更多指天命、国运以及统治者命运的情况，我们可以说，道德标准与"命"的融合，成为限制统治者权力的枷锁，对权力的滥用

---

[1] 程俊英：《诗经译注》，上海古籍出版社，2016，第471页。

起到了控制作用。尽管在这样的系统之中仍旧会出现不称职的国君甚至暴君，但自身无德就会失去天命的恐惧感必定会在一定程度上限制君王的行为。显然，这种恐惧感的源泉并非对无德的恐惧，而是对失去天命的恐惧，从根源上来说，仍旧是对神灵的恐惧。因此，"命"和道德标准所构成的系统，在产生之时，也是基于远古人们的信仰观念的。但值得注意的是，在春秋中后期无神论思潮兴起的过程中，道德观念与"命"的联系不仅没有随着信仰的衰落而减弱，反而联系得更加紧密了。在无神论和理性思潮的影响下，"命"仍旧是道德的，只不过"命"的道德标准不再是由神决定，而是由人自身来决定了。人的自我觉醒，让命运和道德双双脱离了神灵的掌控，而回到了人自己的手中。这个过程与"命"从可预知到不可预知、从必然到非必然的过程是完全同步的。在这种转变之后，"命"对人们来说，便不再是神的意旨，而是更为自然性质的存在了。这样一来，"命"也就从一种信仰的对象，转变为一种文化观念，以及哲学概念范畴。

从以上三个问题出发，我们可以发现现实中两种命运观念的发展线索。一种是由"命运可以被预知""命运可以被改变"和"命运是神的道德标准所决定的"相组合而成的，将命运依附于对上天或神灵的信仰的线索。可以说，自古至今长盛不衰的占卜行为和民间的迷信传统，都由这一条线索衍生而来。它的运作原理主要是：建立一种与神灵沟通的桥梁来预知未来可能发生的事，并揣测神灵的好恶，通过各种方式取悦神灵或欺瞒神灵，来达到改善自身遭遇和命运的目的。这条线索的形成和运作原理，以及背后的深层心理，事实上在殷商时期便已经完全定型，在后世的发展中仅仅改变了外在的表象，而没有太多内在的变化。另一种是由"命运不能被预知""命运是非必然的"以及"命运由人的道德所影响"相组合而成的，将命运看作一种自然的存在，以理性和无神论的态度来看待命运的线索。这条线索在春秋时期便已经出现，在春秋战国百家争鸣的思想大爆发时期真正成型，并在日后的思想观念发展过程里，在无数思想家的手中不断丰富和成长，最终为自觉的人们提供了一种信念性质的精神支柱。我们所研究的《列子》的"命"观念，以及道家的主流"命"观念，便是第二种组合的一部分。

《列子》文本的阐释中，"命"更多地体现着具体的个人生于此世之后在具体环境中的遭逢、所遇，这种含义显示出《列子》之"命"的一些值得注意之处。一方面，"命"的主体并非宽泛的个体，而是一个一个具体的人，而其所面临的对象，是一个具体而复杂的世界，当然，在论述中，这个世界大多是指人类社会。这种立足于具体个人来面对具体世界的关系，是通过"性"与"命"两个概念一内一外的相互联系呈现出来的，论述"命"不能离开每一个具体个人的"性"。二者的联系，即具体个人面对具体世界时产生的内外关系，以及主体由此而出现的一系列思维和感受的关照。另一方面，作为一个哲学概念，"命"不能只停留在对内外关系和主体感受的呈现上，其真正的目的在于寻找具体个人面对自身的所遇、面对具体世界的应然态度，并一定程度上解脱主体身处于"命"的重压之下时的痛感。"命"这一概念便是以此为基础，在具体使用中呈现出了诸多层次的拓展意义。接下来，我们将着手梳理《列子》文本中"命"的多层拓展内涵，并以此为基础来审视作者在这样的认识之下导向的对待"命"的态度。

一、《列子》之"命"的含义梳理

通过梳理"命"每一次出现所展现的义项，我们可以把"命"在《列子》中的含义概括为三个方面："指令"之"命"，"性命"之"命"，"运命"之"命"。

1. "指令"之"命"

在中华语言系统之中，许多汉字有着不同但相互联系的意义。而与此相关的，中国哲学的概念系统中，许多概念也有着相互联系但层次繁多的含义。对"命"这个汉字来说，其基本含义便是"指令"，即一人发出命令，使得他人按照此人的指示去做某件事情，这种情况总是带有祈使的含义。这种含义虽然简单，但"命"一字的其他两层含义都或多或少由此衍生而出，因此我们将它放在"命"概念意义分析的开头部分，以期为接下来的分析奠定一个扎实的基础。作为"指令"的"命"在《列子》文本之中出现频率比较高，并有几个固定的出现场景以及灵活的词性变化。下面我们将对其进行逐一分析梳理。

首先来看作为"指令"的"命"出现的固定场景及由此可见的固定人物关系。"指令"含义出现的场景显然应该是有一方正在向另一方发出某种命令，并期许对方的遵从。在整个《列子》文本中，这种场景大概有以下几类：①显著的上下级之间，如国君对臣下等等。如《汤问》篇第二段中，主神"帝"听说愚公移山的坚定决心之后十分感动，"命夸蛾氏二子负二山，一厝朔东，一厝雍南"[1]，从而完成了愚公的心愿。此处的"命"便是显著的上下级之间，上级发出指令而下级遵从并立即实行的例子。而这种场景对"命"的"指令"之意所携带的强烈祈使之义也表现得最为明显，而后面的几种场景对祈使之义的表现则相对隐晦而缓和。②师生之间。由于《列子》文本中某贤者与其弟子或门人论道的情况十分多见，所以"命"在这类场景中的出现频率也相对较高。并且此种场景呈现出一个显著的特点，就是"命"一字从未出自为师者一方，而都是出自学生一方。也因此，此场景中的"命"词性全部都是名词而非动词。这种特点及其意义我们将在后面分析词性变化时具体说明。③医患之间。如《仲尼》篇第八段中，龙叔自认有病而求医，医者文挚"乃命龙叔背明而立"[2]，并在其背后诊查。④长幼之间。如《说符》篇第十二段，宋氏子向既长而贤的孔子请求卜筮，得到孔子的卜筮结果之后"归致命"[3]。⑤人与物之间。这种场景稍为特别，场景中双方之一非人。如《汤问》篇第十段中师文鼓琴，"命宫而总四弦"[4]，即是琴师变相地向琴发出指令之意。综合以上五种场景，我们可以发现，作为

---

[1] 杨伯峻：《列子集释》，中华书局，2012，第153—154页。

[2] 同上书，第124页。

[3] 同上书，第242页。

[4] 同上书，第168页。

"指令"之意的"命"提示出较为固定的人物关系。上下级关系显然有尊有卑，而其他四种关系中虽然谈不上特别的尊卑，有些在现实生活中还被提倡为平等关系，但其中有主导的一方和被主导的一方则是明显的事实。这种主导与被主导的关系可以说是"指令"的前提，换言之，"指令"的存在本身就提示着双方关系的落差。

其次，我们来分析《列子》中"命"在此种落差关系内呈现的词性变化，及其所提示出的另一些含义。这里的词性变化，是指"命"有时作为名词、有时作为动词出现于文中。上一段中已经提到，在师生关系之中，作为"指令"的"命"从未以动词词性出现过。事实上，通过统计在不同人物关系中"命"之两种词性的出现频率，我们能够发现一些较为明显的规律。在人与物的关系中，"命"全部都是动词词性；在上下级关系之中，以动词词性出现的"命"占到了三分之二，名词词性的"命"为三分之一；在医患关系之中，动词词性与名词词性的"命"各占一半；在师生关系和长幼关系中，则"命"全部为名词词性。与此同时，另一个规律也呈现了出来，即以动词词性出现的"命"全部出自二者关系中的主导者一方之口；而以名词词性出现的"命"，除一处之外，全部出自被主导的一方。这一处例外，是出自医患关系中，作为主导者医师一方的文挚之口。审视两种规律，其所提示的含义是清晰可见的，即"命"之词性的变化显示了指令之祈使程度的高低和双方地位落差之显著程度的大小。在人物关系中，"命"作为动词出现的频率越高，指令的祈使程度越高，双方地位落差越明显;"命"作为名词出现的频率越高,指令的祈使程度越低,双方地位落差越不明显。这其实是由于"命"作为动词时往往是主导者直接对被主导者发出指令,这种直接的行为自然呈现了明显的地位落差;"命"作为名词时,主导者发出指令的方式婉转而隐晦,是被主导者接收到指令后才明确将之确认出来,因此二者的地位落差自然也不太显著。而后者往往是关系中的主导者刻意为之的结果。最明显的,便是在《列子》文本的师生关系之中,师长在对弟子或门人提出批评或劝说时,往往不会直言,而是婉转地点到为止,令学生自行体悟。如《黄帝》篇第十五段中,老子目睹杨朱身负才华而行为张扬之后,用叹息和婉转的语言加以点拨,而杨朱意识到这种点拨后说道:"敬闻命矣。"[1]这种指教在现代人看来似乎比较迂回,让师长显得高深莫测,但通过我们的统计和分析可知,这应该是在本质上有地位落差的关系中,作为上位者的师长为淡化自身的主导地位,尽可能拉近师生距离,减轻学生因地位差距而对师长产生的疏远感做出的一种努力。同样的,《仲尼》篇第八段中,在医患关系中处于主导地位的医生文挚在发出指令的同时,也自谦地对患者说"唯命所听"[2],这也是主导者为了淡化地位落差而做出的努力。

以上,我们尽可能完整而详细地分析了"命"一字以"指令"之意出现于《列子》文本中时,呈现出的一系列场景、关系,及其提示出的一些规律和含义。由这些梳理和分析,我们可以发现,

---

[1] 杨伯峻:《列子集释》,中华书局,2012,第 77 页。
[2] 同上书,第 123 页。

这一层意义上的"命"与地位差距和祈使性紧密相连，其展现的
一系列规律和含义都强烈地体现了这两点含义。其实，不只是
"指令"这一层意义，其他两个层次上的"命"这一概念都与地
位的差距和祈使意义紧密地联系着。而在"命"概念含义逐渐扩
展和深化的过程中，我们可以发现这两点含义使得《列子》中的
"命"这一概念渐渐蒙上了一层愈加沉重和不可抗拒的悲哀气息。

2."性命"之"命"

"性命"一词在中国古籍的语句中出现频率很高，是中国经典
中一个非常常见而重要的观念。它以"性"与"命"两个重要概
念的联用，突出展现了古代思想中的天人关系逻辑以及与此相关
的一系列命题，因此成为许多学者的研究对象。整个《列子》文
本里，这一词语仅在三个段落中使用过，属于出现频率较低的词
语，其含义范围也明显比其他许多古籍中的"性命"更狭窄，但
其意义比较重要，且与"命"这一概念的其他两重含义关系密切，
因此也被列为我们研究的重点之一。下面，我们就来分别审视
"性命"一词出现的三个段落，并尽可能通过梳理和分析，来理清
《列子》文本中"性"与"命"两个概念的关系，以及由此衍生的
"性命"一词的确切含义。

直到今天，"性命"一词仍然是现代汉语的常用词语，它多
用来代指人类的生命。当然，这一词语在古代的含义与现代含义
有所不同。这种情况在中华语言文字的发展过程中也很多见，即
随着学术思想的发展、拓展以及大众认知的转变，一些概念或观

念的意义潜移默化地发生了变化，有些词语甚至会发生质的变化。"性命"一词的古代含义与现代含义相近，也就是说其变化并不太剧烈。具体地来说，"性命"的现代含义是古代含义的一部分，即这一词语自古至今意义范围有所缩小。在《列子·黄帝》篇的第一段中，有"黄帝即位十有五年，喜天下戴己，养正命，娱耳目，供鼻口，焦然肌色皯黣，昏然五情爽惑。又十有五年，忧天下之不治，竭聪明，进智力，营百姓，焦然肌色皯黣，昏然五情爽惑"[1]一节。俞樾和张湛二人对此处"正"字的考证过程虽然略有不同，但都认为这里的"正命"即"性命"[2]。此处的"正命"对主体来说是纯粹对内的，与后文纯粹外向性的"聪明"完全相对。另一方面，"竭聪明"囊括着"进智力"和"营百姓"，显示了"聪明"偏向精神一方的属性，而前文的"养正命"同样囊括着"娱耳目"和"供鼻口"，显示了"正命"一词偏向肉体、感官一类的属性。由此可见，"正命"，即"性命"一词具有内向性、肉体性的意义。这一层意义就与此词在现代单纯的"生命"含义非常接近，即纯粹的肉体生命。

"纯粹的肉体生命"这层含义在具体语境之中常常会有所引申。不可否认，肉体生命对于人类来说是自身存在的基础，因此这种含义在《列子》文本中多用一个更简洁的字来代指，即"生"，而其含义也稍微有所变化，通常代指生存或存在本身。在《天瑞》篇第十三段中，就出现了这种含义的"生"："生非汝有，

---

[1] 杨伯峻:《列子集释》，中华书局，2012，第37—38页。

[2] 同上书，第37页。

是天地之委和也。性命非汝有，是天地之委顺也。孙子非汝有，是天地之委蜕也。故行不知所往，处不知所持，食不知所以。天地强阳，气也；又胡可得而有耶？"[1] 此处的"生"便是指"生存"，即人的存在本身并非人自身的意志所能决定的，而是自然规则之下的气化运行的结果。而值得注意的是，此段中不仅出现了"生"，还同时出现了"性命"一词。也就是说，此处的"性命"与"生"意义不同，不再代指肉体生命或存在本身，而是有着其他层次的含义。关于这种新的含义，我们可以从后文的阐释以及此处张湛所引用的郭象语句之中窥得一些端倪。《列子》原文中说，"性命非汝有，是天地之委顺也"。由此句可知，作者认为"性命"和前文的"生"一样，不是人自身的意志所能决定的，而是自然气化运动的结果。但对前文的"生"，作者认为是气化运动所赋予的"和"；而此处的"性命"，作者则认为是气化运动所赋予的"顺"。也就是说，气化运动的"和"与不"和"决定着人的存在或不存在，而气化运动的"顺"与不"顺"显然也决定着人之"性命"的某些本质性的区别。在此处的注解中，张湛引用郭象的语句道："若身是汝有，则美恶、死生当制之由汝。"[2] 如果把这句话与原文对应起来，则"美恶"显然对应着"性"，"死生"对应着"命"。张湛在这里并非将"性命"作为一个连续的词语进行诠释，而是将此其作为"性"加"命"来对待的，也正因此，"性"与"命"就作为两个单独的概念被诠释了出来。由此看来，

---

[1] 杨伯峻:《列子集释》，中华书局，2012，第32—33页。

[2] 同上书，第32页。

"性"在这里代表着人与生俱来的本质或内在性的质地，此内在质地有"美恶"之分；而"命"则代表着人生于世要面对的全部无法由自身决定的遭遇，此遭遇中最重要的部分即"死生"。可见，"性"和"命"实质上有着一内一外的关系，二者的主体都不是宽泛性的群体，而是以具体的个人为主体，以"性"关照人的内在本质，以"命"关照人的外在遭逢。可以说，"性"与"命"频繁连用或共同出现的现象，本身就显示了中国哲学对人生于世所面对的自身与外界之关系这一重要命题的关注。这样的"性"与"命"两个概念叠加在一起而构成的"性命"一词，可以说同时带有二者的含义，但也不能单纯看作二者含义的叠加。而从《列子》原文中的许多阐释看来，这一词语与单纯的"性"加"命"最重要的一点不同，便是其带有固定的指向性，即"性"→"命"。也就是说，"性命"一词本身便带有一个具体的个人立足于自身固有的"性"来对待自身将要遭逢的"命"的含义。由于这种固定的指向性，"性命"一词在实际使用中词义会发生一些拓展，并经常会衍生出一些显著的人生观视角和价值性判断。这种视角和判断出现在两方对话之中的时候，往往会凸显出双方价值取向的不同，而我们也可以从这种段落的言辞中觅得《列子》之作者的某些人生视角和价值取向。接下来我们就在这样的段落中审视一下"性命"一词所展现的不同价值观，并以此发掘这一词语在实际使用中最具体而确切的含义。

《杨朱》篇的第七段就是这样一个很有代表性的段落，并且古往今来，由于这一段落的言辞狂放而肆意，许多学者都对其发表过自己的看法，观点毁誉参半。而其主要的争论点，就在于对话双方的邓析与公孙兄弟完全相悖且针锋相对的人生观及价值观。邓析作为郑国之相，秉持着较为社会化和大众化的价值取向，认为"人之所以贵于禽兽者，智虑。智虑之所将者，礼义。礼义成，则名位至矣。若触情而动，耽于嗜欲，则性命危矣"[1]，并以此劝说公孙兄弟远离欲情，修身养性，从而"朝自悔而夕食禄"[2]。从本质上来看，邓析的论述虽然也涉及人与禽兽的区别、智虑与礼义的关系等问题，但这一系列问题的归结点都在于"名位"和"禄"。也就是说，邓析所秉持的是一种非常现实的、非常功利性的人生观，以显名和利禄为人生主要的追求目标。而公孙兄弟则与他相反，蔑视显名，认为"矫情性以招名，吾以此为弗若死矣"[3]，并因此而希求"为欲尽一生之欢，穷当年之乐。……不遑忧名声之丑，性命之危也"[4]。当然，公孙兄弟对自身人生哲学的长篇论述并未止步于此，还涉及"名"与"实"的关系、"离人利己"并推及天下的政治理想等等，但从以上的梳理，我们已经可以感受到对话双方立场的对立与不可调和。而值得注意的是，在如此对立的话语系统中，双方对"性命"一词的具体态度却显示出显著的一致性。邓析说，"若触情而动，耽于嗜欲，则性命危矣"；公孙兄弟说，"不遑忧名声之丑，性命之危也"。也就是说，邓析和公孙兄弟都承认，像公孙兄弟这样孤立而纵欲地生活下去的话，则"性命"

---

[1] 杨伯峻：《列子集释》，中华书局，2012，第215页。

[2] 同上。

[3] 同上书，第216页。

[4] 同上。

不保。在中国哲学著作中，同一个词语的意义在不同的价值取向和话语系统中有所改变，是非常常见的现象。但从邓析和公孙兄弟的对话看来，"性命"的含义并未随着不同的价值取向而转变，而是在不同的价值取向中一以贯之，呈现出完全相同的具体含义。那么此处的"性命"之具体含义是什么呢？由双方论述看来，"性命"之含义的囊括范围并不是狭窄的，而是比较宽泛。在邓析的话语中，他论述到的几个被其自身价值取向所认同的观念是："智虑""礼义""名位""荣禄"。公孙兄弟的做法会彻底背离邓析所认同的这几个观念，而邓析在论述这一点的时候，用"性命危矣"一句同时概括了其对四种观念的背离。显然，"性命"一词在这里囊括了"智虑""礼义""名位""荣禄"四种观念。而在公孙兄弟的话语中，他们论述到的几个被自身价值取向所认同的观念是："情性""嗜欲""逸"。既然他们承认自己所认同的这几个观念会导致"性命之危"，也就是说"性命"一词的含义范围不包括、并且是极力排除着其认同的这几个观念的。这样一来，"性命"的具体含义就变得清晰了。它在此段中代指被大众观念所接受的思维逻辑、社会规则、社会地位、具体利益，而排除背离大众观念的一系列事物。总结起来，"性命"意味着一种符合社会大众认同的价值观的人生道路，以及走在这条道路上的具体个人的未来发展。形象地来说，就是指一个人以其自身的"智虑"来进行思考，遵守社会"礼义"，尽其所能获得更高的"名位"，并因此而取得尽可能多的"荣禄"。这样一种人生道路，以及这样生活所能够期许的拥有高位重权广禄的光辉未来，就是"性命"。当然，"性命"

在这层含义中仍旧是包含存在、肉体生命这些基本含义的，毕竟只有存在并拥有肉体生命才能取得符合社会价值的生活，而公孙兄弟所说的"性命之危"其实也包含戕害自身肉体生命的意义。

前文我们说到，"性命"一词含有固定的指向性，即立足自身之"性"来关照自身之"命"。由此，我们可以发现另外两点此段落中值得注意之处：第一，从邓析与公孙兄弟的对话以及我们总结出的"性命"之具体含义看来，这种固定的指向性和对自身之"命"的关照体现为一种具体的人生选择。从这一点来看，"性命"一词的含义有所收窄，即原本以邓析为代表的大众与公孙兄弟所分别认同的人生选择都可以被称作"性命"，但从具体应用来看，只有大众所认同的一方真正被称作"性命"了。第二，从立足于自身之"性"的方面来看，邓析以及大众所接受的"性命"被公孙兄弟称作"矫情性"。即在公孙兄弟看来，这种"性命"并非真正顺应自身之"性"的，而是对"性"的一种扭曲。我们不知道这是不是一种事实，因为毕竟还存在另一种可能性，即邓析以及大多数人的"性"与公孙兄弟不同，因此他们所选择的构成大众取向的"性命"也是符合自身之"性"的。但从该段作者的遣词以及故事的结尾来看，作者在这一问题上显然是站在公孙兄弟一边的，就是说作者也认为大众所认同的"性命"是对真正的"性"的扭曲。分析到这里，再联系刚刚所说的第一点，我们会发现："性命"意味着立足自身之"性"关照自身之"命"，那么大众所认同的"性命"即绝大多数人或者整个社会对"命"的关照，而这种对"命"的关照在作者看来却是对人之"性"的扭曲。

总结起来，即：对社会中绝大多数人来说，"命"都是对"性"的扭曲，这样的"命"显然使得作者产生了强烈的抵触情绪。这种抵触情绪付诸笔端，使得以《力命》《杨朱》两篇为代表的一系列主要论述"命"概念的段落充满了放纵而肆意的激烈言辞，并导致了历代学者对其的口诛笔伐。而他们批判的重点，就是两篇中作者对"命"这一概念的悲剧性描述，以及由此衍生的对待"命"的消极态度。

3. "运命"之"命"

以上《杨朱》篇第七段落中的"命"，实际上就是"运命"意义上的"命"。这种意义上的"命"概念，在中国哲学著作，特别是道家哲学著作中一直是被论述的重点之一。在《老子》《庄子》以及诸多作品中，这种意义上的"命"含义层次也非常多，包括趋势、法则以及某种意义上的绝对性等等。但考察《列子》全篇所出现的"运命"意义上的"命"概念，我们会发现其意义具有显著的一致性。它没有趋势、法则、绝对性等诸多繁杂的含义层次，而是集中体现出一种核心意义。在上一段落中，实际上我们已经在分别论述"性"与"命"的意义时提出了"命"概念最为核心的这一层意义，即具体的个人生于此世之后在具体环境中的遭逢、所遇。这种意义显示出《列子》之"命"的一些特点。一方面，"命"的主体并非宽泛的个体，而是一个一个具体的人。而其所面临的对象，是一个具体而复杂的世界，当然，在论述中，这个世界大多是指人类社会。这种立足于具体个人来面对具体世界的关系，让我们联想起上一段落中"性"与"命"一内一外的相互联系。事实上，论述"运命"之"命"也确实不能离开每一个具体个人的"性"，而"运命"之"命"这一概念出现的意义，也确实就是对具体个人面对具体世界时产生的内外关系，以及主体由此而出现的一系列思维和感受的关照。另一方面，作为一个哲学概念，"命"当然不能只停留在对内外关系和主体感受的呈现上，其真正的目的在于寻找具体个人面对自身的所遇、面对具体世界的应然态度和途径，并在某种程度上解脱我们在上一段落末尾也已经有所阐释的，主体身处于"命"的重压之下时的痛感。这两方面的特点可以说是"运命"之"命"含义的细化，但"命"这一概念在具体使用中仍旧呈现出了诸多层次的拓展意义。接下来，一步步地来梳理《列子》文本中"运命"之"命"的全部内涵，并以此为基础来审视作者在这样的认识之下导向的对待"命"的态度和途径。

首先来看《列子》文本中呈现的"命"对于具体个人的作用。虽然涉及"命"之作用的段落比较多，但呈现出的具体作用也是比较统一和集中的。在《黄帝》篇第九段中，有孔子及其弟子路遇蹈水者，惊叹于他的水性，而向其问道的故事。对于孔子之问，蹈水者的回答非常简练："始乎故，长乎性，成乎命。"[1]并且对"故""性""命"的含义进行了深入一步的解释："吾生于陵而安于陵，故也；长于水而安于水，性也；不知吾所以然而然，命也。"[2]

---

[1] 杨伯峻：《列子集释》，中华书局，2012，第61页。
[2] 同上。

可以说，蹈水者拥有令人惊讶的水性，尽管其本人否认有道，但事实上已经踏入了某种"道"的境界，而其回答也就是他得"道"的经历与过程。在这一段落中，蹈水者提出了自身之所以得"道"的三个因素："故""性""命"。根据他本人的解释，"故"被确认为具体的个人成长和发展的基础，是一个人之所以成为他自身的起点，即"始"；"性"被确认为一个人与生俱来并与众不同的特点，是一个人成长与发展的最佳方向，即"长"。这里的"长"应为"擅长"的意思，而"长于水而安于水"就是说蹈水者本身便擅长蹈水并一直向这个方向自然地发展。但根据蹈水者的回答，只单纯地基于"故"而向着"性"所指明的方向发展成长，是不足以达到"道"的境界的，真正让其得"道"的因素在于"命"，即"成于命"。也就是说蹈水者，即作者认为，一个人之所以成为他自身，与此人一开始所拥有的基础以及与生俱来的特质都有关系，但达成最终结果的真正决定性因素在于"命"。并且，不仅仅是个人，一件事最终能够达成何种成果也与许多因素有关，但其决定性因素，也同样是"命"。这种观点在《列子》全篇的段落中被多次表述，如《力命》篇第十三段中就明确说，"农赴时，商趣利，工追术，仕逐势，势使然也。然农有水旱，商有得失，工有成败，仕有遇否，命使然也"[1]。即一件事自然而然地向着某个方向发展，这一点并非在"命"的掌控范围内，而是由"势"所决定的。这里的"势"可以有很多理解方式，但我们倾向于将其阐释为一种自然而然的规律性存在。就好像人有着自己的"性"作为

---

[1] 杨伯峻：《列子集释》，中华书局，2012，第205页。

发展的自然方向一样，事也有着"势"作为发展的自然方向。但
"势"并非事成与否的决定性因素。作者在此段中所举的"水旱"
之于农、"得失"之于商、"成败"之于工、"遇否"之于仕都是事
成与否最关键的点，而决定这些关键之点的因素还是在于"命"。
综上所述，我们可以发现，《列子》中的"命"是一个人之所以
最终成为他自己、一件事之所以最终达成某种结果的决定性因素，
这一因素独立于人之"性"、事之"势"以外，不出于人的自身性
质，也不出于事的自身趋势，可以说具有一种不知来处的决定性
力量。在某种程度上，《列子》文本中的"命"概念与上一段落中
与"性"类似的"天"概念是有联系的。综合《列子》全篇中关
于"命"的论述，我们可以大致归纳出"命"这一概念的具体含
义。在《黄帝》篇第九段中，孔子对蹈水者发问，蹈水者的回答
中有"始乎故，长乎性，成乎命"的语句，此语句基本可以看作
《列子》作者所认为的一个具体的人之所以成为他自身的原因及过
程。"始乎故"意味着人身上有着一部分与生俱来的因素，这些因
素对于人来说是"始"，是一切未来的起点和基础。从上一段落的
分析来看，这一部分因素便可以认为是人自"道"得来的自然天
性"天"。"长乎性"意味着人最良好的发展方式，是在自然天性
的基础上顺应自身的特点而自由成长，"性"在此便可以理解为每
一个人与众不同的限定性和自身特点。"成乎命"意味着一个具体
的人之所以成长为某个具体的形态，除了"天"和"性"的因素
之外，还有着身处于世的具体遭遇的因素，而且这种具体遭遇在
人的发展过程中起着主要的作用。因此，在《列子》的概念体系

中，"命"代指一切人生于世之后的遭逢，它以具体的人为主体，是完全站在具体之人的视角上，审视自身在生活中遭遇的一切，并体察在此遭遇中主体的全部情感或思想活动的一个概念。由这一具体含义出发我们可以发现，在上一段落所分析的"天"的含义的基础上，"命"这一概念与"天"也是一定程度上相对的。在二者的关系中，"天"是具体个人所具有的自然性分，也即得自"道"的具体事物的有限性。而这具体事物的有限性，可以被认为是具体个人的本质与核心，"命"这一概念则意味着这种本质在具体环境与生活中遭遇了怎样的境遇以及受此影响而发生的一系列改变和发展。可以说，"天"与"命"落在具体个人的身上并对具体生命展现各自的影响的过程，象征着人与世界的相遇；对"天"与"命"的意义及其关系的关注，意味着对人与世界之关系，以及人如何面对世界、面对自身生命在世界影响下的延续问题的关注。

其次，来看具有这种决定性力量的"命"突出展示出来的一些特点。可以说，相关段落对于"命"之特点的论述仍旧非常统一，显示出高度的一致性，并且这些段落全部集中于《力命》篇之中。在该篇的第一段，作者就用了拟人的手法，使得"力"与"命"两个概念进行了一番对话，从而凸显了两者的诸多特点。但在分析此段之前，我们应该先对在《力命》整篇中与"命"概念相对应的"力"之含义有一个比较明确的梳理和界定。"力"一字在《列子》全文中共出现了四十九次，多数集中在《力命》篇之前的篇章段落中，之后则很少出现。其意义层次也较为丰富，如在"竭聪明，进智力"[1]中代表智虑，在"顾见商丘开年老力弱"[2]中代指气力，在"负其材力"[3]中指主人公与生俱来的才能，在"柔胜出于己者，其力不可量"[4]中代指得"道"之人无为而无不为的力量。其意义范围也随着语境而有所变化，时宽时窄。收窄时基本限于以上几种意义之一，放宽时可以囊括以上的全部意义。而《力命》篇第一段中与"命"对话的"力"，便是《列子》全篇中意义最宽泛的"力"，其囊括了以上我们整理出的全部意义，基本可以被确认为具体的人在自身的能力极限之内能够做到的一切。在明确了这一段落中"力"的具体含义之后，我们便可以着手对该段落的叙述细节和主题进行梳理分析了。此段对话由"力"发起，它向"命"提出了比较二者之"功"的请求。而从后文涉及的对于"功"的阐释，包括"寿夭、穷达、贵贱、贫富"[5]，可见这个"功"的作用主体不是宽泛的事物，而仍旧是人。也就是说，"力"向"命"提出的请求，实质上是对比二者对于人生的作用力和影响力。"力"认为以上提到的"寿夭、穷达、贵贱、贫富"全部都在自己所能影响的范围之内，但"命"显然不这样认为。在对"力"的反驳中，"命"举出了一系列"寿彼而夭此，穷圣而达逆，贱贤而贵愚，贫善而富恶"[6]的人物事例，并以此驳

---

[1] 杨伯峻:《列子集释》，中华书局，2012，第38页。

[2] 同上书，第52页。

[3] 同上书，第178页。

[4] 同上书，第79页。

[5] 同上书，第183页。

[6] 同上书，第184页。

斥"力"所认为的自身影响范围。此处,"命"显然已经将事例人物的自身特质与生存所遇一分为二,并暗示人之自身特质,如"圣""逆""贤""愚""善""恶",为"力"所能控制;人之生存所遇,即"寿夭、穷达、贵贱、贫富",则并非"力"所能掌控。而此后的文字更为值得注意:"命"在否认"力"对生存所遇之影响的同时,也不认为自身对人的生存所遇有所控制。它说:"既谓之命,奈何有制之者邪?朕直而推之,曲而任之。"[1] 从这番表述,我们可以发现两个问题:其一,这是作者对自己将"命"拟人化的一种否定,也是"力"本身对于自身影响力的否定。将一个概念拟人化,也就是给这一概念附加上了人格和意志,有意志的存在,才能称得上对客体有所"制"。在这个意义上,"力"某种程度上是本身便具有意志的,这种意志来源于"力"的主体——人。可以说,"力"之意志便是人之意志,"力"之所"制"便是人之所"制"。但与"力"相比,"命"在这一点上显示出根本性的区别,它否认自身有"制",便是否认了自身有人格和意志,而作者对这一点是非常清楚的。因此,当"命"自己否认了自身意志存在的同时,也就抹杀了自身被拟人化的正当性。由此看来,此段中的"力"根本就是在和一团"无"对话,这也就是此段对话由"力"发起的缘由。在这一整段中,"命"的存在不具有正当性,也就是说它实际上并不存在,全部的对话,都是唯一真正具有意志的"力"的自问自答。更深一步来说,此段完全是"力"之主体——人的自问自答,并且最终,人对自身之"力"的"制"进行

---

[1] 杨伯峻:《列子集释》,中华书局,2012,第184页。

了彻底的否定，即人承认自己对于人生没有控制力。其二，"命"是人自身的一部分，它并非一种外在因素，而是完完全全居于人自身的存在之中。而且，作者还有所暗示，即"命"是人与生俱来的因素。段中，实际上并不存在的"命"将自己的运作描述为"自寿自夭，自穷自达，自贵自贱，自富自贫"[1]，即"命"是在人的生命内部独立而不假外物地运转着，并且无法被任何外在因素所影响。而这八个"自"，让我们联想到《天瑞》篇首段中描述宇宙本原"道"时的语句"自生自化，自形自色，自智自力，自消自息"[2]。张湛、俞樾都认为，这是在描述"道"生化万物时"无心"而无不为[3]，也就是说强调了"道"在自身生化作用运行的同时不具有任何意志。而《力命》篇中对"命"完全相同格式的描述，在证明了我们上一条中所论证的"命"的无意志性的同时，也暗示了"命"与"道"之间的紧密联系。我们知道，在《列子》的生化体系中，"道"赋予其所生具体事物以限定性，而这个限定性构成具体事物的存在。显然，《力命》篇首段让我们知道，"命"也是这个限定性的一部分，它与人的存在本身不可分割，是人与生俱来的因素之一。了解了这一点，我们才能够真正理解《列子》，特别是《力命》和《杨朱》两篇，对人类的认知与力量在"命"面前的无力感的大量描述。许多学者将这种无力感总结为"命"的不可知性、不可把握性，或以此将"命"定义为一种"不

---

[1] 杨伯峻：《列子集释》，中华书局，2012，第184页。

[2] 同上书，第4页。

[3] 同上。

知所以然而然"的神秘力量。当然,这些都是"命"的性质和特点,但实质上这一系列的性质和特点都是由于"命"根植于人与生俱来的限定性之中。综上所述,我们可以将"命"的基本特征概括为:"命"是来自"道"的人之本质限定性的一部分,它没有意志,自然而然地对人的生命发展及其最终结果产生着决定性的影响。

再次,我们来审视一下作者认为人应当如何对待这样的"命"。在进行这番审视的同时,我们必须注意到历代学者都已经发觉的一个问题,即集中论述"运命"之"命"这一概念的《力命》与《杨朱》两篇,对待"命"的态度似乎有所矛盾。如最初为其作注的张湛便已经在注释中提到,《力命》篇主要是在论述"万物皆有命,则智力无施"[1],而《杨朱》篇主要是在论述"人皆肆情,则制不由命"[2],这两种态度是相互对立的。如果不为这个似乎自相矛盾的问题找到符合逻辑的解释,我们就很难将《列子》全篇作为一个较为完整的思想体系来看待。而要为此问题寻找到比较令人信服的解答,还是要回到原文的阅读,并从《力命》与《杨朱》两篇本身相异的态度及其表达中找寻线索。我们也期望在这一过程中发现《列子》之作者所持有的,对待"命"的真正态度。

先来看《力命》篇对于面对"命"之应然态度的阐发。上文中,我们已经通过对《力命》篇首段的分析,对"命"的实质有

---

[1] 杨伯峻:《列子集释》,中华书局,2012,第184页。
[2] 同上。

了一个比较清晰的界定，即"命"是无意志的、人本质限定性的一部分。由此出发，作者在此篇的各个段落中，对具体个人应然的、对待这样的"命"的态度，重复多次地进行了论述。在《力命》篇第五段中，作者对"天地不能犯，圣智不能干，鬼魅不能欺"的、控制着具体之人"生生死死"的"命"发表了一番无奈的叹息之后说道："自然者默之成之，平之宁之，将之迎之。"[1] 此处，"自然者"显然是指真正认识到"命"之由来并完全接受了这一点的人们。也只有对"命"之本质具有真正了解的人，才能够拥有作者所提出的这种平静地看待"命"，并放开自身而完全接受它的平和态度。对于这种态度，在另外两个段落中，作者用了更为简练精准、也更为本质性的表达方式。《力命》篇第八段和第十段中，都出现了"信命"的说法。对于古代文献中"信"这个字的解释有很多，但在此处，"信"应当解释为"诚于"或"诚之于"，而"信命"即为"诚于命"。这是一种非常本源化的表达。自古以来，在许多中国哲学著作中，"诚"这一概念都表达着作者对于人之具体生命与宇宙本原之间的紧密联系，以及具体之人在觉知这一点的基础上对待自己生命的应然态度。尽管在《列子》中，"诚"一字的出现频率很低，但其所使用的"信"字则完全取代了这层含义。"诚"，即"无自欺"[2]；而"信命"，即认知"命"的本质并在这一点上不自我蒙蔽，并由此而真正去面对它。了解了这一点，我们才能够理解《力命》篇第八段和第十段对"信命

---

[1] 杨伯峻：《列子集释》，中华书局，2012，第194页。

[2] 朱熹：《四书章句集注》，金良年今译，上海古籍出版社，2006，第6页。

者"的一系列论述。如"信命者，亡寿夭"[1]，其并非指"信命者"真的没有"寿夭"，而是在表达当认识到"寿夭"作为"命"之一部分的本质并彻底接受下来之后，对"信命者"来说，是"寿"是"夭"便已经没有任何分别，也不会再因此惊惧，不会改变自己面对它们时平和宁静的态度。又如"信命者于彼我无二心"[2]，联系段落前文，可知其所要表达的是"信命者"能够以同一的态度对待自我和外物，因此当面对迷茫不定的外部所遇时，他们也可以自然而然、坚定不移。由上述分析可见，作者在《力命》篇中对于"命"的最终态度是"信命"，即"诚于命"，并且在此篇中，这一态度自始至终一以贯之，其扩展阐发的指向性也是统一而集中的。而《列子》之中，《力命》《杨朱》以外的篇章里，论述到"运命"之"命"的段落只有两段，即《黄帝》篇第九段和《仲尼》篇第一段。后者所论述的问题比较特殊，我们将在后文中专门分析，而前者所表达的"命"之本质以及对待它的态度，与《力命》篇的阐发基本一致。也就是说，除《杨朱》篇以外的《列子》全文，都对"运命"之"命"的内涵有着较为一致的界定，也在面对它的态度问题上抱有统一的认识。

再来看作者在《杨朱》篇中所表达的态度。除了我们在上文中已经有所论述的《杨朱》篇第七段之外，此篇中另一个重点阐发"运命"之"命"的段落是第十五段。在此段中，作者说道："生民之不得休息，为四事故：一为寿，二为名，三为位，四

---

[1] 杨伯峻：《列子集释》，中华书局，2012，第 197 页。

[2] 同上书，第 202 页。

为货。有此四者，畏鬼，畏人，畏威，畏刑：此谓之遁民也。可杀可活，制命在外。不逆命，何羡寿？不矜贵，何羡名？不要势，何羡位？不贪富，何羡货？此之谓顺民也。天下无对，制命在内。"[1] 先不论此处作者对待"命"的态度与《力命》篇有无异同，显然此段中对"命"之含义的界定已经与《力命》篇有所矛盾。我们已经知道，在《力命》篇首段中，"命"自己否认了自身有"制"，从而凸显了其无意志、自然而然的特点。而在此段中，"命"不仅是有"制"的，而且这里的"制"还有着"内""外"两个可能的主体。这种根本性的矛盾，让我们很难找到联系两篇中的"命"的途径。显然，只能认为，《力命》篇中的"命"与此段中的"命"在含义限定上截然不同，即它们所说的不是同一个"命"。这样一来，另一个问题便凸显了出来:《杨朱》篇的"命"之定义是怎样的？要回答这个问题，可以将此段表述与上文我们已经分析过的《杨朱》篇第七段联系起来，寻找作者在两段中语句与逻辑上的共性。《杨朱》篇第七段中最为重要的观念，显然是"性命"一词。而我们已经对"性命"之含义有了较为清楚的界定，即符合社会大众认同的价值观的人生道路，以及走在这条道路上的个人的未来发展，而这种人生道路包括具体的思维逻辑、社会规则、社会地位和切身利益。由此再来关照《杨朱》篇第十五段中的表述，其中提到了"制命在外"的四个原因，即"寿""名""位""货"。四者之中，"名""位"可以与社会规则和社会地位对应，而"货"可以与切身利益对应。"寿"的问题在

---

[1] 杨伯峻:《列子集释》，中华书局，2012，第225页。

《杨朱》篇第七段中没有特别显著的表达，但我们前文中已经分析过，该段中的"性命"在概括了一切社会价值观的同时，也包含着纯粹肉体生命这一基本含义。这种含义在《杨朱》篇第二段中，被明确表达为"年命"，与"名誉"一词并列出现，并同时成为作者排斥的去特别追求的对象，即"名誉先后，年命多少，非所量也"[1]。这种语句排列与价值倾向显示了"年命"与"名誉"一样，是社会价值观的一部分，也包含在"性命"的含义范围之中。这样看来，《杨朱》篇第十五段所提到的"制命在外"的全部四个因素，都是"性命"这一观念的一部分。反观"制命在内"的部分，作者显然认为上文所说的四个因素都是不必理会的，只要不按照社会价值观来规定自我，就能够做到"天下无对，制命在内"[2]。"天下无对"与《力命》篇中描述"信命者"时的"于彼我无二心"含义一致，都是指对待内心与外物时的无差别。由上述分析，我们基本可以确定，《杨朱》篇第十五段中所说的"命"其实是"性命"的意思，而"制命"，其实在于是否顺应社会价值观这一固定不变的"性命"。纵观《杨朱》全篇，这种"命"的含义贯穿始终，而这种与《力命》篇含义截然不同的"命"，也就是作者在两篇之中对待"命"的态度相互矛盾的根源。由此来看，只有《力命》篇中的"命"才是真正的"运命"之"命"，也只有《力命》篇表达的态度，才是作者找寻到的，真正的面对"命"的应然态度。

---

[1] 杨伯峻:《列子集释》，中华书局，2012，第210页。

[2] 同上书，第225页。

由此而出的一个更进一步的问题是，《列子》之作者为何要专门在《力命》和《杨朱》两篇中设置意义不同的"命"，并表明自己相异的态度？要回答这个问题，则必须注意到《力命》篇之"运命"与《杨朱》篇之"性命"的另一个相异之处：前者没有"逆"的问题，而后者则在这一点上与前者不同。前文已经分析过，《力命》篇中的"命"意为具体之人在具体环境中的所遇，并且"命"根植于人之本质限定性之中，是无意志而自然而然的因素。由这一点出发，我们可以合理地推断到：有"逆命"之可能的前提条件，是人在"命"的问题上有自主选择权；而在《列子》作者的认知中，一个具体的人所作出的一切思考、举动都不可能对"命"产生任何影响，人在"命"这一问题上绝对性地没有选择权，也就不可能"逆命"，甚至连"逆"这个问题都不可能存在。但在以"性命"为论述重点的《杨朱》篇中，"顺""逆""遁""不违"等表述则时有出现。如《杨朱》篇第十五段中便提到"不逆命，何羡寿"[1]。联系上下文来说，"寿"是"性命"的一部分，而"逆命"便会"羡寿"，即"逆命"便意味着遵从了"性命"、认同了社会大众的价值观。这样看来，"命"的意义似乎又有所矛盾了，"逆命"为何会等同于遵从了"性命"呢？我们可以通过梳理同篇的其他类似表述来找到一些线索。在该篇其他段落中，表达"顺"及类似意义的语句有"从心而动，不违自然所

---

[1] 杨伯峻：《列子集释》，中华书局，2012，第225页。

好"[1]"从性而游，不逆万物所好"[2]"放意所好"[3]"不逆命，何羡寿？……此之谓顺民也""逸乐，顺性者也"[4]等等。从这一系列语句来看，作者所要"顺"的对象是"心""自然""性""万物所好""意""民"等等，其含义囊括了具体个人的意识、肉体喜好、广义的人性，以及"自然""万物"之倾向性。而这一系列的对象，其实都是包含在"性"这一个概念之中的。可以说，在《杨朱》篇中作者不遗余力所推崇和倡导的关键，在于"顺性"。由此可见，上文所说的"逆命"，其实质在于"逆性"，而"逆性"则等同于遵从了"性命"。我们在前文已经提到过，《杨朱》篇第七段将符合大众价值观的"性命"称作"矫情性"，认为其实质是人自然之"性"的扭曲，并由此生发出对"性命"强烈的抵触感。显然，作者在现实生活中感受到当时社会的总体价值与自身体感、追求的截然相异，而这种差异给其造成了非常强烈的精神痛苦。但在作者的这种观念体系中，人生于世的这种痛苦，其来源并非"命"，而是"性"的扭曲。因此，解脱人生之痛苦的关键不在于反抗"命"，而在于反抗造成自身之"性"扭曲的外力。这样的观念系统不仅仅是做到了对"顺性"的倡导，更是在感受上维护了"性"与"命"对具体人生作用的纯洁，并在逻辑上维护了作者自身的终极价值。对于绝大多数社会中的个人来说，当遭遇精神痛苦之时，多半会将这种痛苦归于自己的"命"。如果认同了这种认

---

[1] 杨伯峻:《列子集释》，中华书局，2012，第210页。

[2] 同上。

[3] 同上书，第217页。

[4] 同上书，第228页。

知，则"命"就由内在的因素变成了外在的阻碍，对于人生的作用便不再单纯，"顺性""顺命"的论证也就变得艰难。而作者将造成痛苦的根源外推到社会价值对"性"的扭曲力上，便同时解放了"性"与"命"两个概念，使得二者在自身的观念系统中不承担任何造成人生痛苦的责任。这样单纯的"性"和"命"是维护作者终极价值的基础。我们知道，道家思想在个人修养上的终极价值在于"自然"，即顺应自己的本质而生活。《列子》在这一点上也不例外。自己的本质当然包含着自身之"性"，即"性"是个人修养方面终极价值的一部分体现。与此同时，由于"命"也是具体之人自身限定性的一部分，则"命"也是具体个人身上终极价值的一部分体现。虽然，通过我们在前文中的分析，可知"性"与"命"是各自单独作用于人的，二者不会产生相互影响，但将"命"提升为"自然"这一终极价值的一部分，则在《列子》思想体系中是一个重要的环节。"命"对人来说具有绝对的不可抗拒性，这也就意味着"自然"对人来说的不可抗拒，在这一层意义上，"性"与"命"的关系让人联想起《孟子》中所论述的"居仁由义"[1]。虽然不是太恰当，但我们可以将《列子》中"自然"这一终极价值在人身上的体现概括为"居性由命"。对于一个具体的人来说，"性"为之指引人生所趋向的应然方向，"命"则是必须接受的人生轨迹。由于二者都具有不同程度的绝对性，"自然"之外的一切其他选择都被排除了，具体之人除了以"自然"的方式生活下去之外，没有其他可走的道路。如此一来，"自然"这一终

[1] 杨伯峻:《孟子译注》，中华书局，2005，第316页。

极价值便以绝对不可抗拒的姿态被树立了起来。这便是作者在真正讲述"命"之本质的《力命》篇之外,另设《杨朱》篇来论述"性命"问题的本质原因。

最后,我们可以来略微审视一下《仲尼》篇第一段。之所以将此段单独列出并分析,是由于这一段落是《列子》中唯一的、以显著的道家思想立场来关照儒家思想的段落。通过对它的分析,我们可以得知《列子》作者作为一个道家思想本位者,对于儒家思想,特别是儒家的"命"思想抱有怎样的看法。此段基本由孔子与颜回的对话组成,其实质为寓言故事,对话的真实性自然很低,这一点我们不必深究,只关注对话所要表达的主题和倾向性即可。对话的缘起,是众弟子察觉孔子不悦,颜回前往询问老师不悦的原因,在略微的试探之后,两人的对话重点便集中在了孔子对"乐天知命"一说的重新阐释上。当然,由于作者的道家立场,这一段对话的最终走向可以想见,必定是认为"乐天知命"之说不及作者所认为的"无乐无知"又"无所不乐,无所不知"。但此处的重点,是作者所认为的"乐天知命"的最大弱点之所在。原文语句中提道:"修一身,任穷达,知去来之非我,亡变乱于心虑,尔之所谓乐天知命之无忧也。曩吾修诗书,正礼乐,将以治天下,遗来世;非但修一身,治鲁国而已。而鲁之君臣日失其序,仁义益衰,情性益薄。此道不行一国与当年,其如天下与来世矣?吾始知诗书、礼乐无救于治乱,而未知所以革之之方。此乐天知命者之所忧。"[1] 从其所用的总括"乐天知命"之含义的几句话

[1] 杨伯峻:《列子集释》,中华书局,2012,第110—111页。

来看,《列子》作者对于儒家"乐天知命"的理解并无太多偏差,而且也并未否定"乐天知命"之说,但此段中最为重要的一句话是"此道不行一国与当年,其如天下与来世矣",即作者认为儒者的"乐天知命"是指看淡了自身的"命"并能够不为此"变乱于心虑",但他们无法回避的一点是对于自身所持之"道"的忧虑。在作者看来,孔子认知到自己无法活着看到自身之"道"行于天下,因此"修诗书,正礼乐,将以治天下,遗来世",这是将自己的"道"寄托于未来,相信它有朝一日能够实现。但这种对未来的寄托是完全虚无的,因此作者设问:"此道不行一国与当年,其如天下与来世矣?"而当意识到此种寄托之虚无,即认知到自身之"道"可能永远没有实现的那一天的时候,"诗书、礼乐"便会全部失去意义,而且也无法找到让它们变得有意义的办法。由此,作者破除了"乐天知命"所显示的"无忧"状态,而展示了"乐天知命"者仍旧存有的深刻忧虑,即对"道"之"命"的忧虑。当然,这是作者完全以道家立场所进行的揭示,与真正儒者的境界仍旧是有所错位的,但由此我们可以窥得《列子》之作者对于儒家思想的一些见解和看法。显然,在作者看来,"乐天知命"最致命的一点是它一定程度上仍旧有所外求,即相信着世界总有一天能够接纳自己的"道"。而解决这一问题,唯一的办法就是彻底放下对于"道"的执着。因此作者在后文中说:"无乐无知,是真乐真知;故无所不乐,无所不知,无所不忧,无所不为。诗书、礼乐,何弃之有?革之何为?"[1] 在"无乐无知"的状态下,"诗书、

[1] 杨伯峻:《列子集释》,中华书局,2012,第111页。

礼乐"不再具有那样重要的意义，因此只要"即之不离"就可以了。我们可以看到，在此段中，作者并未对"乐天知命"采取激烈的排斥或否定态度，而是某种程度上理解，继而忧虑着这种取向，甚至可以从这种忧虑中感受到一丝对"乐天知命"的儒者们的怜悯感。尽管我们不能确定是否大多数道家思想本位者都对儒学持有类似的态度，但至少可以说，《列子》之作者对待儒学思想抱有的是一种在自认更高基础上的理解和怜悯态度。

通过以上的梳理，我们已经对《列子》之"命"有了比较全面而确切的认识。可以说，《列子》对于"命"的论述及其所构建的系统，与其他思想系统相比有着比较突出的独特之处。"命"这一概念是《列子》宇宙论之下的个人修养观的核心，它对自身终极价值之绝对性的确认和维护，在同类的思想系统中都是较为极端的，不太容易为人所接受。也正是因为这一点，《列子》这方面的思想在历史上被批驳的频率很高。但作为一个思想系统来说，其独特之处是区别自身与他人的关键所在，因此厘清《列子》"命"观念对于梳理《列子》全书的概念系统及其思想体系都有着非常重要的作用。

二、与其他道家思想之"命"的比较

根据上文的分析，可以说有关"运命"之"命"和"性命"之"命"的关系，以及由此而来的"性""命"联系一节，是《列子》中所特有的逻辑关系。这种逻辑关系在任何一部其他的典籍中都未曾出现过，因此这一点是《列子》之"命"与一切其他思想系统的不同之处。由此，"命"论也成为《列子》思想系统中最为个性化，也最为值得注意的一个部分。而除此之外，从单纯对于"运命"之"命"的表述来看，《列子》则与不少道家思想都异曲同工。由于《列子》和《庄子》两书中"命"这一概念的可比性较强，因此此处仅将这两部典籍之"命"论的异同进行比较。

　　《史记·老子韩非列传》中对庄子其人有着这样的记载:"庄子者，蒙人也，名周。周尝为蒙漆园吏，与梁惠王、齐宣王同时。"楚威王曾经听闻庄子的贤能，命使者带着相当丰厚的礼物来邀请他做官。但是庄子却拒绝了这样令人动心的邀请，并对使者说:"千金，重利，卿相，尊位也。子独不见郊祭之牺牛乎？养食之数岁，衣以文绣，以入大庙。当是之时，虽欲为孤豚，岂可得乎？子亟去，无污我。我宁游戏污渎之中自快，无为有国者所羁；终身不仕，以快吾志焉。"这一段中关于祭品的例子是非常形象的。人们用上好的饲料和场所饲养作为祭品的牛羊，不过是想要在祭祀之日将其杀死。而庄子把入仕和当祭品看作完全等同的事情，也就是自愿失去人格和自由去换取功名利禄，并且还要为此付出生命的代价。因此，他宁可在茅屋陋巷之中勉强维持生计，靠借粮解决自己的温饱问题，也不愿意接受王公贵族们的邀请，成为庙堂之上的牺牲之牛。庄子是真的完全拒绝入仕吗？从他曾经做过漆园吏的经历来看，并不完全是。庄子拒绝入仕的根本原因，是他真正看到了社会现实的无奈。

　　庄子所处的时代在孔子之后一段时间。孔子所在的时代中，掌握着资源和权力的贵族诸侯们尽管已经开始了斗争，但至少在表面上仍旧勉强保持着相互之间的礼节以及对周王朝的恭敬。这样的情况，已经让孔子发出了礼崩乐坏的感叹。而到庄子所在的时期，诸侯之间已经彻底抛弃了表面上的礼节和面子，开始了赤裸而残酷的倾轧。尽管从哲学史的角度来看，战国时期是一个各种思想蓬勃发展的辉煌时期，但对一个真正生活在那个时代的人来说，战国时期事实上是一个痛苦而沉沦的时期，庄子便是如此认为的。他目睹了无数次由于群雄争霸而发动的战争，他自己所生活的国家也在这种战争之中饱受创伤，再加上当时国君的暴虐无道，普通民众的生活早已苦不堪言。庄子在书中谴责当时卫国的君主："其年壮，其行独。轻用其国，而不见其过；轻用民死，死者以国量乎泽若蕉。"卫国当时的君主年轻无知、独断专行，完全不顾及国家和百姓的正常秩序，轻易就发动了战争，致使百姓尸横遍野，尸体几乎堵塞了河道。这样残酷的社会环境，对于生活于其中的人来说，是终生都无法摆脱的枷锁。由此，庄子察觉到了围绕着人的生活而展开的、不可抗拒的力量，这是人难以逾越的界线，是每一个人都不得不面对的壁垒，而正是由于心灵面对着无数壁垒，因此人难以自由。这种面对着社会现实与人生壁垒而产生的感伤与痛苦，是庄子哲学的情感源泉，他毕生所追求的心灵自由，也同样来自对这种感伤与痛苦的深切体感。冯友兰曾说，庄子"很有学问和天才，但受当时政治动乱之苦，就退出人类社会，躲进自然天地"。这并不意味着庄子完全不关心世事、不关心他人，躲避式地生活在山林之中的隐居处。实际上，从

《庄子》书中所表达的内容来看，庄子极其关注社会现实，尤其关注社会之中人们的精神现实，而就他本人的现实来说，也生活得并不轻松。一方面是由于他拒绝了一切入仕的邀请，因此一直处于清贫甚至是非常贫困的状态；另一方面是他终生都在思考人生的一系列最基本的哲学问题，只不过，他的思考与其他学派的立足点有所不同，是一直怀着对普遍生命意义的终极关怀来思考人生问题的。庄子的思考深刻而透彻，其思考的终极目的，就是要寻求个体生命如何在现实世界获得真正的意义和价值，怎样才能超越现实环境对个人心灵的种种桎梏，实现最终的绝对自由。

"在中国思想中，庄子的人生哲学思想最早地和全面地开始了对人的境遇的理性的思索。"作为一个充满浪漫气息且文笔极好的文人、一个极具思考能力且追求逍遥自由的哲人，庄子比同时代的其他任何一位思想家都更加明确地感受到了心灵所面临的种种束缚。人是不自由的，但是人为何不自由呢？是由于"命"的存在。在庄子看来，"命"所具有的必然性对具体生命有着相当巨大的影响，它能够决定一个人的生与死的期限："死生，命也；其有夜旦之常，天也。人之有所不得与，皆物之情也。"能够决定一个人贫富穷达的生活状况："死生存亡，穷达贫富，贤与不肖，毁誉，饥渴，寒暑，是事之变，命之行也。"还能够决定一个人所处的社会伦理关系："天下有大戒二：其一，命也；其一，义也。子之爱亲，命也，不可解于心；臣之事君，义也，无适而非君也。无所逃于天地之间，是之谓大戒。"而庄子对待这种"命"的态度也比较明确。他在《人间世》中曾说："自事其心者，哀乐不易施乎前，知其不可奈何而安之若命，德之至也。"又在《德充符》中论述道："知不可奈何而安之若命，惟有德者能之。游于羿之彀中。中央者，中地也；然而不中者，命也。"由以上论述可以知道，庄子是肯定有"命"的存在的，并且认为人应该"安命"。有很多人就此认为庄子的"命"论是一种宿命论思想，但是，庄子肯定"安命"，是否就意味着他的"命"论属于一种宿命论呢？事实上并非这样。在庄子的话语体系中，"命"是一种无法被人类所把握、也无法预知的必然性。从根本上来说，人类个体对它是无能为力的，因此只有安然接受它这一种选择。在庄子看来，"命"对个体人类而言是一种人生的必然性，只要人作为一个生命个体存在于这个世界上，就必然面对"命"这个必然性。但庄子并没有因此而否定人的努力和作为，他认为人应该在安然接受命运的基础上有所作为，也就是说，在"命"所给予的境遇之中，主动地去选择适合自己的生存方式，并沿着自己所选择的道路生活下去。因此，应该说庄子的"命"是一种不可知其然而然的必然性，而他的"命"论也并非宿命论。

与《列子》之中的"命"概念相比，在《庄子》之中还出现了以"命"代指"名"，即给人或事物命名的含义。例如《盗跖》之中的"昼拾橡栗，暮栖木上，故命之曰有巢氏之民"[1]，《天下》之中的"作为非乐，命之曰节用"[2]等等。但不管是代指指令的"命令"还是代指命名的"命"，可分析对比的空间都不算大，因

---

[1] 郭庆藩：《庄子集释》，王孝鱼点校，中华书局，2013，第 872 页。
[2] 同上书，第 941 页。

此在此处不再一一展开辨析。而不管在《列子》还是《庄子》中，"运命"一层含义在几层含义中都占据着最重要的地位，出现的频率也最高，因此将其作为对比的重点是较为恰当的。

在前文的分析中，笔者列出了《列子》"运命"意义上"命"的定义和一些特质，以这些特质来对比《庄子》中的"运命"之"命"，可以发现二者之间的不少异同之处。

第一点，在对比二者"命"的特质之前，能够注意到《列子》很少提及"时命"，即个人努力所不能撼动的，与时代和具体环境潮流、趋势相关的，偶然的"命"。而这种"时命"则在《庄子》中出现过多次，并且都清楚地以"时"或"时命"这一类的词语来表达。例如《缮性》中的"古之所谓隐士者，非伏其身而弗见也，非闭其言而不出也，非藏其知而不发也，时命大谬也。当时命而大行乎天下，则反一无迹；不当时命而大穷乎天下，则深根宁极而待：此存身之道也"[1]，以及《秋水》中的"我讳穷久矣，而不免，命也；求通久矣，而不得，时也。……知穷之有命，知通之有时，临大难而不惧者，圣人之勇也"[2] 等等，都体现了这样的用法。在《列子》之中此类"时命"几乎没有出现过，并不意味着"时命"在该书中没有被关注到，而是代表它并未得到作者的重点关注。实际上，"命"在《列子》和《庄子》之中被给出的定义是一致的，即人生中不可被控制的那一部分，两书分别以"不

---

[1] 郭庆藩:《庄子集释》，王孝鱼点校，中华书局，2013，第 493 页。

[2] 同上书，第 529 页。

知吾所以然而然"[1] 和 "知其不可奈何"[2] 来表达，而 "时命" 显然应该属于这种定义下的 "命" 的一部分。区别只在于，《庄子》对其单独进行了强调，《列子》则没有，这也显示了二者关注重点的微妙差别。

第二点，根据上述对于 "命" 的定义，它在《列子》之中代指不可为主体所控制的生命所遇，而这一点在《庄子》中也是同样的。实际上，诸多思想对于 "命" 生发出各种关注和感叹，就是由于它具有不可预知、不可干涉，而又必定会存在的性质。例如《德充符》中的 "死生存亡，穷达贫富，贤与不肖，毁誉，饥渴，寒暑，是事之变，命之行也，日夜相代乎前，而知不能规乎其始者也"[3]，其中列举了一系列的 "事之变"，并认为它们都属于 "命之行"，只能听任其发生而不能以人力干涉。可见在这一点上，《列子》和《庄子》是基本一致的。

第三点，《列子》以比较清晰的语句表达了其 "命" 没有人格化倾向，没有意志，纯为自然地产生作用。例如《力命》篇中的 "既谓之命，奈何有制之者邪？朕直而推之，曲而任之，自寿自夭，自穷自达，自贵自贱，自富自贫，朕岂能识之哉"，虽然 "命" 是以拟人的形式在表述自身，但其语句中已经否认了自身有意志的可能。而在这一点上，《庄子》中没有对于 "命" 有意志的表述，也没有出现其对自身无意志的强调。但根据上述《庄子》

---

[1] 杨伯峻:《列子集释》，中华书局，2012，第61页。
[2] 郭庆藩:《庄子集释》，王孝鱼点校，中华书局，2013，第144页。
[3] 同上书，第195页。

对"命"的定义和其显现时的描述，其"命"有自身意志的可能性比较小。应该认为此处，《列子》和《庄子》的认知也是大致相同的，只是《列子》对无意志性这一点有所强调，而《庄子》没有进行相同的强调罢了。

第四点，《列子》中的"命"是人或事物与生俱来的一部分，是内在于主体本身的存在之中的。在《黄帝》篇第九段中，蹈水者将其自身达到如此高超境界的过程表述为"始乎故，长乎性，成乎命"，便已经将"命"作为形成现实自身过程的一部分，它与"性"一样，是主体天生既有的因素。而这一段落是《列子》与《庄子》文本重合的部分之一，它几乎原封不动地出现在后者《达生》篇之中。因此，对《列子》该段的分析也同样可以适用于《庄子》。实际上，《庄子》对这一点的论述比《列子》更多，也更为清晰。如果将两者合起来观察，则可以做到相互补充和完善。例如在《庄子·天地》篇之中，有"泰初有无，无有无名。一之所起，有一而未形。物得以生谓之德；未形者有分，且然无间谓之命；留动而生物，物成生理谓之形；形体保神，各有仪则谓之性。性修反德，德至同于初"[1]这一段论述。该段论述里值得注意之处在于将"德""命""形""性"进行了排序，并分别解释了它们对于主体产生、形成所具有的作用，而且还将这四者全部联系于本源"道"。这样一来，四者各自的定义、对于主体的作用，以及与"道"的联系和四者之间的联系，便都非常清楚了。其中，"命"被给予的定义是"未形者有分"。也就是说，"命"是主体得

---

[1] 郭庆藩：《庄子集释》，王孝鱼点校，中华书局，2013，第382页。

自本源的"分"，它的位置在"德"之下而在"性"之上，显然和"德""性"一样是主体与生俱来的一部分。并且，这一从"德"到"性"的过程可以反推，主体可以通过修养方式由此而返回到"道"的境界。其中，显然"命"也是这一修养提升过程所必经的一个环节。而这样的结构实际上也可以对《列子》言之不详的这一部分进行补充。

由此，便涉及第五点，《庄子》和《列子》对待"命"的态度问题。换言之，是在回归"道"的过程中，应该以怎样的方式来经历"命"这一个环节。考察《列子》和《庄子》中表现出的对待"命"的态度，可以发现二者还是非常相似的。《列子》中所体现出的面对"命"的应然态度，可以归结为"默之成之，平之宁之，将之迎之"和"信命"两点。前者是在认识"命"的由来和特质之后，对其采取被动接受和顺应的态度；而后者则是在前者的基础上，彻底地做到"不自欺"，主动地去正视、接纳自身的"命"，并由此步上提升自我、回归于"道"的路途。《庄子》中的表述虽然没有《列子》这样清晰，但总体来说也相差不远。例如《德充符》中，针对"死生存亡，穷达贫富，贤与不肖，毁誉，饥渴，寒暑"等"命之行"，作者表述了面对它的态度："不足以滑和，不可入于灵府。使之和豫，通而不失于兑。使日夜无郤，而与物为春，是接而生时于心者也。是之谓才全。"[1] 也就是说在"知命之必行"的基础上，以淡然自若的态度面对，不为此而患得患失，顺应自然而任其变化，从而保全自身的真实。此段态度实质

---

[1] 郭庆藩：《庄子集释》，王孝鱼点校，中华书局，2013，第195页。

上与《列子》类似。

最后来对比《列子》和《庄子》中有关"性命"一词的使用状况。实际上，这是两书中有关"性""命"的部分含义和使用情况差异最显著的一个词语。前文通过分析《列子》文本中的"性命"一词时已经得知，《列子》中"性命"的含义分为两层：一层是简单的肉体生命或代指生命、生存，另一层是代指符合社会大众认同的价值观的人生道路，以及走在这条道路上的具体个人的未来发展。而这第二层含义，也是《列子》全文中产生两种对待"命"的态度的原因。由此考察《庄子》中所使用的"性命"一词，可以发现《庄子》中几乎没有出现过以"性命"代指生命、生存的用法。而针对《列子》之"性命"的第二层含义，可以发现：一方面，《庄子》中不仅出现了"性命"一词，还经常出现"性命之情"这种用法，而且"性命"和"性命之情"在文本中含义基本一致，使用方式也没有太大差异。例如《骈拇》中的"吾所谓臧者，非所谓仁义之谓也，任其性命之情而已矣"[1]，《在宥》中的"自三代以下者，匈匈焉终以赏罚为事，彼何暇安其性命之情哉"[2]，《缮性》中的"轩冕在身，非性命也，物之傥来，寄者也"[3]，其中的"性命之情"和"性命"意义非常相似。并且，这两个词汇的含义都更接近于"性"，在文本中呈现的基本是主体的自然天性之意，与"命"则没有太大的关系。而"性命之情"这种

---

[1] 郭庆藩：《庄子集释》，王孝鱼点校，中华书局，2013，第298页。

[2] 同上书，第334—335页。

[3] 同上书，第495页。

用法是《列子》中不存在的。另一方面，正如前文所说，《庄子》中的"性命"在文中基本代指主体的自然天性，并且考察上面列出的几段有关"性命"的文字，"性命"一词呈现的都是正面的、被作者认同的含义。实际上，在《庄子》全文之中，"性命""性命之情"等用法全都体现着正面的意义，它们或许会被外界事物所扭曲，例如"轩冕在身，非性命也"一句，即体现了地位官禄与"性命"本身的不符，但"性命"自身从未出现过负面的、被排斥的含义。而在《列子》之中，"性命"作为生命、生存之意出现时自然是中性的，没有可被褒贬的空间；但当其作为世俗的人生道路、人生价值来使用时，则毫无例外是负面的，并且受到作者的猛烈抨击和排斥。在《列子》和《庄子》"性命"一词第二层意义的对比中可见，前者与后者在这一点上几乎是截然相反的。并且可以说，《列子》此处的"性命"含义是其所独有的，在其他任何道家思想典籍中都没有出现过。因此，《列子》以"命"和"性命"两个支柱构建起来的"命"系统，以及分别针对两者而产生的两种面对态度，都是独一无二的，这是《列子》思想框架中最个性化的一部分，也最为值得深入考察。

第四节 《列子》人性论的构架与《杨朱》篇问题的解决

一、"德""性""命"及它们所构成的《列子》人性论框架

经过以上对《列子》原文的分析,"德""性""命"这三个概念的特质、来源和意义都已经被梳理得比较清晰了,由这些信息出发,新的问题又产生了出来。其中最为明显的问题是:"德"含义中的许多因素都与"性"非常相似。在论述"性"概念的一章中,笔者已经简略阐释过"性"与"德"两个概念某种程度上的一致性,以及"性"与"气"在宇宙生成论上的关系。而在《列子》的《黄帝》篇第四段中,这三个概念显示出了它们在具体个人生命上的联系。段中论述道:"则物之造乎不形,而止乎无所化。夫得是而穷之者,焉得而正焉?彼将处乎不深之度,而藏乎无端之纪,游乎万物之所终始。壹其性,养其气,含其德,以通乎物之所造。夫若是者,其天守全,其神无郤,物奚自入焉?"[1]前文已经提到,人在婴孩时期处于最为完善的状态,而在成长之后便会因为"欲虑充起"而导致这种完善的衰减。《黄帝》篇第四段的中心思想,便是提出一个在脱离婴孩时期之后仍保持完善状态的

[1] 杨伯峻:《列子集释》,中华书局,2012,第48页。

路径。这种路径就是"壹其性，养其气，含其德"。在具体个人的生命之中，"性""气""德"是同一个体之内完全并列平等的三个概念，它们在保持完整的路径上的目的，都是"通乎物之所造"，即回归前面章节已经提到过的，三者共同的根源——"道"。从此段的语句可以得知，"性""气""德"拥有共同的来源，都处于作为具体人的同一个体之中，在保持个体完善的路径上也拥有同样的发展方向，并且三者平等共处。那么，拥有这么多共同点的三者又有什么区别呢？在这一点上，《列子》作者的论述并不十分清晰，笔者只能根据原文中所有的资料来尽可能进行推测。

　　首先来看"气"与"德"的区别。从《天瑞》篇第六段的描述来看，"德"的全与"气"的发展呈现出反比相关的趋势。人在婴孩时期"气专志一"，由此而"德莫加焉"；而在少壮时期"血气飘溢"，由此而"德故衰焉"。值得注意的是，在对婴孩时期的描述中，作者提到了"气"和"志"两个反面内外的平衡，而在对少壮时期的描述中，则只提到了"血气"。由此看来，此处出现的，在具体个人生命意义上的"气"并非连接形上世界和形下世界的宇宙第一元素，其意义实际上更接近于"血气"，即指以"气"为基础的生物肉体，以及肉体所具有的本能欲求。当这种欲求在具体环境中被激发的时候，便会导致"欲虑充起"。由此可知，在《黄帝》篇第四段提出的修养路径之中出现的"养其气"，所指的也不是宇宙元素"气"，而是具体个人的肉体和欲求。《列子》作者对于具体个人的肉体和欲求采取了"养"的途径，这一点值得稍稍注意。这种途径符合《列子》后半部分对于满足个人正当的欲求、利用手头正当资源达到尽可能的舒适等观念的描述。作者对于人类的正当欲求并不怀有抵制或压抑的态度，相反，他肯定不过分的欲求，并且认同在个人修养提升过程中对于肉体问题的恰当安置，这一点与许多思想学说有着微妙的不同。而在作者看来，对肉体的恰当安置，对于保持"德"的完整性，以及最终"通乎物之所造"的努力都是有益无害的。在此意义上，以"气"代指的肉体和欲求一定程度上可以被认为是"德"的基础。它们在得到恰当的安置之后，不会对"德"产生负面影响，而是会成为提升个人修养的助力。

其次来看"性"与"德"的区分。相比"气"与"德"之间较为分明的区别，"性"与"德"之间的界限则较为模糊。它们都不属于肉体的范畴，也都是一种具体个人身上通乎宇宙本源的存在。在有关"性"的章节中已经论述过，"性"是具体个人的质地和本体，是宇宙本源"道"在具体个人身上的显现，它也是一条不可避免的路径，使得具体个人不断面对并最终走向自己的"命"，并由此回归于"道"。"德"在具体个人身上并不是这样本质性的存在，它的存在和含义其实是在提示一种指向性。"德"一字在字源上有两种含义，一是固定的指向性，二是"得"[1]，这两种含义使得"德"这个字在具体使用之中带有价值取向的意味，而"德"在《列子》中的使用状况符合这两种意义。一方面，上文已经提到，"德"之来源是宇宙本源"道"，也就是说，具体个人

---

[1] 孙熙国：《先秦哲学的意蕴：中国哲学早期重要概念研究》，华夏出版社，2006，第163页。

身上的"德"其实就是"得"自"道"的意思。这一点在张湛和卢重玄对《列子》原文的某些注释中也有所体现。例如在张湛对《天瑞》篇第九段"死也者,德之徼也"一句的注释中,便有"德者,得也。徼者,归也。言各得其所归"[1]的解释。可见,《列子》中的"德"的确有"得"自"道",并在主体消亡后回归于"道"的意义,这种意义提示着作为具体个人的主体生命之中得自本源的那一部分的存在。尽管"性"也多少带有这方面的意义,但其主要所提示的仍是具体个人本质性的质地。另一方面,"德"在使用中确实体现出固定的价值感和指向性。如对于《天瑞》篇第十四段"天地之德"具体含义,笔者已经将其解释为"知公知私"而无公无私。而张湛在此处将其解释为"自然而已"[2]。这种"德"本身就已经具有明显的价值指向性,它指向《列子》作者一直所推崇的,也是道家思想学派都推崇的"道"的性质。

由于"性""气""德"这三个概念的这种蕴含微妙不同又有所统一的关系,《列子》作者在《黄帝》篇第四段中用"天"这个概念来同时概括了三者:"圣人藏于天,故物莫之能伤也。"[3]在主要讨论"天"这一概念的章节中,笔者已经提到过,"天"一字在某些语境中可以代指"性",用以提示其来源。而在此段中,前文已经提到过"壹其性,养其气,含其德"的"通乎物之所造"的路径,因此此处的"天"实际上同时囊括了"气""性"和"德"

---

[1] 杨伯峻:《列子集释》,中华书局,2012,第26页。
[2] 同上书,第36页。
[3] 同上书,第48页。

三个概念。总结来说，"气"代指具体个人的肉体性，而"性"与"德"两个概念实际上没有决定性的不同之处，但它们在文本的实际使用中体现出不同的趋向性。三者其实代指的都是具体个人生命中来自宇宙本源的部分，而后两者代指的是非肉体性的部分。其中，"性"提示着主体本身的质地和主体发展的必然道路，而"德"提示着这一部分存在的来源以及其固定的价值指向。

最后来看《列子》文本中体现出的"命"与"德"的联系。全文唯一一段有这两个概念共同出现的段落，是《力命》篇的第二段。在梳理此段中"命"与"德"的关系之前，厘清此处"命"的意义是必要的前提。按照段中的描述，北宫子与西门子出身、品貌、才能都相去无几，但西门子富贵得志，而北宫子贫穷落魄。由此，东郭先生对二人的评价是"夫北宫子厚于德，薄于命；汝厚于命，薄于德"[1]。按照笔者在"命"章节中对于这一概念的梳理，此处的"命"显然代指的是西门子富贵得志的生活路径，因此此处的"命"含义应为"性命"，即符合社会传统倾向的、世俗中成功的生活方式。而北宫子在这种意义上的"命"显然比较薄弱。与此相对，此段的"德"则体现出"得"的意味。如北宫子受到点拨之后，显现出个人修养层次的显著提升，以及对世俗、外物欲求的下降和摒弃，这些都显示了其得自"道"的天性比西门子更为淳厚。由此可见，《力命》篇第二段所展示的"命"与"德"的关系，实质上是"性命"之"命"与"德"的关系，而二者显然是相互排斥的。"德"与"运命"意义上的"命"的关系，

---

[1] 杨伯峻：《列子集释》，中华书局，2012，第186页。

应该与"性""命"之间的关系一致，三者都具有共同指向终极价值——"自然"的倾向性。

如此一来，由"德""性""命"共同构成的《列子》人性论框架便得以确定了。在具体个别事物这一主体之中，"德"与"性"代表着相同的部分，即具体事物得自宇宙本源的部分，"德"在其中提示着这一部分的来源和与生俱来的价值倾向——"道"之特质，"性"在其中提示着这一部分落在具体事物之中后表现出的质地。而"命"在其中所提示的，则是以人类为代表的具体事物不能抗拒的一条路径：顺应自身之"性"，融合于自身之"德"，从而尽可能地接近于自身的来源——"道"。这条路径对于主体来说是绝对的，除此之外的一切道路在《列子》思想体系中都不存在。

二、《杨朱》篇地位问题的解决

《杨朱》篇在《列子》全书中所处的地位问题，总结起来重点主要是《杨朱》篇的论述和概念应用与其他篇章的论述是否相矛盾，双方的主旨和逻辑是否能够相容。由于《杨朱》篇主要论述的概念是"性"和"命"，因此在《列子》一书对这两个概念进行剖析的过程中，笔者已经多次引用《杨朱》一篇的文句段落。我们可以从这两个概念的分析结果，来分别观察《杨朱》篇之"性"和"命"与全文其他篇章的相容性。

从对于"性"这个概念的分析结果来看，《杨朱》篇之"性"

的含义总体来说与《列子》其他篇目的"性"没有本质上的相异之处。但《杨朱》篇中确实有着《列子》其他篇目中没有的、有关"性"的论述，即该篇第十四段中的"人肖天地之类，怀五常之性"一段将"性"与"气""阴阳"等因素相联系的段落。上文也提到过，此段的表述与汉代气化哲学有着相似之处，但这种论述在《杨朱》篇全篇中也仅出现了这一次，考察该篇其他段落中对于"性"的表述，则与《列子》其他篇章没有不同。也就是说，《杨朱》篇中的"性"含义范围略大于《列子》其他篇目的"性"，而这种结论不能证明《杨朱》篇之"性"与《列子》其他篇目之"性"的矛盾，只能证明两者在特征上的更多相似。至于将"性"与"气"相联系的这一段表述，也无法确定它是否真的属于汉代哲学范畴，毕竟以"气"与"阴阳"等因素来解释人性及人之情绪的方式起源很早，《列子》中出现这样的表述，也并不能证明其与汉代哲学之间是否有所联系。

《杨朱》篇对于"命"这一概念的表述，则是更为值得注意的一点。前文已经提到过，在张湛作《列子注》之时，便已经在其注释中提到《杨朱》篇与其他篇章对待"命"的态度有所矛盾，但经过笔者在"命"章节中的分析，可知这种矛盾是不成立的。《杨朱》篇与其他篇章对待"命"的态度确实是矛盾的，但这种矛盾昭示了《杨朱》篇论及的"性命"与其他篇章论及的"运命"概念的不同，对待不同的"命"，自然作者的态度也有所不同。而考察《杨朱》篇对于"运命"之"命"的态度，则与《列子》其他篇章是一致的。由此可见，由于《杨朱》篇中的"命"增加了

"性命"这一层含义,所以其"命"的含义范围也和"性"一样,略大于《列子》其他篇章中的"命",但这些多出的部分与"运命"之"命"的含义并不矛盾。因此,这样的分析结果同样也只能证明《杨朱》篇的"命"与《列子》其他篇章中的"命"在含义上体现更多的是一致性。

综合以上两点,笔者认为虽然《杨朱》篇中"性""命"两个概念的含义范围都略大于《列子》其他篇章,但这种差异并不能证明《杨朱》篇的论述与其他篇章的矛盾。因此,可以认为《杨朱》篇与《列子》其他篇目没有显著的矛盾之处,其逻辑是相容且一脉相承的。并且,这些超出其他篇章含义范围的论述从逻辑上来说是后者的延伸和发展,提出了新的要素和信息,特别是《杨朱》篇中对于"命"的设置、论述,以及它所达成的"性""命"关系和最终的旨归,是《列子》"命"论中最个性化的一部分,值得更多的关注和研究。

以 "心" "化" "虚" 为核心的
《列子》境界论

第三章

境界论往往是中国哲学思想体系的归结之处，它的阐释是将来自宇宙本源的价值和特质融入具体事物、个人生命之中，并为这种价值的实现寻找可能的途径，这一点在《列子》中也不例外。综合《列子》中论述境界论的段落，可以发现"化"和"虚"这两个概念在其中被论述的频率最高，所占据的地位也最为重要；而"心"这一概念则是人性论和境界论的中间媒介。因此可以认为三者便是《列子》境界论的支柱，三者之间的联系也非常紧密，共同构成了一个以具体的个体为中心的，上达宇宙本源的境界论体系。

第一节 "心":"刳心去智"

"心"在许多中国哲学著作中都更多地被归在人性论的论述范围之中,代指人类、生物生命之中认知、意志等精神活动的主体。尽管在《列子》之中,"心"的含义大致与其他著作相同,但其几层含义最终的归结之处却落到了境界论的范畴之内,这是《列子》之"心"与很多其他思想体系的不同之处,值得关注和剖析。

一、《列子》之"心"的含义梳理

"心"一字在《列子》中出现九十五次,是所有篇目中出现形式较多的概念,厘清"心"在《列子》一书中的含义,是梳理该书思想的一个重点。通过梳理"心"的义项,我们可以将其含义概括为三个方面:作为生理脏器的"心",代指精神主体并具有一系列精神功能的"心",与最高境界相联系的"心"。

1. 作为生理脏器的"心"

"心"在《说文解字》中的字义解释为:"人心土藏,在身之中。"[1] 此字作为文字的基本含义,便是指人类身体内不断跳动着的那个器官。因此,由这个基本字义所衍生出的一系列其他意义,都必定与这一基本含义有所关联。在《列子》文本中,"心"以这

---

[1] 许慎:《说文解字》,徐铉校定,中华书局,2003,第216页。

种基本含义出现的情况不算多见，但次次语义鲜明，并且我们可以从这几次基本含义的用法及其语境中，发现古人对于"心"这一器官的一些认知和联想，从而找到"心"由基本含义衍生出其他含义的思维历程。因此，对于《列子》中"心"之基本含义使用状况的梳理，对于我们厘清"心"的三层含义结构是很有帮助的。

《列子》作者对于"心"这一脏器的认知在《仲尼》篇第二段中可见一斑。该段中，得道之人亢仓子在描述自己得道之后的体感时说道："其有介然之有，唯然之音，虽远在八荒之外，近在眉睫之内，来干我者，我必知之。乃不知是我七孔四支之所觉，心腹六藏之所知，其自知而已矣。"[1] 从这一段话中，我们可以知道三点作者对于脏器"心"的认知：首先，"心"作为"心腹六藏"的一部分，是诸多人体器官之一。当然，当时的人们已经对于人体的器官分布有所了解，并创造了一系列的文字来代指各个器官。在这一段话中，"心腹六藏"显然就是代指着人体的所有脏器。而作者在诸多代指器官的词语中，单独将"心"这一器官列出，可见在作者心目中"心"在人体内部的重要地位。其次，"心腹六藏"显然是与"七孔四支"相对应的。"七孔四支"在此代指人体外部的感觉器官，而"心腹六藏"则相对代指人体内部的一系列脏器。由此可见"心"作为内脏之首而具有的内藏的、与外显相对的属性。最后，值得注意的是，在《列子》的作者看来，内在的"心腹六藏"似乎也和作为外在感官的"七孔四支"一样，有

[1] 杨伯峻:《列子集释》, 中华书局, 2012, 第113页。

着感知外部事物的能力。而"心"作为内脏之中最为重要的一个，在作者的观念中自然也具有感知的功能。这种观念尽管和现代人对内脏的观念并不相符，但确实为《列子》的作者所认同的观念。

作者在对"心"的认知上与现代观念有所差别的不只这一点。在《汤问》篇第十三段的故事中，提到偃师向周穆王进献了一个栩栩如生的假人，这个假人不仅外表与活人别无二致，而且其内部也有着与活人完全相同的结构。文中说道："王谛料之，内则肝、胆、心、肺、脾、肾、肠、胃，外则筋骨、支节、皮毛、齿发，皆假物也，而无不毕具者。合会复如初见。王试废其心，则口不能言；废其肝，则目不能视；废其肾，则足不能步。"[1] 既然作者已经确定，假人是与活人结构完全相同的，那么此处对假人的描写实际上就是作者观念中人体的结构。此段最值得注意之处，在于作者对人体内部器官与外部功能之间联系的描述，即这些内部器官与具有感知或活动能力的外部器官有着一一对应的关系，当内部器官失去其功能时，与之相对应的外部器官也会失去其功能。也就是说，在这种对应关系之中，以"心"为首的内部器官是占据主导地位的。在作者的观念里，内部器官的功能与外部器官有着很多相似之处。由上一段的分析我们已经得知，作者认为以"心"为代表的内部器官"心腹六藏"也具有感知的功能。显然，此处提到的"肝""肾"等器官都是"心腹六藏"的一部分，它们也都具有一定程度上的感知功能。而"心腹六藏"与"口""目""足"等外在的器官的一个最大的不同之处，就是它们不像后者一

---

[1] 杨伯峻:《列子集释》，中华书局，2012，第172页。

样受到人本身意志的控制。不受意志控制的内部器官要和受到意志控制的外部器官产生一对一的联动，则必定要经过"意志"这一中枢。由此可见，在作者对"内部器官→外部器官"之间联动的描述中，还缺失了一个重要的环节，那就是"意志"的存在和作用。

令人高兴的是，以"心"为首的内部器官与意志的关系，在《列子》文本之中也有较为清晰的论述。在《汤问》篇第九段中有一段很有意思的故事，即神医扁鹊为两位患者换"心"。书中说："扁鹊谓公扈曰：'汝志强而气弱，故足于谋而寡于断。齐婴志弱而气强，故少于虑而伤于专。若换汝之心，则均于善矣。'扁鹊遂饮二人毒酒，迷死三日，剖胸探心，易而置之；投以神药，既悟如初。二人辞归。于是公扈反齐婴之室，而有其妻子；妻子弗识。齐婴亦反公扈之室，有其妻子；妻子亦弗识。"[1] 从这一段描述中，我们可以得知很多重要的信息。首先，作者对于人的存在显然持二元的观点，即"志"和"气"两个要素构成了一个具体的人，并且二者是不重合、也不一定匹配的。这种不匹配是具体人类很多疾病的根源所在，故事中的公扈与齐婴就是典型的病例。而"志"和"气"两个概念值得我们深入剖析。纵观《列子》全文，"气"是一个非常重要的概念，在其诸多含义层次之中，最核心且贯穿其他各级含义的是"构成具体事物之存在的基本元素"这一层意义。因此，由这一层意义出发，"气"这个概念不管出现在哪种语境之中，都暗示着其主体的物质性层面。在具体个人的

---

[1] 杨伯峻:《列子集释》，中华书局，2012，第166页。

存在上，"气"也同样暗指其物质性的一面，即人的肉体。与此相对的"志"的含义，也可以从原文中找到线索。文中扁鹊说公扈"志强"而"足于谋"，齐婴"志弱"而"少于虑"。"谋""虑"显然都是"志"的外在表现，而两者都可以被认为是思维的一部分。从公扈和齐婴病愈后回家的状况来看，两人不仅是"志""气"平衡了，连记忆、意志等都被交换了。前面我们分析过，"气"在这里所代指的是人的肉体，而从原文中的描述来看，两人被交换的显然不是肉体，而是"志"。也就是说，文中所体现的记忆、意志、思维都是"志"的组成部分。其次，文中扁鹊治疗两人的手段，是交换"心"这一脏器，而从最终的结果来看，根据我们上文的分析，是两人的"志"被交换了。也就是说，作者认为"心"这一器官是"志"在人体内所寓居的地方，这种认知可以说是被古人所一致认同的。在对于脑的功能缺乏了解的当时，身体中不断跳动着的"心"显然是内部脏器中最突出的一个，将其作为"志"的寓居对象也并非一种难以理解的思路。由此可以得知，在上一段落末尾所呈现的"内部器官→外部器官"之联动，实际上应该是"内部器官→心→外部器官"。"心"一方面作为内部器官的一部分，拥有感知的功能；另一方面我们已知意志是"志"的一部分，在此意义上"心"又作为意志的载体，连通着内部器官和外部器官。由此，作为脏器的"心"的两种功能便突显了出来。由于古文表达的含混性和多义性，《列子》作者并未把脏器"心"的这两种功能彻底区分开，但对于我们所进行的概念分析来说，却是有着重要意义的。作者认知中，"心"作为脏器的两种功能，都与"心"这一概念的其他深层含义紧密相关。

与脏器"心"在人体之中所处的位置相关,《列子》中的"心"也经常代指人体的胸部,这种代指常常出现在该人物发出感叹或抱怨之时。例如在《汤问》篇第十段中,师文的琴艺令师襄大为惊叹的时候,便有"师襄乃抚心高蹈曰:'微矣子之弹也!'"[1]。这种用法虽然在"心"的意义体系中不算重要,但也单列在此,作为脏器"心"之含义的小小补充。

2. 代指精神主体的"心"

从上一部分的分析中我们已经得知,《列子》的作者认为"心"这一脏器是囊括了记忆、思维、意志等能力的"志"所寓居的人体内部器官。但在《列子》的诸多段落中,包含以上种种能力的"心"都并非作为一个人体器官而被描述的。可以说,在这些段落中,"心"失去了它原本所具有的肉体性和器质性,其含义无限趋近于"志",最终几乎可以与"志"的含义等同起来。由此,"心"不再是一个肉体器官,而是演化成了一个替代"志"之意义和功能的抽象概念,并在《列子》文本中大量出现,覆盖了原本应该由"志"一词来代指的意义和功能。通过对于这些段落的梳理,我们可以找出"志"也就是这层含义上的"心"概念所具有的要素,并对其意义进行一个比较明确的界定。

先来看作为抽象概念的"心"所具有的一系列要素。作为《列子》首篇,《天瑞》篇基本上给出了《列子》全文体系的大致

---

[1] 杨伯峻:《列子集释》,中华书局,2012,第168页。

框架，对于主要的概念也都有着比较简明的概括或暗示了它们比较核心的意义，"心"这一概念也不例外。《天瑞》篇第十二段讲述了我们都很熟悉的"杞人忧天"的故事，纵观该段的叙述，可以发现几个主要人物的观点都是围绕着"知"和"忧"这两个点来展开的。"知"在此处主要是指在天地会不会"坏"这一问题上的认知。杞人由于不知道天地会不会"坏"而"忧"；来劝说杞人的人认为天地不会"坏"，因此不必"忧"；得知两人对话的长庐子认为天地总有一天会"坏"，因此应该"忧"。这三人的观点虽然很不一样，但在一点上却是一致的，那就是"知"和"忧"是紧密相连的，"忧"这一情绪在"知"的基础上产生，并会随着"知"的变化而发生相应的变化，正如杞人在接受了他人的劝说之后不再"忧"了。但文中的列子却不这样认为。段落结尾处有这样的一段话："子列子闻而笑曰：'言天地坏者亦谬，言天地不坏者亦谬。坏与不坏，吾所不能知也。虽然，彼一也，此一也。故生不知死，死不知生；来不知去，去不知来。坏与不坏，吾何容心哉？'"[1]此处的列子对于天地会不会"坏"这个问题持有"不能知"的观点，即这一问题超出了自身认知能力的范围，因此无法对此产生确定的认知；而在"知"与"忧"的关系问题上，则是持有"彼一也，此一也"的态度，即"知"与"忧"没有必然的联系。由此，列子认为"不能知"天地会不会"坏"，并不会使自身产生"忧"的情绪，即"坏与不坏，吾何容心哉？"列子这种态度的发生逻辑应该是：一旦以"坏"为代表的"知"被容

---

[1] 杨伯峻：《列子集释》，中华书局，2012，第31页。

于"心",则便会产生"忧"的情绪。对于列子来说,"知"不容于"心",被排除在了"心"之外,因此"忧"便不再产生。由此看来,以"坏"为代表的"知"原本应该是容于"心"的,而且"忧"也是由"心"所产生的。"知"和"忧"在"心"之中原本应该有着自然的联动关系,但列子在此处是作为一位得道之人而发出这番议论的,他将"知"排除在了"心"之外,而取消了"知"容于"心"这个前提,二者之间的链条被斩断,因此"知"与"忧"在列子那里不再联动。而在并未得道的普通人那里,二者应该仍旧是容于"心",并在"心"之中紧密相连、相互影响的。在此段中,"知"具体来说是指每个人对于"天地是否会'坏'"这个问题的答案,而这些答案都是主体的认知;"忧"则毫无疑问是一种情绪,以认知为基础而产生。由此我们可以推断,认知和情绪都是"心"所具有的要素,并且前者在逻辑上先于后者,并影响后者的状态。接下来,我们需要在《列子》原文中寻找证据,来证明这种推断符合《列子》作者的原意,并进一步剖析这两种功能与"心"的关系。

先看认知与"心"的关系。在《黄帝》篇第十二段中,记述了魏文侯与子夏之间有关一件奇异事件的对话。魏文侯听说有人可以自由自在地"游金石,蹈水火",便问子夏这是怎么回事。子夏说,这是由于"和者大同于物,物无得伤阂者"。由此,"文侯曰:'吾子奚不为之?'子夏曰:'刳心去智,商未之能。虽然,试语之有暇矣。'文侯曰:'夫子奚不为之?'子夏曰:'夫子能之而能不为者也。'文候大说。"[1] "和者大同于物"显然是一种个人修养的境界，达到这种境界的途径便是对话中子夏所说的"刳心去智"。而由"刳心去智"这种表达可知，"心"和"智"在这种语境中关系密切，可以认为"智"是"心"的要素之一。那么在这里，"智"的具体含义是什么呢？记述中，已经达到"和者大同于物"境界的奇人在被问到为何能够"游金石，蹈水火"的时候，问道："奚物而谓石？奚物而谓火？"并在得到他人的解释后仍然答道："不知也。"因此我们能够知道，子夏所说的"去智"，其本质就是变得"不知"，而"智"在这里的含义很大程度上便等同于"知"。而从"刳心"便能够"去智"这一点，可以证实"知"，即认知便是由"心"而衍生的。

除此之外，在此段的表述中还有一点值得注意之处。已经"去智"的奇人与大多数普通人的不同，除了没有对于事物的基本认知之外，还能够真正自由自在地"处石""入火"并不会受伤。子夏将此解释为"和者大同于物，物无得伤阂"。但从另一个角度来看，这种表现实际上意味着奇人作为一个独立个体的主体限定性下降了。我们知道，一个人能够作为一个独立的个体而存在，是由于它具有作为它本身的限定性。只有拥有了这种限定性，个体才能够作为个体存在下去。当一个具体的个人达到了"大同于物"的状态时，其个体限定性必然已经下降了很多，才有可能与其他事物相融。当然，这种状态还不意味着个体限定性的完全丧失，因为那样的话，奇人便会彻底消失于世了。可以说，一个人

[1] 杨伯峻:《列子集释》，中华书局，2012，第66页。

具有了主体限定性,便会对其周遭世界和种种事物产生基本的认知,从而作为一个主体存在于世,而拥有对于他物的认知,便是一个人具有主体限定性的证明。这种认知,在《天瑞》篇第十四段中被归纳为"公私"。此段中的主要人物东郭先生说:"若一身庸非盗乎?盗阴阳之和以成若生,载若形;况外物而非盗哉?诚然,天地万物不相离也;㓲而有之,皆惑也。国氏之盗,公道也,故亡殃;若之盗,私心也,故得罪。有公私者,亦盗也;亡公私者,亦盗也。公公私私,天地之德。知天地之德者,孰为盗耶?孰为不盗耶?"[1]这番表述全部都是围绕着"盗"和"公私"两个观念而展开的。这里所谓的"盗"已经不仅仅局限在人类社会私有财产的语境之中,而是连人之"生"的出现和"形"的形成过程都被囊括在"盗"这个观念之中。由此我们可以知道,这里的"盗"指的是用自身之外的他物来构成自身、满足自身的行为。而这种取之于外用之于内的行为必须有一个前提,那就是对内外有所认知并区别对待,这种认知和区别对待就是"公私"。在"公私"之中,更为主要的部分在于知"私",即将"天地万物""㓲而有之"的行为。在文本之中,"㓲而有之"等于知"私",知"私"又等同于"盗"。而这样的"盗",被作者表述为"私心",即"若之盗,私心也"。我们已经知道,认知能力是"心"的功能之一,知"私"是认知能力的重要部分,并且是独立的人类个体具有主体限定性的证明。显然,这种主体限定性的证明是寓居于"心"的。由此我们可以说,"心"的存在,是独立的个体存在的证明,而这

---

[1] 杨伯峻:《列子集释》,中华书局,2012,第35页。

种证明是由其认知功能所给出的。

接下来看情绪、情感功能与"心"的关系。在《列子》文本中，除了我们上文已经分析过的"忧"之外，还有许多其他的情绪与"心"出现在同一段落中，并展现出相互联系的关系。如《周穆王》篇第九段中的"及至燕，真见燕国之城社，真见先人之庐冢，悲心更微"[1]，便是将"悲"这种情绪与"心"联系在一起；又如《说符》篇第十三段中的"昔有异技干寡人者，技无庸，适值寡人有欢心，故赐金帛"[2]，是将"欢"这种情绪与"心"联系在一起。而与情绪相关联的"心"还可以在更宽泛的意义上使用，如《黄帝》篇第十九段中的"宋有狙公者，爱狙；养之成群，能解狙之意；狙亦得公之心"[3]，便是用"心"这个概念代指了狙公的情感，表达狙与狙公之间亲密的情感联系。纵观全书，这样将"心"与一种情感相联系或用"心"来代指情感的段落十分多见。与"心"相联系的情感，在《列子》中往往用"情"这个概念来表达。"情"也是一个内涵丰富的概念，具有"状况""倾向"等多种含义，但我们在这里只分析作为情绪、情感的"情"。对于"情"的分析，有助于我们更进一步地了解"心"这一概念的内在结构。

《仲尼》篇第十五段是《列子》中非常重要的段落，在这一段落中，作者论述了许多重要的概念以及它们的相互联系，段落的

---

[1] 杨伯峻：《列子集释》，中华书局，2012，第108页。

[2] 同上书，第244页。

[3] 同上书，第82页。

结尾部分有这样一段话:"知而亡情,能而不为,真知真能也。发无知,何能情?发不能,何能为?聚块也,积尘也,虽无为而非理也。"[1] 这一段话点出了"知"与"情"之间的紧密联系。我们可以尝试由此来分析这种联系,并梳理"心"的内部结构。对于"知而亡情,能而不为,真知真能也"一句,张湛在其注解中作出了受到大多数学者认可的解释:"知极则同于无情,能尽则归于不为。"首先要指出的是,此段所要论述的主题是提升个人修养并最终回归于"道"的可能性和过程,也即求"道"的过程。因此,该段落的前半部分一直在论述"道"的性质以及具体个人怎样才能感通于"道"的方法。而我们所要重点分析的后半段,则是在论述求"道"的几个阶段或过程。"知而亡情,能而不为"显然已经是相当高的境界,从张湛的注解来看,这种境界其实是当"知"扩充到极致之时也彻底消解了"情"的状况。与此相对,段落最后的"聚块也,积尘也,虽无为而非理也"一句则点明了境界上的另一个极端,卢重玄对此的注解是:"若兀然如聚块、积尘者,虽则去情无为,非至理者也。"也就是说,这一句所表达的状态是当主体完全没有"知"的时候,也会是完全没有"情"的。由此可见,作者所论述的境界提升过程的具体表现就是"知"与"情"的联系和变化。在境界提升的过程中,"知"处于不断被扩充的状态,提升至顶点的时候"知"将会扩充到无限;而"情"则呈现出一个纺锤形的变化,一开始的时候是零,之后随着"知"的扩充而逐渐扩充,却又在扩充到一定程度的时候开始消解,并最终

---

[1] 杨伯峻:《列子集释》,中华书局,2012,第139页。

在"知"扩充到无限的时候回归于零。对于"情"变化的这个过程，作者用"发无知，何能情"来进行了简略的概括。我们在上一段落中已经论述过，"知"是"心"的功能之中给出个体存在证明的部分，可以说有了"知"，个体才能够被确认是存在的。因此"知"的存在一定先于"情"，而"情"其实是由对于"公私"的"知"而衍生出来的。有"公私"，才会有对于自我和他者的分别，而有了这种分别，才能够将自我认同为主体，并在与他者的接触中产生种种情绪和情感。由此可以确定，在《列子》中，"知"是"情"的前提，在逻辑上先于"情"而存在。

实际上，该段落中所论述的"情"的消解一直是《列子》中提升修养及境界的关键，文中无数讨论境界提升的段落都是以消解"情"为重点的。因此，"知"的极致扩充和由此引发的"情"的消解基本上是只有在求"道"的过程中才会发生，对于绝大多数个体而言，其终生应该都是处于"知"和"情"成正比增长的过程中的。《列子》的作者之所以推崇对于"情"的消解，必定是由于在其观念系统之中"情"对于求"道"的过程有所损害。而对于"情"及其损害，作者在文本中也多少有所提示。在《天瑞》篇第八段中，子贡在听到林类老人所说的"老无妻子，死期将至，故能乐若此"时发问道："寿者人之情，死者人之恶。子以死为乐，何也？"[1] 对于这段话中的"情"，杨伯峻引用《汉书·董仲舒传》的语句将其注释为"情者人之欲也"，并明确"此情字当

---

[1] 杨伯峻：《列子集释》，中华书局，2012，第23页。

训欲"[1]。应被解释为"欲"的"情"在《列子》中并不止这一处。如《黄帝》篇第一段的故事中，黄帝曾经"娱耳目，供鼻口""竭聪明，进智力"以至于"焦然肌色皯黣"，但最终他梦游华胥国之后对臣子们说："今知至道不可以情求矣。"[2] 此处的"情"也应该解释为"欲"。除此之外，"情欲"这个联合词在《列子》中，特别是《杨朱》篇中更是比比皆是。应该说，"情"不能完全等同于"欲"，二者的关系应该是包含与被包含的关系。"情"的意义范围要大于"欲"，"欲"是"情"范围中的一部分。"情"和"欲"并非完全对人有害。从上一段的分析中我们可以确定，一定程度的"情"是修养提升过程中的必经阶段，而有"情"就必然有正常合理的"欲"，但作者对过度的"欲"显然是排斥的。例如《天瑞》篇第六段中所说"其在少壮，则血气飘溢，欲虑充起；物所攻焉，德故衰焉"[3]。由此看来，"欲虑"的泛滥和扩张是导致"德"衰减的根源。我们知道，"德"代表着作者所维护的价值，而"欲"的存在对于这一终极价值有着严重的威胁。结合上一段落对于修养境界提升过程的分析，我们可以推断："知"与"情"的同步扩展是境界提升的必经阶段之一，"欲"在这一阶段也与"情"一起扩展，但仍在合理的范围之内；但当"情"扩展到一定程度却又没有进入消解的过程时，"欲"便会开始泛滥，从而产生"德故衰焉"的后果。

---

[1] 杨伯峻:《列子集释》，中华书局，2012，第23页。
[2] 同上书，第41页。
[3] 同上书，第20页。

　　"欲"是由"情"所衍生的，而"情"是由"知"产生的，"知"是"心"最为基本也是最核心的要素。因此，我们可以理清"心"由这一主体出发所产生的衍生链条："心"→"知"→"情"（"欲"）。"知""情""欲"都是构成"心"的要素，并且它们之间有着递进衍生的关系，但"欲"并非这一衍生链条的结尾。《天瑞》篇第六段的表述中并非只使用了"欲"，而是用"欲虑"这一联合词来提示"德"之"衰"的原因。我们可以由此注意到由"欲"而产生的"虑"——思虑、思维的能力，也就是《黄帝》篇第三段中提到的"念是非""言利害"的能力。"虑"的产生除了需要主体意识存在，即"知"存在的前提条件之外，还有着显著的目的性，在具有了本身所要达到的目的时，主体才会进行一系列的思虑来选择达成目的的途径。而目的性来自一个人的"欲"，因此"虑"的产生显然与"欲"有着直接的联系。从《列子》文本的表述来看，作者对"虑"的态度和"欲"基本等同，即虽然不彻底排斥并肯定其正常合理的部分，但对它们的有害之处明显论述更多。二者在段落中往往或明或暗地共同出现。如在《周穆王》篇第五段中，"尹氏心营世事，虑钟家业，心形俱疲"，在接受了他人的劝说之后"减己思虑之事，疾并少间"[1]。此段中，尹氏的"欲"和"虑"都指向"世事"和"家业"，过度的"欲""虑"导致了严重的疾病。普通人过度的"欲虑"将导致自身的痛苦，而身负权力之人的过度"欲虑"则将导致更大的恶。正如《杨朱》篇第十一段的描述中，桀与纣两位暴君都是"恣耳目之所娱，穷

[1]　杨伯峻：《列子集释》，中华书局，2012，第101—102页。

意虑之所为""肆情于倾宫，纵欲于长夜"[1]，由严重过度的"欲虑"
而导致了民不聊生和战争的局面。

经过以上分析，我们可以大致确定"心"这一概念所具有的
一系列要素，以及这些要素之间的相互关系。"心"概念的构成要
素有"知""情""欲""虑"，它们相互之间有着递进衍生的关系，
即"知"→"情"→"欲"→"虑"。我们可以发现，这四个要素
的递进暗示了"心"之主体——具体个人的主体性的渐次增强。首
先，"知"是主体性存在的基础和依据，有了"知"，"心"作为主
体性存在的证明才能够被确立；由"知"而产生的"情"让"心"
的主体性进一步增强，一个具体的人也进一步的完善起来；而
"欲"和"虑"则是主体性不正常扩充的阶段，它们的泛滥最终损
害了具体个人本身。由此可见，"心"并非像"性""命"等概念
一样可以被证明为完全符合终极价值的，它本身有善有恶，可能
有合理的因素——"知""情"，也可能有不合理的因素——"欲"
"虑"。在《列子》作者的观念中，"心"所具有的不合理因素被认
为是"心"被外界事物所迷惑而产生的。《列子》文本中有很多正
面描述"心"被迷惑的例子。如《黄帝》篇第十三段中，"有神
巫自齐来处于郑"，能够预言生死，非常神奇，而"列子见之而心
醉"[2]。最终其师壶子用事实向列子展示了真正的神奇并揭示了神巫
的渺小，使得列子清醒过来。这一段故事里，列子在被神巫的神
奇行为所迷惑的过程中，被迷惑的主体便是列子的"心"。而当众

---

[1] 杨伯峻:《列子集释》，中华书局，2012，第222页。
[2] 同上书，第67页。

多具体个人之"心"被外界事物所迷的时候，便会发生更加严重的集体问题。如《周穆王》篇第八段中所论述的，"今天下之人皆惑于是非，昏于利害。同疾者多，固莫有觉者。且一身之迷不足倾一家，一家之迷不足倾一乡，一乡之迷不足倾一国，一国之迷不足倾天下。天下尽迷，孰倾之哉？"[1] 而作者所认同和推崇的修养提升途径，正是基于"心"可能被迷惑这一点而展开的。这一层内涵将在下一节中进行集中论述。

"心"所包含的"知""情""欲""虑"，即认识、情感、欲望和思维，可以说已经涵盖了人类及其他生物可能具有的全部精神活动。由此基本可以确认，《列子》文本中这一层含义的"心"概念代指着精神活动的主体。我们知道，由于中国古代汉语概念内涵和外延的不确定性，任何一个概念的范围在表达中都有可能扩大和缩小。当"心"这一精神主体的意义扩展到最大时，它可以包含生物所能具有的一切精神活动。如《仲尼》篇第五段中，列子对南郭子的评论即是"貌充心虚"[2]。在这里，"心"与"貌"相对，"貌"在此代指外貌、外形，而"心"在此代指全部精神世界。这样用"心"与"貌""形"一类代指外观、外形的情况在《列子》中并不少见，因此"心"在《列子》文本中代指全部精神世界的情况也不少见。反过来，当"心"的含义缩小时，它也可以仅仅代指几种或一种精神活动，这种情况比"心"代指全部精神活动更为多见。例如《杨朱》篇第十段中，孟孙阳向禽子解释

[1] 杨伯峻：《列子集释》，中华书局，2012，第106—107页。
[2] 同上书，第118页。

杨朱的理论时说:"子不达夫子之心,吾请言之。"[1] 这里的"夫子之心"便是指杨朱的思维、观点。另外值得注意的是,《列子》中还有着以"心"代指道德感的例子,在《说符》篇第八段中出现了"使教明于上,化行于下,民有耻心,则何盗之为"[2] 的论述,其中的"心"是"耻"感之意,而"耻"是一种道德情感的体现。这是《列子》全文中唯一的一处将"心"与带有儒家色彩的道德情感联系在一起的段落,在其余段落中都没有出现过有关"心"与社会道德之间关系的论述。由于本段的口吻和所持态度都与其他段落大相径庭,笔者倾向于将这一段论述作为在编辑过程中混入的其他学派论述来看待。

3. 与最高境界相联系的"心"

在上一段落中,我们已经论述过构成"心"的基本要素以及"心"被迷惑的可能性及其后果。基于此,《列子》的作者展开了其对于个人境界以及终极价值的论述。其实在上一节的开头部分,我们已经对《列子》中个人境界提升的过程进行了提示,而此节将更进一步对此进行深入剖析。在这一层意义上的"心"仍旧是精神主体,但已经不再是绝大多数普通个体的精神主体,而是具有一定修养和境界的求"道"者的精神主体。这样的"心"不再仅仅与认识、情绪、欲望、思维相联系,而是具有某种程度上德化的意味。从对于这些求"道"者之"心"的论述中,我们可以

---

[1] 杨伯峻:《列子集释》,中华书局,2012,第 220 页。

[2] 同上书,第 237 页。

发现这些求"道"者所具有的不同的精神境界层次，从这些境界中体现出来的是作者的终极价值，以及作者维护自身终极价值的方法。

作者所认同的价值及其体现出的境界，与儒学或社会认同的"礼教"是截然不同的。这也是上段中笔者认为《说符》篇第八段中有关"耻心"的论述并非出自原作者之意的原因。对于这一点，《杨朱》篇第八段中的描述可以作为例证。该段中描述了一位奇人"卫端木叔"的人生，其为"子贡之世也"。其人"藉其先赀，家累万金。不治世故，放意所好。其生民之所欲为，人意之所欲玩者，无不为也，无不玩也"。在肆意享乐的同时，"奉养之余，先散之宗族；宗族之余，次散之邑里；邑里之余，乃散之一国。行年六十，气干将衰，弃其家事，都散其库藏、珍宝、车服、妾媵。一年之中尽焉，不为子孙留财。及其病也，无药石之储；及其死也，无瘗埋之资。一国之人受其施者，相与赋而藏之，反其子孙之财焉"。对于此人的这种行为，作者举出了他人的两种评论。一种是"端木叔，狂人也，辱其祖矣"，另一种是"端木叔，达人也，德过其祖矣。其所行也，其所为也，众意所惊，而诚理所取。卫之君子多以礼教自持，固未足以得此人之心也"。[1] 而从作者的段落布局来说，显然其所认同的是第二种评价。在这种评价之中，作者以"此人之心"来代指"卫端木叔"的行为逻辑和他的精神境界，并明确指出了这种境界与"卫之君子"所认同的"礼教"的差异。可以说，对此人的第一种评论就是来自"卫之君子"的，

---

[1] 杨伯峻:《列子集释》，中华书局，2012，第217—219页。

而这种评论显然是负面的、不被认同的。从"卫端木叔"的具体行为来看，他所做的一切并非意在提升个人修养，而只是完全符合《杨朱》篇主旨的"不横私天下之身，不横私天下之物"[1]，并"且趣当生，奚遑死后"[2]。也就是说，他并非一个有意识的求"道"者，而只是一个天性张扬肆意的人，其所具有的"心"也并非特别高妙。但作者对于这种"且趣当生，奚遑死后"状态的认同感仍远远强于对"礼教"的认同。

不仅仅是"礼教"，在作者的观念之中，很大程度上社会现实所认同的常识的存在对于境界和修养的提升也是有干扰，甚至是有害的。在《周穆王》篇第七段的故事中，"宋阳里华子中年病忘，朝取而夕忘，夕与而朝忘；在涂则忘行，在室则忘坐；今不识先，后不识今"。而在儒生将其"忘"病治好之后，华子非常愤怒和痛苦。他说："曩吾忘也，荡荡然不觉天地之有无。今顿识既往，数十年来存亡、得失、哀乐、好恶，扰扰万绪起矣。吾恐将来之存亡、得失、哀乐、好恶之乱吾心如此也，须臾之忘，可复得乎？"[3] 显然对于华子来说，病中所处的"忘"的状态更令人倾心。实际上，道家思想的各派都非常重视"忘"在个人修养提升过程中的作用，《列子》也不例外。我们在上一节中已经分析过，作者认为个人修养提升的过程事实上就是"知"和"情"的相互联系与发展过程。在"知"逐渐扩充的过程中，"情"先是随

---

[1] 杨伯峻:《列子集释》，中华书局，2012，第224页。

[2] 同上书，第211页。

[3] 同上书，第104—105页。

之不断增长，在增长到一定程度的时候又开始逐渐消减，在"知"扩充到无限的时候再次回归于零。我们也已经提到，在"知"扩充到一定程度却没有进入消减程序的"情"就会变成不正常增长的"欲"。而从《周穆王》第七段，华子对于其从"忘"状态回复到正常状态的描述来看，他所重新忆起的是"存亡、得失、哀乐、好恶"。这四者之中，"存亡、得失"可以归属于由"欲"而产生的"虑"，"哀乐、好恶"可以归属于"情"。也就是说，华子之"忘"其实是他已经从"情"增长而生"欲"的阶段进入了"情"和"欲"逐渐消减的阶段，虽然从外在表现上看来是生了疾病，但实质上是个人修养和境界提升的一种体现。而儒生的治疗则让他重新回到了"扰扰万绪起矣"的状态，这种状态实质上就是"情"和"欲"进入消减阶段之前的增长阶段。所以，对于华子来说，儒生的治疗是让他从较高的境界倒退回了较低的境界。由这一段论述，我们可以知道，在《列子》的修养提升过程中具有重要地位的"忘"，其实质就是作为"心"的要素之一的"情"的消减。尽管该段文本中出现了很多华子患了疾病的描写，但对于华子处于"忘"状态中时的描述都是从作为普通人的华子妻子的视角出发的，因此尽管华子曾具有很高的境界，但从叙述中我们无法确认这里的华子是不是一个有意识的求"道"者。

那么，作为一个有意识的求"道"者，所能达到的最彻底的"忘"是怎样的呢？这一问题的答案可以从一些段落的表述中找到线索。在《杨朱》篇第二段中有着这样一段表述："太古之人知生之暂来，知死之暂往；故从心而动，不违自然所好；当身之娱非所去也，故不为名所劝。从性而游，不逆万物所好；死后之名非所取也，故不为刑所及。名誉先后，年命多少，非所量也。"[1] 此段中最引人注目的一句，便是"从心而动，不违自然所好"。我们知道，一个身处社会生活之中的正常个体，其"心"应该是如同上段中所引用的华子的描述一样，"扰扰万绪起矣"，充满了各种"情"和"欲"的。当个体完全遵从这样的"心"而行动之时，是不可能"不违自然所好"的。因此，此处的"太古之人"显然不可能是普通的社会个体，而是具有很高境界的人，其"心"也已经经过了修养提升的过程。事实上，"太古之人"的境界要高于上段引用中的华子，因为华子的表现并非像"太古之人"这样超脱飘逸，而是在"忘"的同时仍旧处于一种在外界看来比较癫狂的状态之中。在《杨朱》篇第二段中，"从心而动"的一句和"从性而游"的一句是互文的关系，两句的主体都是"太古之人"，虽然一个从"心"一个从"性"，但我们知道，处于互文关系中的两个语句意义是基本一致、相互诠释的。也就是说，这里虽然使用了"心"和"性"两个概念，但它们的内涵是相互诠释的。这种表达方式为我们提示了一点，那就是当一个独立主体达到了"太古之人"一般的境界时，其"心"与"性"是基本重合的。我们知道，"性"是独立个体身上贯通于本源"道"的部分，是纯然符合"自然"这一道家终极价值的部分。而《杨朱》篇第二段中用"心"与"性"互文的表达方式，说明了当一个独立个体的境界提升到很高的阶段时，其"心"是符合于"性"，即像"性"一样纯然符

---

[1] 杨伯峻:《列子集释》，中华书局，2012，第210页。

合"自然"价值的。结合我们在前几部分之中所分析的"心"可能具有的要素以及境界提升的主要过程,达到很高境界时的"心"应该是彻底排除了"虑""欲"和"情",只保留着最基本的、使得个体存在成为可能的"知"的。只有这样,"心"才可能无限接近于"性",并和"性"一样做到"不违自然所好"。

由以上分析,我们梳理了《列子》中的"心"概念在三个层次上的意义,揭示了"心"的内部结构和组成要素,并对"心"这一概念所涉及的个人修养、境界提升和终极价值等问题进行了深入分析。纵观三层意义,我们可以发现,"心"这一概念可以说是一个中立概念,它本身并不带有任何价值判断,只是在作为其主体的独立个体与外界接触的过程中,才因主体的选择和判断而呈现出价值性,才能够被判断是否符合某种价值体系。另一方面,"心"也是诸多概念之中与宇宙本源"道"联系最少的一个概念。它本身是完全站在具体独立的个体一边的,只随个体本身的要求而发生变动,也只在个体选择与"道"相联系的时候与"道"发生联系。因此,在研究《列子》中的个体问题的时候,"心"概念将会是一个无法忽略的重点。

二、与其他道家思想之"心"的比较

在中国思想史中,"心"字在各个学派的思想里都比较常用,且都具有多重含义,可以用来指代具体的心脏,也具有高度抽象的、形而上的哲学特征。从"心"字含义的历史发展过程来看,其含义的变化可以分为三个阶段。首先是纯粹代指具体器官的"心"，其次是具有强烈宗教性的崇拜对象"心"，最后发展到哲学意义上高度抽象的"心"，这三个阶段的演变相互关联，前者是后者含义的基础。因此，如果要考察"心"的含义变化过程，就必须将其放置到远古时期人们的认知之中，结合中国汉字系统的演变发展过程来考察。

"心"是一个产生非常早的象形文字。现存的甲骨文中已经出现了"心"，其字形就是一颗心脏的纵向剖面图，并且清楚地展现出了左右心房和心室。这显示了古人在远古时代的粗糙医疗实践中，已经观察到了心脏的具体结构。许慎的《说文解字》中对此也有明确的表述："心，人心也。在身之中，象形。"古人普遍具有强烈的灵魂观念，并且深受原始宗教的影响，而"心"字从很早之前就开始与灵魂联系起来，被认为是人类灵魂的居所。"心"字上方的一点，在甲骨文和金文中形态类似火苗，并且"心"字的顶端留有一个小小的缺口，从现存的甲骨文和金文"心"字来看，这个小缺口应该不是书写错误，而是故意留出的。一些学者认为，这个火苗的部分代指的就是人类的灵魂，而缺口就是人类灵魂出入心脏时的通道。由此可以感受到，"心"在我们的先祖眼中不单纯是一个身体器官，更是一个关乎灵魂的神圣空间。因此人们自然存在着对"心"的崇拜，并认为应当努力守护自己的灵魂所在之所，避免其受到损害。一旦灵魂离开了"心"，"心"的功能也就随之终结，生命也将迎来终结。《管子·内业》云："定心在中，耳目聪明，四肢坚固，可以为精舍。"这段话就明确地表示，"心"

是人类精气的所在地。

在以上的认知之外，远古时期的先祖们还从"心"对人体的重要性出发，对"心"的含义进行了衍生和发展，从而使"心"字出现了中心这一含义。中心观念在现存的古代文献和出土文献中极为常见，足以证明古人对"心"的强烈崇拜和高度重视。例如《荀子·解蔽》中的"心者，形之君也，而神明之主也"，《淮南子·原道》中的"心者，五藏之主也"，都有着这样的观念。这一点也可以从古人在天文观测时对"北斗"和"心"的星象崇拜中观察到。例如《孟子·尽心上》的赵岐解题注中论述到："犹人法天，天之执持维纲，以正二十八舍者，北辰也。论语曰：北辰居其所，而众星共之。心者，人之北辰也。苟存其心，养其性，所以事天也。"这段话就将"心"与天象联系在一起，既揭示了"心"的神圣意义，又展现了"心"与"中"的位置联系。"心"对于人类来说，就如同"北辰"在星空中的地位，它们都是自身所处空间的中心。由于身处中心，它们因此而具有了强大的神圣力量，能够对空间中其他的事物进行管理，维持整个空间的秩序，一个人"事心"，也是他"事天"的一个环节。由此将个人的身心修养与整个外在的宇宙秩序联系在一起，从而使个人的修养工夫获得了某些神圣性。事实上，后世的儒家学者还从中衍生出了个人与国家的紧密联系，从而构建了儒家强烈的政治权力中心意识。

1. 与《老子》之"心"的比较

《列子》和《老子》作为同一学派思想的始源和后学，在思想的粗略架构上基本是一致的。尽管区分的清晰程度不同，但它们基本划分了宇宙本源"道"所处的世界和具体万物所处的世界，并以这两个世界的上通和下贯来证明自身价值的来源和正当性。上文中已经进行过比较的"道"，毫无疑问都是两书中价值正当性的依据和来源；而"天"和"德"则共同连接着"道"与具体万物，作为"道"之特性下贯到具体事物上的媒介。在这之后，当"道"的特性下贯落实在具体事物身上时，必定也需要一些以具体事物为主体的概念，来论述和突显具体事物的价值与"道"性之间的关系。"心"便是这些概念之中较为重要的一个。在《老子》之中，"心"一共出现了十次，这种出现频率尽管与"性""命"等概念相比已经算是比较高，但仍然难以被认为是在书中特别重要的。对比两书中的"心"在出现频率上的差异，便已经说明了一些问题。后世学说在思想发展的过程中会对原始思想增补很多的模块，以便对其结构进行细化和补充，而这些模块往往都以一到两个核心概念为支柱。显然，"心"也是在这些后世思想增补过程中逐渐丰富和发展起来的核心概念之一，因此它在原始思想中尽管也有着自己的地位，但其重要性尚不是非常明显。由此可见，对《列子》和《老子》中的"心"概念进行比较，实际上是将一个后世发展起来的核心概念，和其在原始思想中的种子进行比较。通过这样的比较，有助于对该概念的起源和发展中的变化进行梳理，并从中考察它在思想史上可能的流变过程。

先来看《列子》和《老子》中"心"概念的相同、相似之处。首先，上一段落中已经提到，两者的"心"在其思想结构中的位置大致是相当的。它们都以个体或群体的具体事物为主体，被用来解释具体事物的行为和思想。前文专章论述《列子》之"心"时已经提到过，除了其他意义层次之外，其"心"最为重要的一层意义，是作为生物的精神主体并与外界发生联系。详细剖析这一精神主体，可以发现其有"知""情""欲""虑"等一系列的内容。而《老子》中的"心"虽然没有被解释得如此明确，但字里行间已经有着这种意义的简要框架。例如"是以圣人之治，虚其心，实其腹，弱其志，强其骨"[1]，便将"心""志"与"腹""骨"相对列出，使得两方分别代指具体人类的内在精神和外在肉体。"心"属于内在精神的意义在这种表述中是确凿无疑的。而且在前文中已经提到过，"志"在《列子》中也是一个与"心"并列的概念，并最终被归为"心"的一部分。可见，《列子》中较为完善的"心"之内容和"心""志"关系，在《老子》里已经被简要提及了。又如"不见可欲，使民心不乱"[2]，便将"心"和"欲"联系起来，这种联系在《列子》中也得到了更为详细的描述和进一步的发展。"心"在两书中作为内在精神要素的地位，使得它必然会成为内在精神与外界发生碰撞时的感受主体，并不可避免地受到其根源"道"之特性和具体生存环境的双重影响。而书中所提倡或倾向的价值观念，便在"心"面对这种双重影响时的选择中被突显出来。例如《列子》中，华子患"忘"疾后不能分辨是非利害，经过治疗又回复到常人状态之后说："吾恐将来之存亡、得

---

[1] 陈鼓应注译《老子今注今译》，商务印书馆，2003，第86页。
[2] 同上。

失、哀乐、好恶之乱吾心如此也,须臾之忘,可复得乎?"[1]此句中,"心"便是华子在内心渴求与外界影响之下产生矛盾的主体。这番剖白就是以常人认知的复杂纷乱来对比"忘"之境界的单纯,并在这种对比中突显"忘"的美好和价值。《老子》中的"心"也是如此。例如"驰骋畋猎"等一系列社会活动,都会使得人"心发狂"[2],与其长久地处于这样违背天性的矛盾中,不如回归到"愚人之心"[3]的状态下,从而获得与"道"相同的休憩与安顿。由此可见,《列子》和《老子》之"心"在主要含义上是一致的,并且二者都以类似的思路,在以"心"概念为中心的段落中展现出相通的价值倾向。这些联系和类同,都可以作为《列子》和《老子》思想发展联系的证据。

其次,与上一段论述的"心"经常面临的内外矛盾相关,在《列子》和《老子》中,"心"都是可善可恶的,并不一定一直符合作者所认同的价值。前文已经论述过,在《列子》之中,"心"同时是"知""情""欲""虑"的主体。如果说"知"是一个具体个人必然要具有的要素,"情"在这种语境下是一个中立的概念,不具有特别的价值倾向,那么"欲"和"虑"则毫无疑问是不符合《列子》价值倾向的概念,是需要被排除和消解的对象。《列子》之"心"就是这样,它同时包含着具体个人生命中必要的部分、中立的部分和需要消解的部分,因此在具体表现之中可善

---

[1] 杨伯峻:《列子集释》,中华书局,2012,第105页。

[2] 陈鼓应注译《老子今注今译》,商务印书馆,2003,第118页。

[3] 同上书,第150页。

可恶,有时被认同也有时被拒斥。例如"言血气之类心智不殊远也"[1]中,"心"便是必要的"知";而在"尹氏心营世事,虑钟家业,心形俱疲"[2]一段中,"心"便与"欲""虑"都直接相关,是被否定、会给人带来痛苦的要素。在《老子》中情况也是类似的,"心"在具体表述中体现出可善可恶的特点。例如"知和曰常,知常曰明。益生曰祥。心使气曰强。物壮则老,谓之不道,不道早已"[3]一段中,"心"便有负面倾向,意为刻意使得肉体变得强大,从而破坏了"无为"的"道"性原则,并会最终导致"不道早已"的负面结果。而前一段中所提到的"愚人之心",其中的"心"则类似一种境界,它显然是求道者已经达到很高的修养层次时才能实现的景况,因此应该是正面的概念。"心"这种可善可恶的描述,很大程度上代表了两书作者眼中可善可恶的具体人们的真实情况。在实际社会环境中,人的内心在外界的影响下经常处于矛盾和游移的状态之下,在这种内外煎熬中所表现出的不一致的价值倾向,或许就是《列子》和《老子》之"心"游移不定的雏形。

在比较了《列子》和《老子》中"心"概念的相似之处以后,便可以反过来观察两书中这一概念的不同之处了。相比其他概念,"心"在两书之中的相异之处明显多于相似之处。并且这些相异之处不仅体现在细节上,更是体现在含义层次的区别和复杂程度的差别上。由于《列子》对"心"的描述、解释比《老子》要频繁、

---

[1] 杨伯峻:《列子集释》,中华书局,2012,第82页。

[2] 同上书,第101页。

[3] 陈鼓应注译《老子今注今译》,商务印书馆,2003,第274页。

丰富得多，其"心"所表达的意义也自然要更加成熟。在这样的比较中，可以明确地发现后世对早期思想进行细化时，都在哪些部分进行了扩充，并可以比较容易地找到后世进行这些扩充的理由。

首先，《列子》中"心"概念的含义层次多于《老子》中的"心"。通过前文专章里对《列子》中"心"概念的分析，可以知道《列子》之"心"有着三个主要的内涵层次：代表生理脏器的"心"，代表精神主体的"心"，以及在个人修养理论中占据重要地位的"心"。这三个层次之间有着紧密的联系，共同构建出具体个人身上的生理性因素、主体性因素和超越性因素，从而不仅详细展现了实际生活环境中具体个人所面临的矛盾境遇、存在意识，还较为周密地论证了具体个人提升自身修养的可能性。因此，可以说在《列子》思想体系中，"心"不止在一个模块内是核心概念，有着非常重要的地位。但在《老子》之中，"心"基本只具有上文中所提到的作为精神主体的意义。《列子》中所出现的与个人修养进境紧密相关的"心"，在《老子》中勉强可以算是出现了一次，即上文提到的"愚人之心"，可以被认为是一种较高的修养境界，而作为生理脏器的"心"则完全没有出现过。从文字的发展过程来看，"心"作为生理脏器的意义应该是最早出现的，之后才衍生出精神等诸多含义。所以，在"心"的问题上，作为后世学说的《列子》中出现了该字的原始含义，而作为始源思想的《老子》中则没有出现这一原始含义，对这种矛盾比较合理的解释是："心"这个文字脱离其生理意义的时间较早，至少在《老子》时，其主要意义已经变得较为抽象了；但后学在补充早期思想的过程中，认为原始字义对思想的细化有所帮助，因此重新将其纳入了思想体系之中，令其作为某些补充要素的基础而存在。考察《列子》中明确出现生理脏器意义的"心"的段落，可以发现"心"的这种内涵并不是独立存在的，它与作为精神主体的"心"紧密相连，诠释着"心"之精神主体意义的肉体来源。而作为精神主体的"心"又与修养意味的"心"相互联系，共享着同样的内在结构和发展过程。例如扁鹊为公扈和齐婴换"心"的章节，就通过"心"之生理脏器的意义，形象地说明了"心"与"志"的联系，从而确认了生理脏器之"心"作为认知、记忆基础的地位。因此，在《列子》中，三种意义的"心"是递进的关系，后者以前者为基础而开展。显然，这三种"心"最终的归结之处，还是在于修养论中的"心"，只有这一层意义的"心"才真正体现了作者所希望提倡的价值，前两种"心"的意义，都是在为修养论中的"心"奠定基础。而将生理意味的"心"重新补充进来，应该是为了给修养论上的"心"找到天然存在于具体个人身体之中的依托。与此相比，在《老子》文本中，支撑修养论的主要概念仍旧是"道"和"德"，该书文本中虽然也存在着论述到修养意味之"心"的段落，但这一层含义在书中尚不发达。因此，《老子》也就没有必要对"心"进行系统化的论述，也没有必要用生理意义作为支持其修养意义的基础了。由《列子》和《老子》之"心"的上述区别可以发现，思想学派的后学在发展该派思想的过程中，不仅仅是从始源思想中提取自身需要的思想元素，更是从文字学和早期文化中吸取了不少的养分。

其次，尽管《列子》和《老子》中的"心"都显示出可善可恶的游移特点，但《老子》中的"心"比《列子》中的"心"更多、更明显地表现出负面意义。纵观《老子》中出现的十次"心"，带有显著正面意义的只有一次，其他九次都或多或少地暗示出其书中"心"的负面意义。对这九次"心"的使用状况进行考察，可以发现《老子》中的"心"主要代指的是具体个人违背"道"之"无为"特性的意志，即有意识地去违背自然，强行地、刻意地去做某些事情。例如"圣人常无心，以百姓心为心"[1]一句。句中的"圣人"是指修养境界极高的治理者，既然境界极高，自然不会有违背"无为"特性的行为和意志。而这种不违"道"性的精神状态，被《老子》形容为"无心"，本身就显示出这里的"心"违背自然状态的刻意感。而后面的"百姓心"，更多指的是百姓的需求和愿望。"圣人"作为治理者，感知到治理疆域内百姓的需求，并以此为旨归进行治理，便是"以百姓心为心"。这样的例子在《老子》中并不少见，"心"这个概念在该书中多数是以需要被转化、改变的形象出现的。这样的意义在《列子》中"心"出现的段落里也有出现，但纵观《列子》中"心"的整体使用状况，其意义比《老子》更为中性一些，并不特别偏向于负面意义的一方。例如"心将迷者，先识是非"[2]一句，便是将"心"作为一个本质上清静自然的精神主体，由于外界的"是非"而被迷惑，

---

[1] 陈鼓应注译《老子今注今译》，商务印书馆，2003，第253页。

[2] 杨伯峻：《列子集释》，中华书局，2012，第127页。

才会产生一系列的欲求，从而丧失其本质。这样的使用倾向上的改变，深究起来可以说是为其修养论中境界提升的过程做了铺垫。上文中已经论述过，《列子》中的"心"包含着"知""情""欲""虑"等因素，而其修养境界提升的过程，在"心"的角度上是逆反过来的，一步步逐渐消解"虑""欲""情""知"，最终回归本然状态。因此，"心"尽管仍是一个中立的概念，但其毕竟是有着具体个人身体内的生理脏器作为根源的，它必定也要有一个良好的本然状态，才能够在这样一步步逆向消解的过程最终，使得具体个人回归到一个自然清静的、符合《列子》最终价值观的状态。由此可见，《列子》和《老子》之"心"在价值倾向上的区别，是两者的个人修养体系中"心"所处位置的差别造成的。《老子》的修养体系中，"道"和"德"占据着正面的地位，而比较不重要的"心"则承担了相对的反面角色。在《列子》理论体系中，"道"是处于形上世界的，"德"是与"性"紧密相连的，前者仅作为根源和依据存在，后者则主要承担贯穿形上和形下的任务，在个人修养理论中，"心"占据着非常重要的地位。因此，尽管仍旧保持着一定程度的中立性，但"心"必然更多地体现出正面意义，以便为其修养论树立依据。

通过对《列子》和《老子》文本中"道""天""德""心"四个主要概念使用情况的比较，可以发现二者概念内涵的区别主要是由两个原因所造成的：一是二者成书时期的不同，导致《列子》和《老子》文本中思想结构的细致程度、成熟程度都有不小的差异。这种差异属于思想史上不同阶段思想的差别，通过对这些差

别的考察和研究，基本可以确定《老子》是《列子》思想的来源
之一，而《列子》则属于借鉴了《老子》思想的道家后学的地位。
二是《列子》和《老子》写作目的和读者群的不同所导致的区别。
上文已经提到过，从文本中可以感受到，《老子》一书的写作目的
和其目标读者群都非常明确，该书是为当时的治理者们所作的书
籍，其目的主要是对读者们进行建议和劝导。因此，《老子》的各
个段落都着重于此，而并未对其哲学思想作出更深入细致的诠释。
而《列子》则没有如此清晰的写作目的和读者群设定，像后世的
学术著作一样，着重于对自己的思想体系和价值观念作出细致周
密的剖析和展现，因此其文本所表述出的思想体系自然更为完善
和成熟。

2. 与《庄子》之"心"的比较

从上文专章中的分析可见，《列子》中呈现出的"心"概念，
其逻辑较为清晰，含义并不复杂，因此相对于其他概念来说，很
容易梳理。而由此为参照物来观察《庄子》中的"心"，则会发现
后者与前者含义基本一致，使用方法也比较近似，可以说是《列
子》和《庄子》诸多可比较的概念中最为相似的一个。

首先，《庄子》中也不止一次出现了"心"作为生理脏器——
心脏的含义。例如《天运》中的"故西施病心而矉其里，其里之
丑人见之而美之，归亦捧心而矉其里"[1]，《盗跖》中的"子胥沉江，

---

[1] 郭庆藩:《庄子集释》，王孝鱼点校，中华书局，2013，第459页。

比干剖心。此二子者，世谓忠臣也，然卒为天下笑"[1] 等等，都是以"心"来代指心脏或人体胸部的位置。

其次，"心"作为认知、精神主体的含义在《列子》和《庄子》中都是"心"概念使用频率最高的含义，并且其内在结构也是基本一致的。在前文的分析中已经知道，《列子》作为精神主体的"心"，其内在结构是"知""情""欲""虑"四者的结合，并且这四者是由前到后依次递进地出现的，而这一过程也意味着"心"主体性的加强。并且"心"代指精神主体时，其含义范围有所变化，范围最大时代指全部精神活动，最小时代指某一项精神活动。而这些含义、结构和使用方法，在《庄子》中都可以找到。例如《人间世》中的"听止于耳，心止于符"[2]，其中的"符"代指现象，因此"心"是作为认知现象界的主体存在的。此段后文中的"外于心知"，证实了"心"是认知外界的主体，即"知"的主体。"心"与各式各样"情"的关系，在《庄子》中更是大量出现。例如《人间世》中的"时其饥饱，达其怒心"[3]，是将"怒"与"心"相连接；《大宗师》中的"哭泣无涕，中心不戚，居丧不哀"[4]，是将"戚""哀"等情绪与"心"相连接。至于"心"与"虑"的关系，则有《盗跖》中的"财积而无用，服膺而不舍，满心戚醮，求益而不止，可谓忧矣"[5] 可以作为例证。但《庄子》中

[1] 郭庆藩：《庄子集释》，王孝鱼点校，中华书局，2013，第877页。
[2] 同上书，第137页。
[3] 同上书，第154页。
[4] 同上书，第249页。
[5] 同上书，第889页。

对"心"与"欲"的关系表述不多,仅有《山木》中的"洒心去欲"[1]一句可以作为例证。究其原因,可能是在"性""命"比较的章节中提到的,《列子》将人之扭曲的原因常常归结于欲望的泛滥,而《庄子》则多数强调"是非""仁义""名利"等具体观念对人本性的束缚,例如"名闻不争,未达人心"[2]等等。尽管"是非""名利"等也可以归结为欲望,但《列子》对欲望的描绘更多是"厚味姣色"以及寿命等事物,其强调重点确实与《庄子》有着微妙的不同。

最后,在通向终结价值或境界过程中"心"所占的地位上,《庄子》的表述与《列子》有所差异,但并不相互违背。例如上文举出过的《天道》中的"通乎道,合乎德,退仁义,宾礼乐,至人之心有所定矣"[3],其前四者显然是境界提升的过程,而这一过程全都被囊括在"至人之心"之中,四个活动阶段都是在"心"之内部发生的。在《列子》的表述里,受到强调的是活动阶段本身的运作,而没有点出这些阶段是否可以被归于"心"之中。因此,二者的解读尽管不同,但不相违背,当然也不能确定可以相互补充。只能说是两种并行不悖的论调。由此可见,《列子》与《庄子》的"心"概念相近之处很多,而相异之处也都不能证明为相互违背,只能说是强调重点有所不同。

---

[1] 郭庆藩:《庄子集释》,王孝鱼点校,中华书局,2013,第596页。

[2] 同上书,第127页。

[3] 同上书,第435页。

第二节　"化":"穷数达变，因形移易"

在论述《列子》宇宙论的章节中，我们已经提及了"化"这一概念在以"气"为基础之生化过程中的作用和意义。但这一章节中的"化"，其含义不再强调生化运动及其过程，而是更多地体现出变化之义，引用原文表达即"因形移易"[1]。而"化"的境界论意义是由其"因形移易"的含义出发而衍生出来的，原文对此的表达即"穷数达变"[2]。这两种"化"的含义可以大致概括为"一为人格修养的转化，一为自然物象的变化"，其中应该没有一些学者所认为的"万物生成和存在的形式"[3]之意。论述这些"化"含义的段落多集中在以阐释本根论为中心的《天瑞》和以阐释境界修养理论为重点的《黄帝》两篇中。这种篇目分布也从另一个角度提示了"化"连接宇宙论和境界论二重层面的重要作用。

一、《列子》之"化"的含义梳理

《列子》用"物化"一词来代指"化"囊括的范围之中层次最高的境界。除此之外，《列子》中的"化"还有社会政治意义上的"教化"一层含义，但这层含义在书中并不具有重要的哲学意义，

---

[1] 杨伯峻:《列子集释》，中华书局，2012，第96页。

[2] 同上书，第96页。

[3] 崔大华:《庄学研究》，人民出版社，1992，第86页。

因此笔者仅将其列在"化"之含义的末尾，简略概括其具体含义
和使用状况，而不将其作为重点论述。

1. "因形移易"之"化"

《天瑞》篇第四段是全篇之中最为值得注意的一段。它用较
长的篇幅记述了大量物与物之间的变化，以及这些变化最终回归
到无的过程。不少学者认为这体现了《列子》作者对生物进化的
认识与猜测，作者把"人"放在此段的末尾处，可能是用全段物
与物演化的过程来阐述自己认识之中"人"这一生物是如何进化
而来的。这种观点虽然有着一定的逻辑，但仍属于未经确证的猜
想。事实上，从该段的记述中很难辨别里面是否有着生物进化论
的含义。但该段有两点是可以确定的：其一，根据其开头的"种
有几"[1]和后文的一些描述，可以发现此段表面看上去是在叙述具
体物与物之间的相互变化，但实质上是在阐述不同种类事物之间
的转化。也就是说，作者是在尝试论述一类具体事物在时间限度
上终结后重新再生为另一类具体事物的过程。其二，从段落开头
处的"唯予与彼知而未尝生未尝死也"[2]和后面文句中的"故物损
于彼者盈于此，成于此者亏于彼"[3]，可以知道作者认为不同种类
具体事物的生和死是相互联系、相互转化的。由此可以推论，《列
子》作者认为具体世界中构成具体事物的元素是总量守恒的，只

---

[1] 杨伯峻:《列子集释》，中华书局，2012，第11页。
[2] 同上书，第11页。
[3] 同上书，第28页。

是在总量不变的情况下呈现着此消彼长的变化。

在了解这两点的基础上可以知晓,《列子》作者长篇论述这一系列物与物之间的变化,其根本目的不在于猜测生物演化,而在于展现事物种类的非固定性和具体世界万物的一体性。具体事物的种类界限会由生确定,由死打破,死后将还原为某种构成事物的基本元素,即可以由其他段落表述而确定的"气"。"气"会继续自身的循环运动,使得新的具体事物出现,这新的"生"会呈现为哪个具体种类则是不可知的,而且它不会被上一次的"生"所影响。由此可知,在作者看来,具体事物的种类并非绝对固定的,具体种类必定会因"气"的运动而被打破。从另一方面来说,一切具体事物都由"气"所构成,因此具有完全相同的基本要素,没有任何本质上的区别。这种没有本质上区别而又在表面上呈现出种种差异的种类变化,就是自然界中"因形移易"的"化"。

以上便是"因形移易"之"化"的主要含义。当认识到具体世界中的一切事物本质上都是"气"的流变,具体种类没有任何本质上的区别之后,就能够在认识上消解对事物一切外在的区分,并由此把握住事物乃至世界的实质。这便是《周穆王》篇第二段中的论述:在认识到"有生之气,有形之状,尽幻也"的前提下,了解"幻化之不异生死",从而知晓"吾与汝皆幻也"[1]。此段也是"穷数达变,因形移易"一句的来源之所在。也就是说,在了解"化"的实质之后,主体便已经达到了某种境界。当然,与宇宙本源"道"的作用和境界相比,这种能力与境界又太过渺小了,"其

---

[1] 杨伯峻:《列子集释》,中华书局,2012,第96页。

巧显，其功浅，故随起随灭"，无法像事物共同的本源那样"难穷难终"[1]。并且在一定程度上，作者认为本身即为幻化之物的我们与根源之间隔着很远的距离。由于具体事物所拥有的时间太过有限，这段距离对具体事物来说永远没有办法真正跨越。作为有限的存在，具体事物只能尽全力去趋近于本源，而永远不可能真正到达它。

2."穷数达变"之"化"

《列子》中，特别在《周穆王》篇中，提到"化人"的文字出现频率非常高。在这类描述中，"化人"具有常人所不具有的特异能力，如"入水火，贯金石"[2]"既已变物之形，又且易人之虑"[3]等等。此处的"化"显然并不同于前文所说的变化之义，而是在代指某种境界。并且在《列子》的修养工夫理论里，"化"的境界并非最高境界，而是在通向最高境界过程中必经的一个中间阶段。《列子》作者对处于这种境界的主体有褒有贬，在描述其神奇高超之处的同时也体现出某种不完全认同的倾向，并将其描述为"然彼得之而不尽者也"[4]。但事实上，《列子》中"化"的境界也并非只有一种形式。综合全书关于这一境界的描述，从中可以归纳出三种不同又相互联系着的表现形式。

首先，《周穆王》篇第二段中记述了老成子学习幻化的过程。

---

[1] 杨伯峻:《列子集释》，中华书局，2012，第95页。

[2] 同上书，第86页。

[3] 同上书，第87页。

[4] 同上书，第24页。

从实质上来说，学幻化的过程本身就是通过努力来提升个人的认识与修养，并达成"化"之境界的历程。根据描述，这中间所进行的努力，具体是"深思"[1]的手段，以及对"化""因形移易"之含义的理解。最初，老成子学习幻化的目的只是希望掌握神奇的变化之术，但最后他在受到点拨，知晓了"幻化之不异生死"，达到"化"之境界后，便可以"存亡自在，憣校四时；冬起雷，夏造冰，飞者走，走者飞"[2]。这虽然是作者对于"化"之境界的想象和夸大，但由此可知老成子所达到的境界就是他的老师所说的"穷数达变"，即在认识到幻化的本质后利用这种认识，从而达到某种程度上控制"化"之过程的目的。因此，老成子最终是成功达到了自己最初的目的，掌握了神奇的变化之术，但他的境界也就到此为止了。

其次，《周穆王》篇第一段里描述了一位"化人"[3]与周穆王同游的故事。故事中，王在经历了神奇的游历之后醒觉，发现自己仍身在游历之前的处所，时间上也几乎没有流逝。对于王由此产生的疑惑，"化人"的回答显示了他所在的境界："吾与王神游也，形奚动哉？且曩之所居，奚异王之宫？曩之所游，奚异王之圃？王闲恒有，疑暂亡。变化之极，徐疾之间，可尽模哉？"[4]从这段回答可以知晓，"化人"认为世上万物都处在"化"的过程中，人们不应该因为确信某个事物的恒久存在而忽视了它身处变

––––––––––

[1] 杨伯峻：《列子集释》，中华书局，2012，第96页。

[2] 同上。

[3] 同上书，第86页。

[4] 同上书，第90页。

化之中的不确定性。在这种不确定性的环绕之下,自己身边所处的环境事实上都是幻化的作用。因此,人们可以提升自己的精神来破除一切对事物的固化认知,当做到这一点的时候,自身所处的环境就不再是固化不变的,而是变化无端、一切从心而游的环境。由此,就可以达到在"神游"的同时形不动、不变的境界。显然,这种"化"的境界与上文中老成子止步于变化之术的境界相比是有所提升的。

　　最后,在《周穆王》第三段关于梦现象的描述里,出现了"化"之境界的第三种形式。《列子》的作者在此段描述中认为,"神遇为梦,形接为事"[1],人们白天所想所为是"形接"的结果,夜间所感所梦则是"神遇"的结果。"一体之盈虚消息,皆通于天地,应于物类"[2],因此不论"形接"还是"神遇",都是在以不同的方式与天地万物相往来,并于自身的存在之中对其有所感应的过程。这种主体与天地万物的相互感应,就是"物化"[3]。事实上,这里的"物化"即是在上一种"化"之境界的基础上,将自己的肉体与精神与天地万物相感通,由此达到消解自身和万物之间隔阂的状态。在达到这种状态的过程之中,自由无碍的梦中状态显然比固化不变的醒觉之时更有优势。因此,不管是在《列子》还是《庄子》中,梦都是通往"物化"状态的重要途径。

　　从以上三种"化"之境界可知,三者都以宇宙层面上的"化"

---

[1] 杨伯峻:《列子集释》,中华书局,2012,第99页。

[2] 同上书,第98页。

[3] 同上书,第99页。

为基础，并且显现逐级递进的趋势，每一级都比前一级更加提升一些。而"物化"即是《列子》中描述到的"化"之境界的最高形式。但如同本段的开头所说，作者并不认为"物化"是最高妙的境界。例如《周穆王》篇第三段中，作者说"古之真人，其觉自忘，其寝不梦"[1]，认为处于更高境界中的人不会有梦的现象，他们已经完全不再具有对具体事物固化认知的执着，以"忘"的状态存留于现世。这里的"忘"是针对自我而言的。在忘我的状态下，对自我与外物完全不具有分辨之心，不管是"形接"还是"神遇"都无所感，因此便可以无想无梦。这些表述，就是《列子》作者认为"化"之境界可以进一步提升的证据。

3. "教化"之"化"

《列子》的思想体系所表述的"教化"，归纳起来有以下几个要点：第一点，由"圣人"施行；第二点，以顺应万物的天性为手段；第三点，以使得万物都回归自然的存在方式为目的。

首先，"圣人"在具体世界中地位是特殊的，他与其他人类并不处在平等的位置上，而是处在"天地"和"万物"之间，负有沟通"天地"与"万物"的作用，例如"备知万物情态，悉解异类音声"，能将非人之生物"会而聚之，训而受之，同于人民"[2]。"圣人"具有这样超常的沟通能力，是因为他们本身具有特殊的职能，即"教化"。在《列子》的观念中，具体实在的一切事物都有

---

[1] 杨伯峻：《列子集释》，中华书局，2012，第99页。

[2] 同上书，第81页。

其自身的职能，如"天职生覆，地职形载""物职所宜"[1]。而"教化"就是"圣人"与生俱来的职能，是"圣人"自然的存在方式。

　　其次，分析《仲尼》篇第三段中论"圣人"之行的段落，可以发现其中提到"西方之人有圣者焉，不治而不乱，不言而自信，不化而自行，荡荡乎民无能名焉"[2]，论述了"教化"的手段和目的。从此段来看，"圣者"仿佛并无所为，却不知不觉达成了非常好的效果，最终人民不知圣者之名，也并未感觉到自身已经发生了变化。这种"教化"方式便是道家所一致提倡的"无为"[3]，即"无妄为"[4]，不做违背自然之事，顺应万物本性而行，从而使得万物各自回归自身的天性，回归自身最为自然的存在方式。这种"教化"最终得以呈现的社会状态，就是《黄帝》篇中所描绘的"华胥之国""国无师长""民无嗜欲"[5]，人民"怡然自得"[6]。而这就是道家思想体系所共有的理想国。

二、与其他道家思想之"化"的比较

　　"化"从字形上来看是由"人"字衍生而出的一个会意字。"天""地""人"是我们的汉字系统中诞生极早的三个字，很多其

[1] 杨伯峻:《列子集释》，中华书局，2012，第 8 页。

[2] 同上书，第 115—116 页。

[3] 陈鼓应注译《老子今注今译》，商务印书馆，2003，第 86 页。

[4] 曾振宇:《思想世界的概念系统》，人民出版社，2012，第 56 页。

[5] 杨伯峻:《列子集释》，中华书局，2012，第 39 页。

[6] 同上书，第 40 页。

他的汉字都是从这三个字出发而衍生出来的。其中,"人"自然是作为人类的我们最重视的字。在现存的甲骨文文献中,由"人"字衍生出来的汉字主要有"比""从""北""化"等等。在这之中,"化"字从"匕",它的原始字形是一正一反背对背躺着的两个人形。对于这个原始字形最初所表达的意义,古今学者们有很多意见,但比较主流的意见是两个相背而卧的人表示一个生者和一个死者,字义指人从生到死的变化过程。[1]许慎在《说文解字》中对这个字的释义是"匕,变也",徐灏对此的注释也阐明:"匕化古今字。"后来,随着文字系统的发展,"化"的含义逐渐由单纯指人的生死变化,引申到了一切事物的变化。尽管在我们现在的日常用语中,"变"和"化"经常合用,但在很多文献中,"变"和"化"两个字的含义还是有区别的。例如《黄帝内经》中有"物生谓之化,物极谓之变",也就是说旧事物逐渐发生的量变过程叫作"变",而量变到一定程度之后,新事物产生的过程才叫作"化"。

"化"字在诞生后很长一段时间里并没有受到人们太多的关注,其哲学化的过程也开始得比较晚,《易经》《论语》中都没有关于"化"的论述。"化"是道家学派中比较突出的一个概念,而在其他思想学派中较少得到论述,即使有,也大多是以"教化"之意在政治理论中占有一席之地。在道家学派思想中,不少著作都存在对"化"较为长篇的论述,并且其含义层次相当丰富,在

---

[1] 韩永学:《甲骨文中蕴含的天人关系思想及其哲学影响》,《自然辩证法研究》2006年第6卷,第11—15页。

思想架构之中也有着较为重要的地位。"化"字在《老子》中仅仅
出现了三次,并且都是以"教化"之意出现的,因此在《列子》
和《老子》概念系统的比较中,"化"不能构成对比分析的重点,
笔者也不再列出专门的章节对比两者。

1. 与《庄子》之"化"的比较

在《庄子》和《列子》之中,"化"的含义都至少有着三个大
的层次,并且"教化"之意已经退居末席,变成了其中最为次要
的一层含义。因此,《列子》和《庄子》概念系统的比较中,"化"
是无可争议的重点,其地位不可忽视。前文已经提到,在《列子》
中,"化"出现了五十一次,其频率高于"气""德"等等,仅
次于"道"和"天";而在《庄子》全文之中,"化"总共出现了
九十二次,同样仅次于"道"和"天"。并且"化"在二者全文
中的出现频率也比较近似。而对比《列子》和《庄子》之中"化"
的含义,可以发现二者都可以大致被归类为三个相同的层次:在
宇宙生化过程中的"化"之含义,以前者为基础的境界论"化"
之含义,以及政治、教育领域的"教化"之含义。在这三个层次
之中,由于《列子》和《庄子》思想框架和概念系统的诸多差异,
"化"的含义也有着或多或少的不同,体现着两部典籍思想上的各
自特色和不同的发展倾向。由于在前文关于"气"的章节中已经
对比过二者宇宙论意义上"化"的异同,此处便不再赘述。下面
的章节中,将主要对比分析《列子》和《庄子》中"化"这一概
念在境界论上的含义及其在二者思想体系中的地位,并在最后简

略概括二者在"教化"层面上的异同。

首先来看《列子》和《庄子》境界论"化"之含义的异同。在前面已经分析过,《列子》这一层面上的"化"可以分为两个相互联系的部分:在宇宙论基础上具体事物之间的物质转化,以及在境界论上作为一种不算最高但也非常奇妙的境界。与此相比,在《庄子》之中,"物化"是一个受到相当重视的词语,其含义包含着《列子》之"化"与"物化",而又比后者更为广泛,并且显示出"化"论的不少独到之处。接下来,笔者将列举二者之"化"在宇宙论基础和境界论两个层面上的相同、相异之处,再来指出《庄子》之"物化"多于《列子》的含义。

从《列子》和《庄子》之"化"的宇宙论基础来看,《庄子》中也大量出现了具体事物之间物质转化、生死转化的含义。在分析《列子》之"化"的此类含义时,笔者曾经以其《天瑞》篇第四段中以"种有几"[1]开头的段落中所列举的大量不同种类事物之间的相互转化为材料,剖析这种"物化"所具有的含义:生命形式、存在形式不是永恒确定的,而是处于不断变化之中的,这种变化和转化的基础则是整个宇宙之间的能量守恒,以及这种宇宙能量建构一切事物的能力。这一段落事实上是《列子》和《庄子》文本中重合近似的一段,它出现在《庄子·至乐》的末尾。相比而言,《列子》文本中的这一段语句更为细致,比《庄子》中的该段多出了一些事物之间相互转化的环节,但主体故事和旨归都完全一致,除去《列子》多出的部分之外的其他文句也基本相同。

[1] 杨伯峻:《列子集释》,中华书局,2012,第 11 页。

因此，笔者在对《列子》该段的剖析中所得出的结论，也完全可以适用于《庄子》的"化"。同时，《至乐》篇中存在对于以"气"为核心的宇宙生化过程的论述，同一篇目所提到的理论应该可以适用于同一篇章的其他段落。因此，此处《庄子》的"物化"中所列举的事物相互转化，可以被确认为基于"气"建构万物的作用而发生的。这样一来，《庄子》中的对"化"的描述可以补足《列子》之"化"中没有提及的部分。可见，《列子》和《庄子》之"化"的宇宙论基础是基本一致的。另外，《庄子》这一层面上的"化"比《列子》要多出一种含义，即以"化"来代指生育。例如《天运》之中的"夫白鶂之相视，眸子不运而风化；虫，雄鸣于上风，雌应于下风而风化；类自为雌雄，故风化"[1]，根据成玄英在此处的注解，便是以"化"来代指动物之间雌雄相感而生育。而"乌鹊孺，鱼傅沫，细要者化，有弟而兄啼"[2]，则是偷盗他物之子为自己之子。生育可以说也是物与物之间转化的一种重要方式，因此以"化"来代指生育也是不难理解的。这种用法是《庄子》所特有的，在《列子》文本之中没有出现。

从境界论层面来看，《列子》和《庄子》之"化"的相似之处和相异之处几乎各半，并且各有其发展的重点。前文论述过，《列子》境界意义上的"化"由通晓事物的转化为起点，进而摆脱对具体、暂时事物的执着，从而通过梦的媒介消除物与物之间的障碍，使得精神联通至天地万物，得以彻底解脱和自由。这种

[1] 郭庆藩:《庄子集释》，王孝鱼点校，中华书局，2013，第 474 页。
[2] 同上书，第 475 页。

境界虽然不被作为《列子》中的终极境界，但不可否认其高妙之处，并且它也是通向最高境界的过程中必然经历的一个环节。而这样的"化"，同样也是《庄子》中境界意味上"物化"最为核心的意义。例如《齐物论》末尾的庄周梦蝶，便是同样以梦为媒介，模糊了物与我之间的界限，使得精神摆脱物质的束缚，消除了与万物之间的间隙。这种含义在《庄子》之中非常多见，可以说，这是《列子》与《庄子》境界意义上"化"的共通之处。但在《庄子》之中，"物化"得到了更多的重视，其所占据的地位比《列子》要高出许多，并且其意义直接通达至最高境界，并且具有实际的可操作性，是《庄子》修养过程的基础和重中之重。一方面，相对于《列子》中"化"之境界的主体"化人"，《庄子》中与"化"直接联系的主体则是"圣人"。《天下》篇中明确写道："不离于宗，谓之天人；不离于精，谓之神人；不离于真，谓之至人。以天为宗，以德为本，以道为门，兆于变化，谓之圣人。"[1] 即可见"圣人"是一系列修养和境界的集大成者，是其系列理想境界主体之中地位最高的一个。而"圣人"在"天人""神人""至人"的基础上，还要达到"兆于变化"，可见《庄子》对于"化"的重视。而在《列子》中，"圣人"出现则比较少，在论述到"教化"层面的时候才多见一些。另一方面，在实际生活中，"化"的境界其实不易达到。《列子》中使用了许许多多神话一般的奇异故事，例如"入水火，贯金石；反山川，移城邑；乘虚不坠，触实

---

[1] 郭庆藩:《庄子集释》，王孝鱼点校，中华书局，2013，第 936 页。

不磋，千变万化，不可穷极"[1]等等。作为读者，可以理解作者是用一种夸张神化的手法来描绘"物化"的境界是多么神奇和令人渴望，但事实上，在实际生活中是不可能真正出现这样的奇异人士的。而如果没有这类奇迹一般的行为和现象，"化"又与实际生活距离很远，令人难以把握。在《列子》中，这个问题没有得到有效的解决。作者洋洋洒洒地描绘了"化"的美好和神奇，却没有在书中举出在奇异之外，真正能在实际生活中立足的"化"究竟是怎样的一种境界。而这个问题在《庄子》中得到了较为清楚的解答。纵观《庄子》全书，境界意义上的"化"实际上有着正面意义，也有着负面意义。例如《齐物论》中的"其形化，其心与之然，可不谓大哀乎？"[2]，其中的"化"便是负面的；而《寓言》中的"孔子行年六十而六十化"[3]，其中的"化"则是正面的意义。纵观这些段落中的"化"，可以发现当主体的天性向世俗认知的方向转化时，其"化"便是负面的；而当主体的天性向"物化"的方向转化时，其"化"便是正面的。而这两面的"化"在《知北游》一篇中得到了统一。篇中，作者借孔子之口说道："古之人，外化而内不化，今之人，内化而外不化。与物化者，一不化者也。安化安不化，安与之相靡，必与之莫多。"[4]即从外在上融于世俗，不与实际生活相对立；而在内心的领域中，在认识到具体事物的短暂性和转化性的基础上，达到"齐物"的认知，并由此消除对

[1] 杨伯峻:《列子集释》，中华书局，2012，第86页。
[2] 郭庆藩:《庄子集释》，王孝鱼点校，中华书局，2013，第56页。
[3] 同上书，第835页。
[4] 同上书，第673页。

具体事物的执着，将己身融于万千事物转化流变的大潮之中。由此可见，《庄子》中正负两面的"化"并不矛盾，这样的内外关系能够使得主体在达到"化"之境界的同时，做到不离俗世，最大程度上减小实际生活和世俗认知对于境界提升的阻力。这种通达至"化"之境界的途径比《列子》中的途径要容易把握得多，其对于"化"之境界的描绘也比《列子》之中要现实得多，对于身处现实世界之中的读者而言，显然有着更高的现实价值。

另外，从政治、教育领域的"教化"方面来看，《列子》和《庄子》中的"化"没有太多的差别。《列子》中的"教化"是代指政治治理意义上的，由"圣人"所施行的，以"无为"为手段，以使得万民回归其自然本真的天性状态为目的的"圣教"。而《庄子》涉及政治理论的段落中，提到"化"的文句较少，多数政治理论都与"道"这个概念连接紧密。由此可见，"化"这一概念在《庄子》之中，更多的是在"物化"层面上被突出，而在"教化"的方面，虽然也有所提及，但并未被作为重点论述。

2. 与魏晋玄学之"化"的比较

提到魏晋玄学中的"化"，自然会想到郭象所提出的"独化"。在接下来的章节中，笔者就将对郭象之"独化"体系与《列子》之"化"进行比较。而事实上，二者不管在理论构架、关注重点还是思维逻辑的水平上都有着比较大的差距，这样的比较最终仅是能够凸显出这种差距而已。

首先，郭象之"独化"的前提是万物"自生"，而万物的"自

生"是在否认生成论上造物者之存在的基础上建立起来的，这一
点与重视本根论意义上"道"的《列子》截然不同。为此，郭象
一方面曲解了王弼对于"无"本体性的描述，将其仅仅理解为虚
无之意；另一方面又曲解了《庄子》中对于"道"之不可感知、
不可把握这一特征的描述，将"无为无形"理解为"所在皆无"[1]，
消解了"道"作为万物源头的含义。他在对《庄子》的注释中论
述道："夫造物者有邪？无邪？无也，则胡能造物哉？有也，则不
足以物众形。"[2] 这样一来，在造物者的问题上便产生了不可解决的
矛盾：如果造物者为绝对的虚无，则无不能生有；如果造物者为
实在的有，则必然有其具体的形态和特征，一种形态和特征又不
可能生出具有各种各样形态、特征的万物。事实上，郭象在这样
的话语中透露出一种自身的思维模式，即非"无"即"有"，没有
任何的中间可能。[3] 因此，"把'无'看成是'虚无'，是真正的
'零'，这就从根本上取消了'无'作为造物主的地位和作为'有'
存在的超越性的根据"。在这样从逻辑上否定了造物者存在的可能
性之后，郭象才建立起了他万物"自生"的理论前提，即"无既
无矣，则不能生有。有之未生，又不能为生。然则生生者谁哉？
块然而自生耳。自生耳，非我生也。我既不能生物，物亦不能生

---

[1] 郭象注、成玄英疏《南华真经注疏》，曹础基、黄兰发点校，中华书局，1998，第
146 页。

[2] 同上书，第 57 页。

[3] 暴庆刚:《郭象的自生说及其理论吊诡——基于郭象哲学知性品格的分析》，《河南
大学学报》（社会科学版）2011 年第 51 卷第 5 期，第 50 页。

我,则我自然矣"[1]。这样的理论结构与《列子》差别很大。前文已
经提到过,《列子》一书非常重视本根论中的生成因素,并将其作
为全部理论的支柱和依据。而这种生成因素便是以"道"这一宇
宙本源的存在和特性为核心的。如果消解了"道"作为宇宙本源
的地位,则《列子》后文中所论述的一切理论部分都会失去依据,
从而无法论证其正当性。由此可见,郭象和《列子》两个理论体
系的前提便是截然不同的。

其次,郭象以"自生"为前提建立的"独化",事实上是一种
以"自性"为核心的万物平等图景。这种万物平等的图景在很多
思想之中都存在,但"平等"的论述重点都有着微妙的差别。前
文已经提到过,郭象的"性"由于否认了作为其来源的造物者,
因此是一种偶然、自然地降生于具体事物之中的规定性,并且是
具体事物"独化"的核心。他认为"既禀之自然,其理已足,则
虽沉思以免难,或明戒以避祸,物无妄然,皆天地之会,至理所
趣"[2]"以有所贱,故尊卑生焉,而滑淆纷乱,莫之能正,各自是于
一方矣,故为吻然自合之道,莫若置之勿言,委之自尔焉"[3]。抱持
自身的"性",并顺任之直到死亡,这就是以"性"为中心的"独
化"。这种"独化"一方面在于"自合",即以自身所偶然具有的
"性"为准则,自身的一切行为都与它相符合;另一方面在于"自
尔",即自然而然,无心而动。天地万物之所以没有所谓的尊卑贵

---

[1] 郭象注、成玄英疏《南华真经注疏》,曹础基、黄兰发点校,中华书局,1998,第
26页。

[2] 同上书,第126页。

[3] 同上书,第52页。

贱,便是因为它们都具有自身的"性",而"性"没有尊卑贵贱之分,只有不同。因此在"性"的角度上来看,万物都是平齐同一的,即"各然其所然,各可其所可,则理虽万殊,而性同得,故曰'道通为一'"[1]。这种解读虽然出于《庄子》,但显然与《庄子》的思想重点有所不同。《庄子》论证其"齐物",是从"道"的角度上进行的。一切有关万物之"齐"的论述,一方面是为了批驳诸家学说相争的混乱局面,另一方面是为了证明"道"的绝对性和无分辨性。因此,《庄子》所谓的"齐物"事实上是"以道观之"的"齐物",而郭象的万物平等则可以说是"以性观之"的平等[2],一切的论述都是为了论证"自性"的绝对性和不可抗拒性。而由此反观《列子》,则会发现《列子》同样也有着对于万物齐平、无差的论证过程,但这一过程是以"气"为核心进行的。上文中已经分析过《列子》以"气"为中心的"化",即"因形移易"的过程。由于万物都由"气"所构成,其生生死死都是"气"的变化,作为其自身规定性之所在的"性"也都是由"气"所组成。这样一来,万物所具有的不同形态、天性、特质事实上都是"气"的变化,因此由"气"的角度来看,万物是没有差别的。这样的齐平观可以说是"以气观之"的万物齐平。实际上,这种"气"构成万物、生死皆为"气"之聚散的观念在郭象思想中也存在着,例如其对《至乐》的注释中便有"一气而万形,有变化而

---

[1] 郭象注、成玄英疏《南华真经注疏》,曹础基、黄兰发点校,中华书局,1998,第37页。

[2] 李昌舒:《自然与自由——论郭象哲学之"性"》,《中国哲学史》2005年第3期,第70页。

无死生也"[1]。但这一思想因素在郭象的思想体系中显然地位并不重要，没有得到太多的重视。

　　由以上分析可见，郭象之"独化"与《列子》之"化"差异比较大，也无法发现二者在思想发展上有何种联系。由于《列子》思想对于"气"和以其为中心的生化过程的重视，可以认为《列子》这方面的思想与先秦的宇宙生化论和汉代的气化哲学有着更多的相似之处，而与魏晋玄学的思路差距较大。

---

[1] 郭象注、成玄英疏《南华真经注疏》，曹础基、黄兰发点校，中华书局，1998，第365页。

第三节 "虚":"未始出吾宗"

"列子贵虚"是不少学者对于列子思想的经典概括,类似的语句出现在很多论述学术派别的典籍之中,如《孟子》《吕氏春秋》《淮南子》等。因此,要对列子的哲学思想进行系统的研究,"虚"这个概念必然是无法回避的重点。在今本《列子》之中,"虚"这个字共出现了二十三次,与"化""德"等重要概念频率相仿。这从一个侧面说明,在此书之中,"虚"也同样是一个较为重要的概念。因此,笔者将对今本《列子》中的"虚"概念进行梳理、分析和研究,以期获得对于"列子贵虚"说法的较为全面系统的理解。分析《列子》一书中出现的二十三次"虚"概念,可以发现这一概念并非其哲学结构中层级很高的概念。如果《列子》作者将这一概念作为其哲学体系的代表概念的话,应该是以一种比较外显、较易理解的观念作为可被识别的代号,以便区分于其他思想派别,并作为一种吸引门徒的策略。

一、《列子》之"虚"的含义梳理

今本《列子》中的二十三个"虚"可以被大致分为两类:一类是修养境界意义以外的"虚",另一类是修养境界意义上的"虚"。前者在《列子》的哲学体系中并不占有重要的地位,但它们由"虚"这个汉字的原始意义出发,呈现出了"虚"一字被用于修养和境界理论的一些原因，并且占据"虚"在《列子》中出现的大部分情况。因此笔者将探讨此类"虚"呈现出的一些值得注意之处，再来详细剖析"虚"在个人修养意义上的更为重要的含义。

1. 修养境界意义以外的"虚"

根据统计，在《列子》中出现的二十三处"虚"之中，此类"虚"占据十五次。纵观其含义，可以发现它们大致分为以下三类：物理上的空洞或空虚，人体与精神领域的空虚，以及在语言上作为虚语使用的情况。梳理这三类"虚"的含义，可以发现它具有以下两个值得注意的特点。

首先，"虚"有些时候与"空"意义相近，有空无一物的意义，但在更多时候，"虚"与"空"仍旧有着一些细微的区别。"空"在《列子》中很多时候单纯是指空洞无物的状态，例如《天瑞》篇第十二段中的"夫天地，空中之一细物，有中之最巨者"[1]中的"空"，便是指绝对空无的空间。而"虚"所代指的空虚状态则与此不同，它往往指示的是曾经或将会被填充的空虚状态。如"地积块耳，充塞四虚"，便是指浊重之"气"对空虚空间的填充；"五府为虚，而台始成"中的"虚"则是曾经被财富所填充的府库。总之，"虚"所代表的空虚往往不是永久性和绝对性的，它总是在被填充和空虚状态中轮转，而不会长期处于一种状态。其次，"虚"基本都是在与"盈""实"等状态的对比之中呈现出来的，

---

[1] 杨伯峻：《列子集释》，中华书局，2012，第31页。

它极少单独出现在段落之中。例如《周穆王》篇第三段之中的
"一体之盈虚消息,皆通于天地,应于物类"[1],《力命》篇第六段
中的"汝寒温不节,虚实失度"[2]等等。并且,作者并未认为"虚"
与"盈""实"哪一种状态更为良好,而是认为它们都仅仅是一种
状态而已。真正导致问题的是"虚实失度",即二者平衡被打破的
情况。从这一点上来看,所谓的"虚"和"实"都是一种中立的
状态。

   "虚"在文本中表现出的以上两个特点,深究起来都与"虚"
这个汉字的原始意义有所关联。尽管在使用中往往被引申为空虚
之意,但"虚"最初的含义是大山。例如,在《说文解字》中,
"虚"字便被解释为"大丘"[3]。空虚这一引申含义,其实是源自山
峦极其广大而地处空旷的意味。因此,尽管有时也与"空"相近,
但"虚"原本就与"空"不同,它的内涵并非彻底的空洞,而是
包含着广大存在的空虚;另一方面,"虚"又与"实"相对,在包
含着存在的同时也保留着自己"无"的性质。也就是说,"虚"所
代表的是蕴含着"有"的"无"。而下面所要论述的"虚"之境界
含义之所以能够出现,事实上也与"虚"字的这一引申含义有关。

2. 修养境界意义上的"虚"

   此类的"虚"出现在《列子》的五个段落中,每一段落都各

---

[1] 杨伯峻:《列子集释》,中华书局,2012,第98页。
[2] 同上书,第195页。
[3] 许慎:《说文解字》,徐铉校定,中华书局,2013,第166页。

自展现了"虚"哲学含义的一个侧面，叠加起来涵盖了"虚"的特质、意义、与宇宙本源的关系，以及处于"虚"境界的人所具有的数种外在表现。接下来，笔者将逐一分析这五段内容，并梳理其文字所展现的意义。

第一段直接论述"虚"的内容出现在《天瑞》篇第十段中。该段开篇便写道："或谓子列子曰：'子奚贵虚？'"[1]这样的问题出现在《列子》文中，让人有种异样的感觉，似乎在作者写作这一段文字之前，列子此人便已经因"贵虚"而出名了，这一点让人对此段落的写作时间有所怀疑。但论述《列子》的成书时间并非本文的重点，而且由于此处直截了当的发问，该段成为《列子》中唯一以"虚"概念为主题的段落，而并非是在论述其他问题时连带提到"虚"。因此，对于梳理"虚"的意义和内涵来说，此段是非常重要的资料。段中，面对他人的问题，列子作出了这样的回答："虚者无贵也。""非其名也，莫如静，莫如虚。静也虚也，得其居矣；取也与也，失其所矣。事之破毁而后有舞仁义者，弗能复也。"[2]

从这短短的回答中可以分析出的信息是：首先，"虚"是一种主观上的修养状态，而非一个客观概念。"虚者无贵"和"非其名也"都是在解释这一问题，即"虚"并非外在的客观存在，而是内在的主观状态。因此，这种状态的名号其实并非多么重要，他人对这一名号的得知也并没有太多意义。当主体处于此种状态时，

---

[1] 杨伯峻：《列子集释》，中华书局，2012，第27页。

[2] 同上。

自然就会了解这种状态的内涵和意境。其次，像诸多与个人修养有着重要联系的概念一样，"虚"这种状态也是天然便存在于人的生命之中的。这也就是"静也虚也，得其居矣；取也与也，失其所矣"的含义了。"虚"就好像一个生来就有的住所，当主体处于这种状态时，便仿佛身处居所之中；当主体失去这种状态时，就好像无家可归一般。在这句比喻之中值得注意的是，"虚"与"静"在此处是含义等同的，而与它们相对的是"取"和"与"。"虚""静"给人的感觉是凝固而不动的，"取""与"给人的感觉则是在与外物的接触之中与其他事物产生关联和主动的置换。而作者在这两者之中显然选择了前者，即倾向于保全天生所具有的"虚""静"的居所，而反对会导致"失其所"的行为。但这种反对并非意味着彻底将自身禁锢起来，切断与外界的一切联系。作者对于"虚""静"的主体与外物相关联的理想状态有所论述：在《仲尼》篇第十五段中，有"其动若水，其静若镜，其应若响"[1]的语句。任何主体，既然生存于现实世界和社会环境之中，与外界的接触和联系就是不能禁绝的，作者所反对的并非这种接触和联系，而是主体与外物的主动置换，即让外物"取"走主体的天然状态，以及主动"与"出自身的天然状态，从而造成本来自我的破损。在保全"虚"的天然状态的前提下，与外物发生接触的理想状态，便是如同水流、镜子和回声一般，自然而然，应物而动。最后，在作者看来，本来的"虚"状态被破坏之后是很难再修复到原本程度的，而这难以修复的原因并不在于不可能，而是在于

[1] 杨伯峻:《列子集释》，中华书局，2012，第138页。

修复的途径很难再被找到。"事之破毁而后有舞仁义者，弗能复也"一句中，一个"舞"字传达出了非常形象的意涵，它意味作者并非真的抵触"仁义"等社会观念，而是反对在天然状态被破坏之后，主体将"仁义"等原本正面的观念作为工具，利用这些工具而为自身谋取某些利益。而这正是绝大多数主动与外物产生置换后的主体，在社会生活中所做出的行为，也正是主体丧失天然状态之后很难再回复的原因。

但是，虽然万分艰难，这种丧失后的回复并非完全没有可能，只要找到了正确的路径，个人修养提升的过程仍旧是开放的。在《列子》中，作者对此有着非常细致而形象的描绘，这一过程的主人公仍旧是列子本人。在《黄帝》篇第三段中，列子面对有怨气的学生，道出了自己跟随老师和友人逐渐提升自身境界的过程："自吾之事夫子友若人也，三年之后，心不敢念是非，口不敢言利害，始得夫子一眄而已。五年之后，心庚念是非，口庚言利害，夫子始一解颜而笑。七年之后，从心之所念，庚无是非；从口之所言，庚无利害，夫子始一引吾并席而坐。九年之后，横心之所念，横口之所言，亦不知我之是非利害欤，亦不知彼之是非利害欤；亦不知夫子之为我师，若人之为我友：内外进矣。而后眼如耳，耳如鼻，鼻如口，无不同也。心凝形释，骨肉都融；不觉形之所倚，足之所履，随风东西，犹木叶干壳。竟不知风乘我邪？我乘风乎？"[1]可以发现，这一修养过程最终所达到的境地，就是许多典籍中所记载的列子的经典形象——乘虚御风。因此，尽管

[1] 杨伯峻：《列子集释》，中华书局，2012，第44—45页。

在此段中出现的"虚"字并不具有修养上的含义，而只是"空虚"的意思，我们仍旧将此段作为研究《列子》作者所提倡的修养提升过程和最终境界的重要依据。根据文本，列子的修养提升过程持续了九年的时间才达到理想的境地，而每两年境界便大幅度的提升一次。当然，这种详细而规整的时间很可能只是虚数，只代指很长的时间，而不具有任何实际意义。作为老师而言，列子这样的描述应该只是希望使学生体会到时间的漫长。列子并未提及自己刚刚开始这一修养过程的时候处于怎样的状态，但根据后文的描述，其关注的重点一直在于自身对待"是非"和"利害"的态度。因此可以推测到，列子最初"事夫子友若人"的时候，心中充满"是非""利害"观念，口中吐出的言语也充满了这两种观念的痕迹。这种状况应该就是上一段中所提到的"事之破毁"的状态的表象化，本质上是失去了自然本真，主动与外界进行了置换之后的破损状态。而根据后文的描述，此时"夫子"对于他的态度，应该是不屑一顾的。列子正是由这样的起点，开始了自身修养境界提升的过程。这一过程中，列子的主要修行方法，就只是"事夫子友若人"而已，即主动在两位境界很高的人身边侍奉，并在与对方的长期相处中受到潜移默化的影响，并由此改变自身的行为和状态。如此三年之后，列子变得"心不敢念是非，口不敢言利害"。这样的变化，意味着列子心中仍旧有着强烈的"是非""利害"观念，但其从与师长友人的相处中，意识到了心存这种观念的谬误之处，因此开始主动克制这样的思考模式。这时，列子才得到了师长的最初认可，即"始得夫子一眄"。由此看来，修行过程中最初的阶段是最为艰难的。在这一段时期内，列子一直处于得不到师长认同的境况中，并在精神上和境界上也无法与师友进行真正的交流。接下来，又过了两年之后，列子变得"心庚念是非，口庚言利害"。这一变化表明，修养提升的过程并非只围绕着"是非""利害"等观念进行。其中的另一个重点，就是修养主体的执着心，不管这种执着心的中心是种种世俗观念、对这些世俗观念的执着，还是对不提及这些世俗观念的执着，都是修养过程中需要克服、需要化解的对象。此时的列子，心中仍旧未能破除掉"是非""利害"，但其对克制这些观念的执着心已经渐渐减轻，因此已经从前一阶段心口不一的状态，进展到这时完全放肆心之所想、口之所言的情况。而此时师长的反应是"解颜一笑"，即略微对学生表示了赞赏。这正证明了，执着心的消解在修养过程中也是一个重点。又两年之后，列子变得"从心之所念，庚无是非；从口之所言，庚无利害"。与前几个阶段相比，这种变化可以说是一个质变。这表明，列子不仅仅是执着心得到了消解，其内心也不再真正认同"是非""利害"等观念了。当其内心不再认同于这些世俗观念的时候，自然心之所想、口之所言都不会再提及它们。处于这一阶段之中，产生执着心的基础已经消失，执着心这个问题自然也无从存在了。而此时，列子的师友开始"引吾并席而坐"。也就是说，其师友不再把他当作一个学生，而是把他作为与自己平等的对象，开始与他平等地相处、作息了。因此，在师生关系的层面，这一阶段也意味着一个飞跃性的改变：双方不再作为师生，而是作为友人相处。而在最后一个阶段，列子身上所发生的改变是更加本质性的。首先，他不再仅仅是不认同"是非""利害"等观念，而是把这些观念彻底从认知领域之中排除了出去，即"亦不知我之是非利害欤，亦不知彼之是非利害欤"。这样一来，便是将自身天性破毁之时与外界置换掉的部分重新补全，完全回归到了原本的天然状态之中。其次，这一改变不再仅仅局限于"是非""利害"，而是扩展开来，波及其他各个领域。列子不再将师友认作是师友，甚至不再知道眼睛、鼻子、嘴巴的区别。一言概括，即是在各个领域全面的"无不同也"。而正是基于这样的"无不同也"，他最终可以"随风东西，犹木叶干壳"。也就是说，修养提升的最终阶段、理想阶段，诸多典籍所记载的履虚御风的境界，其基础实际上就是"无不同也"的认知状态。这一描述与《列子》文中有关理想境界的描述有很多相似之处。例如《黄帝》篇第十二段中，那位可以"游金石，蹈水火"的奇人便是基于对金石、水火都"不知也"的认知状态而拥有这样神奇的能力，子夏对其状态的解释是"和者大同于物"[1]。这与此段中列子的"随风东西"和"无不同也"本质上是一致的，即在彻底破除对事物、观念的分别认知的基础上，通达于各种人类认知所造成的界限之间，并由此在精神上与其他事物融为一体。可见，在《列子》作者的观念中，"是非""利害"等社会观念与"金石""水火"等自然事物的区分是没有本质差别的，它们都是人类认知所导致的人为界限，只要在认知上消解对这些界限的分别心，便可以获得精神上最大限度的自由。而不管是"游金石，

[1] 杨伯峻：《列子集释》，中华书局，2012，第65页。

蹈水火",还是"随风东西",实质上都是同样的,是对最大精神自由的具现化描绘。由此可以确认,《列子》作者在很多篇章中反反复复描写的这种最理想的境界,实质就是破除分别心之后所达到的最大限度的精神自由。

　　这种对最大限度精神自由的探求,在《列子》文中对于"虚"境界的描绘中比比皆是。并且,这些段落中也给出了形形色色的已经达到或接近"虚"这一境界的人们的一系列外在表现。从《列子》对这些表现的记述中,可以推断出上段所分析的修养提升过程的终点,主体所需要面临的最终环节。《仲尼》篇第八段是描绘"虚"境界表现的段落中比较典型的一段。段中,龙叔向好友文挚提起自己所患的病,说自己"乡誉不以为荣,国毁不以为辱;得而不喜,失而弗忧;视生如死;视富如贫;视人如豕;视吾如人。处吾之家,如逆旅之舍;观吾之乡,如戎蛮之国。凡此众疾,爵赏不能劝,刑罚不能威,盛衰、利害不能易,哀乐不能移"[1]。由于这种疾病给他的生活造成了很多不便,"固不可事国君,交亲友,御妻子,制仆隶",因此询问是否有医治的办法。经过上文的分析,可知这种在社会生活领域完全失去了分别心和界限意识的状况,虽然在常人看来是一种不正常,但在《列子》作者的观念中,是个人修养程度比较高的表现。因此,当文挚为龙叔看诊后,作者借文挚之口评论道:"吾见子之心矣,方寸之地虚矣。几圣人也!子心六孔流通,一孔不达。今以圣智为疾者,或由此乎!"[2]

---

[1] 杨伯峻:《列子集释》,中华书局,2012,第123页。
[2] 同上书,第124页。

可见在作者看来，龙叔已经接近了"虚"这一理想境界，但其唯一的缺憾，就是自己对自身的状况没有认同感，认为自己远高于常人的境界反而是一种疾病。从行文上来看，龙叔的疾病并非外在因素所引起的，这种状况的根源在于其自身之中，即"方寸之地虚矣"的"心"。而其认为自身有疾病的根源也在于"子心六孔流通，一孔不达"。也就是说，龙叔的一切境界和问题的源头都在于内在的"心"。在对于"心"概念进行分析的段落，笔者已经讨论过它在《列子》中的主要含义。可以说，"心"在个人修养层面上是主体意识和认知能力的寓居之所，其性质可善可恶。而这里龙叔的"心"显然已经接近作者所倾向的终极价值，由此才导向了接近"虚"的境界。因此，"心"和"性"一样，也与"虚"有着比较紧密的关系。另一段可以作为"心"与"虚"关系分析材料的，是《仲尼》篇的第五段。在这一段落中，有列子对于南郭子的一段评论："南郭子貌充心虚，耳无闻，目无见，口无言，心无知，形无惕。"[1] 这句话中出现的两个"心"意义相同，都是代指意识或认知的寓所。所谓的"貌充心虚"，是从南郭子的内外两方面来阐释的。外在的"貌充"指外表看来毫无破绽，外物不得侵入，这种状况对应着后文中所描述的，南郭子乍看起来仿佛"欺魄"，即如同假人一般。内在的"心虚"则指精神上通达而无窒碍，即上段中所分析的境界。如此一来，南郭子便达到了"形神不相偶"的状态，即外在和内在完全融合，没有任何的相互冲突。可以说，南郭子和龙叔在认识上是相近的，两人都已经破除了对

---

[1] 杨伯峻:《列子集释》，中华书局，2012，第118页。

事物界限的认识。但二者唯一的区别，就是南郭子完全接受了自身所处的境界，即"形神不相偶"[1]；而龙叔仍旧不能接受自身的状态，其外在和内在仍旧有着强烈的冲突。可以说，追求最高境界"虚"的过程的最终阶段，就是在"心"的环节上彻底接受自身的状态，达到"形神不相偶"，使得外在和内在完全相融。

　　经过以上对原文的分析梳理可以确知，修养意义上的"虚"的核心意义就是拥有最大限度精神自由的理想境界。处于这种境界之下的主体所具有的状态，就是在认知上消解一切界限与分别，能够与万物融为一体，不被任何外物所窒碍，并完全接受自我的这一状态，使得自身内外相合。这样的理想境界"虚"与《列子》作者宇宙观中的世界本源"道"有着紧密的联系，并具有很大程度上相同的性质。这一点在《黄帝》篇第十三段的文字中有着较为清晰的阐释。段中，列子之师壶子向自己的学生证明并展示自身所处境界的高妙之处，其最终境界便被描述为："向吾示之以未始出吾宗。吾与之虚而猗移，不知其谁何，因以为茅靡，因以为波流。"[2] 在前文中，壶子已经向学生展示了三种其他的境界，分别是处于"地文""天壤""太冲"的状态之下。这三种境界，分别可以对应生化流通过程中的"阴""阳"和阴阳激荡的阶段，结合《列子》宇宙气化理论的内容，可知这三种境界仍全部处于"气"的层面上。"气"在《列子》的生化系统中是沟通形上世界和形下世界的中枢，也是联通宇宙本源和具体事物的中间元素。因

[1] 杨伯峻：《列子集释》，中华书局，2012，第119页。
[2] 同上书，第72页。

此，这三种阶段虽然逐步接近了宇宙生化的核心，也逐渐接近了理想境界，但仍都不是最终的进境。在壶子对最终境界的描述中出现的"吾宗"，所指即是宇宙本源。而这种境界被代称为"未始出吾宗"，则表明了它与宇宙本源的紧密联系。壶子作为列子的老师，其理论和修养是与列子一脉相承的。对他们来说，其整个理论和追求的最终目标，可以说都是这一理想境界。以"吾宗"两字代指自己的追求，说明其一切理论的基础和归向，都是宇宙本源本身。理想境界，也可以说是以具体人类的身份，对宇宙本源状态的最大限度模拟。段中，这种模拟也被描述为"虚而猗移"，即这一理想境界与前文所分析的"虚"境界是一致的。由此可知，"虚"不仅仅是一种理想境界，以及这种境界所具有的状态，还是处于这种境界的具体个人所能够模拟的宇宙本源性质的总称。这种理想境界对宇宙本源性质的模拟，令人联想到前几篇中所论述过的"性""德"等重要概念。应该说，"性"作为人类与生俱来的天然品质，本身就是宇宙本源性质的一种实际显现；"德"很大程度上与"性"等同，但更为强调主体价值与宇宙本源性质趋同的倾向性；而"虚"正是一个具体人在回归自身的"性"、拥抱自身的"德"之后所具有的境界。三者在与宇宙本源的关联上是完全一致的，它们是同一份天性在不同层次、不同意义上的代称。因此，在《列子》作者的观念之中，这种模拟并非要通过向外寻找的方式达成。主体只需要屏蔽外物的一系列干扰，尽心探求自身内在的、与生俱来的"性"和"德"，便能够自然而然地获得"虚"的理想境界。

二、与其他道家思想之"虚"的比较

"虚"这个概念并非《列子》所特有的，也并非只受到《列子》作者的重视。根据一些学者的分析和梳理，"虚"在道家思想和以儒家思想为代表的先秦其他各家思想中所受的重视程度截然不同，凡是道家学派或具有道家倾向的先秦典籍中，都会大量出现对于"虚"的论述，非道家思想的著作则对此较少论及。"虚"几乎可以作为一个区分道家思想和其他思想的标准。作为道家学派的一个重要组成部分，《庄子》当然也不会例外。《庄子》全篇中共出现了六十一个"虚"字，尽管不能与"道""天""德"等概念相比，但仍旧高于"气"等不少重要概念，并且在语境中所显现的地位也不容忽视。从另一个方面来说，《列子》和《庄子》都继承了《老子》中的"虚"观念，并对其进行了很大程度上的发展和完善，从而由《老子》中简单的"致虚极，守静笃"出发，形成了"虚"复杂的几个含义层次和它在修养、境界理论中的重要地位。因此，"虚"在《列子》和《庄子》中都占据着相当重要的位置，并在各方面都值得进行比较分析。前文专门的章节中已经论述过，《列子》中的"虚"可以大致分为两个类别：一个是修养境界意义以外的"虚"，另一个是修养境界意义上的"虚"。《庄子》中的"虚"也基本可以分为这两类，而两类之中真正值得比较的，仍是修养境界意义上的"虚"概念。

接下来，就将《列子》和《庄子》中个人修养层面上的"虚"做一比较。在前文的专门章节中已经分析过，《列子》之"虚"在修养、境界层面上的意义，是其"虚"概念的核心含义，也是"列子贵虚"这一广泛流传说法的来源。而这样的"虚"在《列子》文本中体现出来的意义，大致包括三个方面：首先，"虚"是《列子》中出现的最高境界，例如《天瑞》篇第十段中的"虚者无贵也""非其名也，莫如静，莫如虚。静也虚也，得其居矣；取也与也，失其所矣。事之破毁而后有舞仁义者，弗能复也"[1]，其中的"虚"便是指一种高超的精神境界；其次，"虚"是处于这种最高境界的主体所具有的一系列表现，例如《仲尼》篇第五段中的"南郭子貌充心虚，耳无闻，目无见，口无言，心无知，形无惕"[2]，便是形容境界高超者的内外表现；最后，联系"虚"与"道"的紧密关系，它也可以代指"道"所具有的性质，并由此解释"虚"作为最高境界的由来，例如《黄帝》篇第十三段中的"向吾示之以未始出吾宗。吾与之虚而猗移，不知其谁何，因以为茅靡，因以为波流"[3]，便呈现了"虚"与"吾宗"之间的关系。与此相比，《庄子》中的"虚"所呈现出的含义基本相同，只是在一些小的方面有着表述上和强调重点上的区别。首先，《庄子》中的"虚"也有着代指境界的含义。例如《人间世》中的"虚者，心斋也"[4]，而此处的"心斋"是《庄子》境界论之中非常重要的一个部分。联系词句前面的"唯道集虚"一句，"虚"与"心斋"在这里是一种境界的两个说法，并且"虚"是"道"所具有的一种特性，

---

[1] 杨伯峻:《列子集释》，中华书局，2012，第 27 页。

[2] 同上书，第 118 页。

[3] 同上书，第 72 页。

[4] 郭庆藩:《庄子集释》，王孝鱼点校，中华书局，2013，第 137 页。

因此以"虚"作为媒介,"心斋"与"道"这两种境界应该是等同的。因此,可以认为"心斋"是《庄子》中最高境界的一种表达方式,而"虚"显然也是这一境界的另一种表达方式。在这种认识上,《庄子》与《列子》并无本质的区别。其次,《庄子》中的"虚"也代指着处于最高境界之主体所可能呈现出来的种种内外表现。这种含义在《庄子》《列子》的"虚"中出现频率也都比较高。例如《天道》中的"夫虚静恬淡寂漠无为者,天地之平而道德之至"[1],《刻意》中的"无所于忤,虚之至也"[2],《田子方》中的"人貌而天,虚缘而葆真,清而容物"[3]等等,都是以"虚"代指最高境界所体现出来的特性。而这些特性有时有着非常具体的含义,如"虚静恬淡寂漠无为""无所于忤""清而容物"等等,归结起来都近于《老子》中的"自然""无为""谦退不争"等等含义。在这一点上,《列子》也有着相似的见解,但《列子》更突出地强调了境界高超者在认识上的"无不同"状态。例如《黄帝》篇第三段中的"而后眼如耳,耳如鼻,鼻如口,无不同也"[4],便是对此种状态的明确表述。实质上,这种"无不同"非常近似于《庄子》的"齐物"。但《庄子》将认识论中的"齐物"和境界论中的"虚"分判为两个领域的存在,《列子》则将"无不同"作为"虚"之境界的一种体现。二者尽管认识相似,但在理论架构方面还是多少存在一些区别。最后,在"虚"和"道"的关系,

---

[1] 郭庆藩:《庄子集释》,王孝鱼点校,中华书局,2013,第411页。

[2] 同上书,第482页。

[3] 同上书,第621页。

[4] 杨伯峻:《列子集释》,中华书局,2012,第45页。

以及用"虚"来代指"道"的一些特性这点上,《列子》和《庄子》的表述也是相近的。例如前文提到过的,《人间世》中的"唯道集虚",便是在境界论的层面上显示出"虚"是"道"所具有的一种特性和状态。此类的使用方式还有很多例证,比如《列御寇》中的"太一形虚"[1]、《天地》中的"性修反德,德至同于初。同乃虚,虚乃大"[2]等段落,都表明了"虚"作为"道"之一种特性的地位。而在此基础上,可以"发现'虚'已由'道'的形容词转变成'道'本身而有'太虚'一词的出现",即《知北游》中的"以无内待问穷,若是者,外不观乎宇宙,内不知乎大初,是以不过乎昆仑,不游乎太虚"[3]。此句中显然是以"昆仑"对应"宇宙","太虚"对应"大初",而"大初"和"太虚"所指的都是"宇宙""昆仑"的源头,即"道"本身。由此反观《列子》中的"虚",可以发现这种以"虚"或"太虚"来代指"道"的用法并未出现过,实际上,《列子》中完全没有出现过"太虚"这个词语。因此在《列子》之中,"虚"仅停留在"道"的特质这一含义上,没有像《庄子》中一样更进一步的发挥。

---

[1] 郭庆藩:《庄子集释》,王孝鱼点校,中华书局,2013,第919页。

[2] 同上书,第382页。

[3] 同上书,第668页。

第四节 《列子》境界论的构架与"虚"问题的解决

一、"心""化""虚"及它们所构成的《列子》境界论框架

从以上对于"心""化""虚"三个概念含义涵盖范围的分析来看，三者之中只有"虚"是完全代指一种境界，其他二者都只有一部分含义真正属于境界论的范畴。但"心"和"化"两个概念所包含的其他含义，也都与境界论有着一定的联系，并在《列子》对其最高境界进行论证的过程中起到了比较重要的作用。

其中，"心"这一概念提示了一个具体个别的生命个体从普通的生存状态上达至最高境界的可能途径。在上文的分析中已经提到，"心"所具有的四个要素即"知""情""欲""虑"。可以说，在任何一个普通生命个体之中，有"心"即意味着这四个要素的同时存在。在《列子》作者的观念中，"心"之中的"知"和"情"可以说是正常的、不被排斥的要素，这一点与不少其他思想体系都不尽相同。特别是"情"这一概念，在很多思想中都被认为是负面的、导致欲虑泛滥的根源，而在《列子》的思想观念之中，虽然"情"也被认为是"欲"的前提，但作者并不认为"情"本身是负面的。在《仲尼》篇第十五段中有明确的表述："发无

知,何能情?发不能,何能为?聚块也,积尘也,虽无为而非理也。"[1] 显然作者认为"知"与"情"关系紧密,且二者都是有意识的主体理解世界、理解自身的重要因素和前提。而在此之外的"欲"和"虑"变化,才是人之本性真正开始散失、破损的过程。由"心"这四个因素的发展变化过程出发,《列子》作者认为一个天性已经散失的主体回复自身天性、提升自身的境界的必经过程,必然是反推"心"发展中经历的这四个因素,即从"虑"和"欲"回归"情"和"知"。而这样反推"心"之内部因素的最终结果,必然是"心"与"性"的完全相合。这样一来,主体便开启了以"性"为阶梯,使自身之"心"直接合于"道"的途径。因此,正如上文所说,"心"这一概念在《列子》之中是人性论和境界论的桥梁,它联系着人性论的核心"性",并以自身的内部结构启发主体走向通往最高境界的道路。

"化"这一概念则蕴含着两阶段的意义:第一个阶段,它提示着以"气"为中心的万物演化图景,并由此论证万物本质上的同一齐平。从《列子》全篇来看,作者对于"气"的重视是比较突出的,文中多次出现了在"气"的基础上破除对物与物之间尊卑贵贱、彼我分别的论述。而这种破除物与物之间的分别,达成万物齐平的认知,本身便是"化"所代指的境界。因此,"化"的第二个阶段,便是基于此种认知所达到的境界,以及身处这种境界之中的主体所表现出的一系列特征。正如前文所说,这些特质往往都被作者以异人和奇事的方式来表达,作为读者来说可以从

[1] 杨伯峻:《列子集释》,中华书局,2012,第139页。

这些奇异的故事中体会到作者的用意。从本质上看，物与物之间的分别属于一种主体的认知，而这种通过"气"来达成的万物齐平，同样也属于一种认知。也就是说，不管是哪一种认知，都属于"心"之四个因素里的"知"所包含的范畴。这样一来，通过"心"之四个因素的反推到达的"知"，本身便与以认知为实质"化"这一境界重合在一起了。由此，《列子》的作者便为其通过"心"这一概念论述的提升境界之途径找到了宇宙生化论上的依据。所以，"化"这一概念联系着《列子》的宇宙论和境界论，是二者之间的桥梁，并为后者提供正当性的论证。

而"虚"在《列子》的境界论体系之中则是一个归结点，它代指着《列子》作者所认为的最理想境界和身处这种境界之中的状态。纵观《列子》之中对于"虚"这一概念的描述，可以发现它首先以"化"所表述的万物齐平认知为基础，其次以"心"所提示的反推四个要素为达成的具体途径，并最终归结为"未始出吾宗"[1]，即回归并合于"道"的状态。在这些描述中，最值得注意的一处是《天瑞》篇第十段中的"静也虚也，得其居矣；取也与也，失其所矣"[2]。也就是说，作者认为"虚""静"是主体真正的适宜居处，抛弃了它们，主体就好像失去了家一样。这种描述令人联想到，在对人性论中的"性"和"命"进行论述时，笔者曾经描绘过"性"和"命"在主体生命之中的作用，"居性由命"。"性"本身便是《列子》作者所认为的主体居处，而"命"则是

---

[1] 杨伯峻：《列子集释》，中华书局，2012，第72页。
[2] 同上书，第27页。

主体不得不顺应自身之"性"的绝对性保证。联系这一点，可以发现作者对于"虚"与"性"在主体生命之中地位的描述有着较强的相似性。前者是一种对境界和状态的描述，类似一个形容词；后者则是一个主体所具有的本质限定，类似一个名词。可见，"虚"这种境界是主体保持自身不失"性"时所呈现出的状态，以及这种状态的外在表现。因此，《列子》所认为的最高境界"虚"，其实重点仍旧在于对自身天性的保护与顺从，利用"虚"这个词语只是能够体现出身处天性之中的状态而已。

这样一来，"心""化""虚"三者的含义、地位以及它们在《列子》境界论之中的地位便清晰了。"虚"作为最高的境界，得到了"心"和"化"分别从人性论和宇宙论中提供的理论依据，从而树立起自身的正当性。

二、《列子》"虚"概念地位问题的解决

由以上梳理，我们已经对《列子》之中"虚"概念的内涵和地位有了一个比较细致而全面的了解。可以说，在《列子》全篇之中，"虚"这一概念作为最高境界的代指，拥有境界论上比较重要的地位和意义。但是抛开其在《列子》书内的地位不提，但就其所显示出的意义来看，"虚"与其他道家思想所呈现的境界、修养方式等含义和要素没有太多区别，体现出的个性很少。并且，"虚"这个概念也并非《列子》所独有，《庄子》《淮南子》等一系列有道家思想倾向的典籍中都对此有所论述，且体现出的含义也

没有很大差别。因此可以说,"虚"这一概念所处的地位略微尴尬:对于《列子》此书来说,"虚"是一个不得不提到的概念,不仅是由于列子思想最广为人知的代号便是"虚",也是由于它在《列子》全书之中确实有自身的重要地位;但将其放置在与其他道家典籍的比较之中时,《列子》之"虚"却又突显不出自身太多的个性,无法引起更多的重视和关注。大概也正是因为这一点,在以往有关今本《列子》的研究之中,不少学者都对《列子》的思想体系及其境界论、修养工夫有所涉及,但对于"虚",不仅将其作为专门研究对象的论著很少,在论著中对它有所提及的研究成果都几乎没有。纵观长期以来针对《列子》所进行的研究,对于其《天瑞》和《杨朱》两篇进行研究的论著是最多的。这两个篇目之所以吸引了众多学者的目光,是由于《天瑞》篇的论述重点在于本根论,《杨朱》篇的论述重点在于主体的"性""命"关系、"名""实"关系以及由此而发的人生价值观,并且这两个部分都体现出区别于其他思想体系的独特个性。相比这两个部分,"虚"所蕴含的个性实在是太少了。因此,"虚"被学者们长期忽略的状况实际上是符合其本身的研究价值的。

这样一来,列子本人将"虚"作为自身理论代表性符号的原因便令人难以理解了。一个相对于其他思想来说没有太多个性的概念,为何会成为列子思想的代号呢?就现在所有的资料来看,造成这种状况的原因有三种可能的猜测:一是列子本人的思想与今本《列子》的思想有所差异,前者思想中的"虚"有着更为独特而值得注意的含义和地位,而后者的内容对此并无体现;二是在列子提出"虚"的时候，其他与其相似的观念和思想体系都还没有出现，列子本人是"虚"这一概念及其所代表的含义的首创者或最早的重点论述者，而与其相似的观念都是在其之后才产生或发展起来的，因此列子之"虚"在当时的思想环境之下非常引人瞩目；三是列子对"虚"的重视仅仅是想表达自身对这一最高境界的重视，这种重视与其含义个性的多少没有必然联系。不管这三种可能性中的一个独自成立，还是其中多个同时成立，都能够解释列子之"虚"被人熟知的原因。但由于有关列子其人和今本《列子》实际情况的确切资料很少，笔者无法对任何一种可能性作出证明，这一问题的真正原因也只能止步于猜测了。

结论

在前面的章节中，笔者以"《列子》中是否存在本体论、《杨朱》篇在《列子》之中地位如何、'虚'概念在《列子》中地位如何"三个问题作为线索，对《列子》的"道""气""天""德""性""命""心""化""虚"九个概念分别进行了分析解读，并对它们所分别构成的宇宙论、人性论、境界论三个板块进行了研究论述，目的一方面是为了解答上述提出的三个问题，另一方面是为了得出《列子》全书的思想框架，对其思想体系进行全面的梳理归纳。现在，可以回顾一下前面章节进行过的研究工作和得出的成果。

首先，在《列子》的宇宙论构架方面，笔者重点分析了"道""气""天"三个概念。其中，"道"作为宇宙本源，是《列子》宇宙论的核心以及整个理论构架的旨归和依据所在。通过对原文的剖析和梳理，可以得知其具体表现出来的特质，即蕴含着一切具体事物存在之依据，不依傍任何外物、不因任何因素发生变化而永续独存，内部有着往复运动，不能被具体感官所感知，时间上不存在起始和终结，在无不知、无不能的前提下顺应万物本性，且不实际干涉万物生化过程。这样的"道"最终成为一切具体事物存在的依据，并以自身的特性影响着一切具体事物的自身特性与价值倾向。"天"代指以"道"为依据的整个现实世界以及其中的全部具体存在物，提示出《列子》作者观念中现实世界的具体构成，即一个由大量实际事物组合而成的集合式的、除了地平面本身之外没有固定界限的空间。而"气"作为构成一切具体事物的首要要素，在宇宙本源和具体世界之间搭建起桥梁，连接"道"和"天"两个处于不同层面的概念。一切具体事物的产生和消失都可以用"气"之聚散来解释，由此《列子》在生化论和后面的人性论两个层面上都产生了万物齐平、无分贵贱的观念，而这种观念最终形成了一种基于认知的境界。这样的《列子》宇宙论，呈现出"气"居于中间连接"道"和"天"两段的结构，并以生化过程和宇宙结构为主要内容。

其次，在《列子》的人性论构架方面，笔者重点分析了"德""性""命"三个概念。事实上，"德""性""命"所代指的都是同样的部分，即具体实在的主体直接得自宇宙本源"道"的"分"。针对"分"使用三个概念，是从三个不同的方面对其进行了诠释。三个方面的相互融合和联系，便构成了《列子》对于主体之"分"的解读，也便构成了其人性论的构架。其中，"德"提示着"道"之特性降落在主体之上所形成的价值倾向，这种倾向在个别主体的存在中，体现为"和"，即肉体之"气"和心智之"志"的平衡和相容。个别主体对待现实世界的方面，则体现为"无私"，即不将任何其他事物认为己有，从而排除自身与外物的差异，从而自然地与现实世界相处。而"性"则提示着主体之"分"的与生俱来和不假外求的自足。从上文的分析中可以知道，《列子》作者认为"性"便是主体最为适宜的居所。只要主体不在与外界的交接中散失掉自身天然的"性"，便能够自然而然地顺应自身本来所具有的特质，走上最为适宜自身的道路。而"命"则提示着顺应自身之"性"、通达自身之"德"并合于宇宙本源"道"的人生道路，对于主体来说是绝对而不可抗拒的。《列子》作者将"命"描绘为"不知所以然而然"，且没有意志没有目的，主体也无从干涉的存在，并将主体人生痛感的原因归结为社会现实和世俗价值对"性"的扭曲作用，从而维护了"命"本身的纯粹。由"德""性""命"三者来看，《列子》所认为的人性便是"道"性在主体存在之中的显现，其显现的特质全都符合"道"的特质。并且论证，《列子》已然树立起了主体顺应自身特质的必然性。

再次，在《列子》的境界论构架方面，笔者重点分析了"心""化""虚"三个概念。其中，"心"是主体精神的寓居之处，是主体存在的证明。它的内部包含着"知""情""欲""虑"四者，其中"知"是"心"本来具有的最基本功能和要素，而后面的三个要素都由其前者演化发展而来。"知"和"情"被《列子》作者认为是正常的要素，而"欲"和"虑"则是"心"之过度扩充的产物。"心"之过度扩充，便意味着"性"的散失，而要回复自身天性，就要逆推"心"扩充的过程，逐渐消解"虑"和"欲"，回归正常的"情""知"范围。这种回复自性的过程进一步发展，便进入了"化"所涵盖的范围。"化"的含义，首先是指以"气"为基础的万物生死演化。在"气"作为基本元素构成一切事物的观念之下，万物的本质都是"气"之聚，因此万物在"气"的视角上是完全平等的，所谓的高低贵贱以及物与物的区分，实际上都是主体的主观认识所造成的偏见。由此，"化"所代指的万物演化，就变成了《列子》以"气"为基础的万物平等认知。而其次，以这种平等认知为基础，"化"也同时是一种境界，是消解了物与物乃至自身与他物的区分认知，从而"和者大同于物"的状态。但这种境界本质上仍是"心"所具有的"知"，并非《列子》作者所认为的最高境界。《列子》之中的最高境界，是由"虚"来代指的。"虚"所呈现的境界，是彻底排除了"知"从而"无心"，完全使得主体的存在融合于"道"，自身所体现出的特质也完全符合"道"性的状态。而"虚"这个字在《列子》中的意义，本身也就是代指"道"之"虚"性。由此，《列子》便完成了自己由"心"之结构，到"化"之认知，最后再到"虚"之境界的境界论架构。

在理清了《列子》书中所呈现的概念含义和理论结构之后，接下来便是要解答绪论中提出的三个问题。为了解答第一个问题"《列子》中是否存在本体论"，笔者将《列子》中宇宙论部分的结构和"道""气""天"三个概念的含义，与其他一些理论结构和概念含义进行了比较，这些对比的对象包括《老子》思想、《庄子》思想、王弼思想和郭象思想，以及略微涉及的汉代哲学思想，包括《淮南子》和班固某些著作中的思想等等。经过对比，笔者发现《列子》的宇宙论部分，在思维逻辑上比《老子》要更为复杂一些，与《庄子》外篇、杂篇的部分更为相似，而与魏晋玄学相比则有着较大的思维差距。而尽管"本体论"等概念在使用和诠释上都有不稳固之处，但这一问题被学者们提出并争论不休的原因，其实是为了寻找将今本《列子》思想放置在魏晋思想背景下进行研究的正当性。因此，当通过比较发现《列子》的本根论思想与魏晋玄学所谓的本体论思想差距很大之时，这一问题提出的原因便已经被消解了。由此可见，不管"本体论"这一词汇在中国哲学领域中该如何应用，我们可以肯定的一点是：今本《列子》中不存在西方哲学中的本体论形态，也不存在魏晋玄学中的本体论形态。

第二个问题，有关《列子》中《杨朱》一篇与其他篇目的思想矛盾以及该篇在《列子》全书中的定位问题，通过《列子》对于人性论部分的分析，也可以得到解答。首先，《杨朱》篇与其他篇目思想之间所谓的思想矛盾，实际上集中在"性""命"关系和对待"命"的态度两个方面上。在"性""命"关系的方面，除《杨朱》篇以外的篇目持有的是"居性由命"的二者关系，而《杨朱》篇则显然对"性命"表现出较强的抵触情绪。而在对待"命"的态度方面，特别是《力命》篇和《杨朱》篇，在张湛作注时便已经提出，前者在此问题上的态度是"万物皆有命，则智力无施"，后者在此问题上的态度则是"人皆肆情，则制不由命"，二者显然是有所矛盾的。通过对《列子》原文的梳理，我们发现《杨朱》篇所定义的"命"与其他篇目中的"命"有所不同，它被称作"性命"，指代的是世俗社会规则中的人生成功及功名利禄。而这是导致《杨朱》篇反抗这样的"性命"的原因。这种定义有助于纯化"命"这一概念，并能够帮助更好地树立起顺"性"的正当性。因此，可以认为《杨朱》篇的"性命"是对《列子》人性论框架的补充，有着其独特的意义。其次，便是《杨朱》篇在《列子》全书中的定位问题。由以上分析可知，《杨朱》篇的"性命"设定与《列子》其他篇目的"命"尽管不同，但并不相互矛盾。因此，以这一点来断定《杨朱》篇思想不属于《列子》，或以此来推断今本《列子》一书不具有逻辑自洽的结构，都是不能成立的。但在承认《杨朱》篇为《列子》全书思想的一个组成部分的同时，也不得不说明其与《列子》其他篇目思想的些微差异。在上文中也已经提到，《杨朱》篇中"性"概念的意义范围比其他篇目中的"性"要更大，且其描述更接近汉代哲学中的某些语句，而其他篇目中的"性"则更类似于《庄子》的表述。我们没有证据能够明确证实导致这种状况的原因。

第三个问题，有关作为列子思想代号的"虚"这一概念在《列子》一书中处于怎样的地位这一问题，通过对《列子》境界论的剖析，也可以得出一个比较令人满意的答案。《列子》之中的"虚"是作者观念中的最高境界，也是身处最高境界的主体呈现出来的一系列外在表现。因此，"虚"在《列子》之中具有比较重要的地位是不争的事实。但由于它与众多其他思想体系中的"虚"相比体现不出太多的个性，因此自然长期被学界忽略。

综上所述，《列子》的全书理论框架已经被梳理得较为明确，绪论中提出的作为本研究线索的三个问题也都得到了解答。而由此，我们可以总结出几个较为明确的事实：第一，尽管为今本

《列子》进行思想史定位仍旧是一个不可能的任务，但如果本研究对《列子》思想体系的整理具有可靠性的话，那么将《列子》放置在魏晋玄学的思想背景之下进行研究是错误的。不仅仅是在宇宙论方面的对比，在有关"性""化"等概念的比较中，我们都发现了《列子》思想与魏晋玄学代表性思想之间有着较大的差别，且这种差别显然体现了《列子》所处的思维逻辑层次与后者的差距。在这种状况下，以魏晋时代的思想资料来分析《列子》思想是不具有正当性的，以这种方式来进行的研究有扭曲《列子》本来思想的嫌疑。第二，《列子》全书绝大部分篇章的思想是逻辑自洽的。从上文对《列子》思想的三大板块进行的分析来看，其宇宙论、人性论和境界论的逻辑较为清晰，且相互之间联系互动都很紧密，共同构成了一个比较完满的思想框架。如果如绪论中所说，《列子》实际上是一盘资料杂烩式的散沙，那么这样的思想框架是不可能被提取出来的。质疑《列子》逻辑自洽与否的重要篇章《杨朱》，也已经被我们证实了其思想与其他篇章并不矛盾，且相互补充。实际上，从《列子》全书的编排来看，今本成书之时的编纂者显然是有着自身的思想，并将这些思想有条理地整理在一起，从而形成此书的。其中，有关本根论的主要部分集中在《天瑞》篇中，有关"化"、梦、天人关系等问题的思想集中在《周穆王》篇中，有关修养教化的思想主要集中在《黄帝》和《仲尼》两篇之中，有关"性""命""名""实"问题的论述则集中在《力命》和《杨朱》两篇之中。《汤问》和《说符》两篇的主旨有所不明，主要由寓言故事组成，但其中表现出的价值倾向与其他篇章是一致的。这样的编排透露出一种由上至下，由本源到具体主体的顺序。另外，《列子》中也确实有一些部分，其文句体现出来的思想倾向与绝大部分篇章不符。例如《黄帝》篇末尾的一段，惠盎以政治利益游说宋康王，并最终将自己的观点归结为"孔墨是已"[1]，便与全书主旨有所差异。这些无法作为思想体系组成部分的段落，提示着我们此书形成过程的复杂，但这些杂质并不能推翻《列子》绝大多数篇目所形成的理论框架。

最后，来谈一谈笔者对本研究中整理出的《列子》思想的看法。《列子》思想的大体结构，可以说与传统的道家思想结构是一致的，都是从论述宇宙本源入手，再来讨论由本源而来的人性和主体问题，最后归结为主体如何合于"道"的可能性和途径。但在大框架的一致之下，《列子》仍旧表现出了某些独特之处。这种独特之处主要表现在两点上：第一，《列子》对于"气"的重视远超《老子》和《庄子》，并建立起了以"气"为基础的万物平等图景。而其境界论，事实上就是建立在这种万物平等图景之上的。这种以"气"论为基础的境界体系，可以说是《列子》较为独特之处。第二，尽管《列子》的理论结构并不特殊，但其在最后的归结点处体现出的情感倾向却是比较特别的，并且这种情感不管是相对于儒家还是多数道家思想的价值观来说，都比较消极。这种情感的集中体现，自然就是《力命》和《杨朱》两篇中大量有关"熙熙然以俟死"[2]的论述。这种观念，实际上源于《列

---

[1] 杨伯峻：《列子集释》，中华书局，2012，第84页。
[2] 同上书，第213页。

子》作者自身的价值追求与社会现实的强烈矛盾。上文中我们分析过《列子》之中真正的"命"之定义以及对待"命"的态度,这种纯粹至极的"命"和顺应它的路途,是作者真正希求的人生轨迹,也是其真正认同的人生价值。但是这种轨迹和价值,在社会现实诸多因素的制约之中是很难被实现的。作者显然在这个问题上经历了相当大的思想痛苦,并且并不希望把这种痛苦归结为自身认同的价值之上。因此,他只能将这种痛苦归结到社会的外在因素,并且对这些因素表现出极度的抗拒和排斥。在这个问题上,《列子》作者的态度是分裂的。他一方面一边明知在社会现实中不可能实现自身真正认同的价值,一边仍旧极力维护这种价值;另一方面又不得不在现实中寻找一条使得自身价值与社会因素共存于己身的妥协之道。《列子》作者对于社会现实有着相当清醒的认识,他对"名""实"关系的论述便证明了这一点:"名固不可去,……斯实之所系矣。"[1]想要一边在社会现实中生存,一边一定程度上保留自身的天性,没有相当的社会基础和经济基础是不可能的。如果前者是"实",后者是"名",那么虽然我们知道自己想要的是"实",但这种"实"失去了"名"的支撑,便会沦为彻底的空洞,最终导致我们丧失天性,或丧失生命。因此,在社会现实之中达到双方妥协共存的唯一办法,就是一方面寻求某种程度上的世俗基础,但仅止于满足自身的生存和追求的需要;另一方面躲避更多的世俗实务和声名,将精神世界隐于世俗之外,去追求自己真正认同的价值。但这种妥协,在实施上又很难真正保

[1] 杨伯峻:《列子集释》,中华书局,2012,第228页。

持二者的平衡。因此，在《力命》和《杨朱》篇中出现了很多在物质上纵欲寻欢的同时，又呈现出精神上的极度淡漠的人物，例如公孙朝、公孙穆兄弟，卫端木叔等等。这些人物实际上便是身处自身价值和社会现实的夹缝中的作者的真实写照，也是妥协之道最终失衡的后果。

从这种视角来看，《列子》最终导向的人生情感虽然比较消极，但并非对我们的现实生活没有启示意义。《列子》作者所面对的矛盾，事实上也正在发生在每一个身处社会现实的人的生命之中。对于有一定知识，也有着自身价值观念的主体来说，其价值观念不可能完全符合社会现实的主流观念。己身之价值和追求与社会现实所要求的价值和追求，二者之间永远会存在着一条裂缝，只不过由于主体价值的不同，裂缝或深或浅而已。而如何看待自身与社会之间的关系，并进一步面对自身追求与社会价值之间的这条裂缝，对于主体最终会走向怎样的人生道路以及最终的结果来说，都是非常重大的事情。在《列子》之中，其作者最终并未能够找到一条使得二者相容的道路，这也导致了其深重的精神痛苦和最终的消极情感。尽管作为读者的我们并不一定要接受其最终的结果，但毕竟《列子》将这一问题赤裸裸地摆在了读者面前。如果读者能够从《列子》提出的问题及其最终的结果中生发出一些思考，那么该书的存在也便能够呈现出其在现代社会生活中的意义。

参考文献

[1]杨伯峻. 列子集释[M]. 北京：中华书局，2012.

[2]郭庆藩. 庄子集释[M]. 王孝鱼，点校. 北京：中华书局，2013.

[3]陈鼓应. 老子今注今译[M]. 北京：商务印书馆，2003.

[4]王弼. 王弼集校释[M]. 楼宇烈，校释. 北京：中华书局，1980.

[5]郭象，成玄英. 南华真经注疏[M]. 曹础基，黄兰发，点校. 北京：中华书局，1998.

[6]杨伯峻. 孟子译注[M]. 北京：中华书局，2005.

[7]许慎. 说文解字[M]. 徐铉，校定. 北京：中华书局，2003.

[8]朱熹. 四书章句集注[M]. 金良年，今译. 上海：上海古籍出版社，2006.

[9]刘文典. 淮南鸿烈集解[M]. 冯逸，乔华，点校. 北京：中华书局，1989.

[10]班固. 白虎通德论[M]. 上海：上海古籍出版社，1990.

[11]章太炎. 《列子》与佛经[M]//傅杰. 章太炎学术史论集. 北京：中国社会科学出版社，1997.

[12]汤用彤. 理学·玄学·佛学[M]. 北京：北京大学出版社，1991.

[13]冯友兰. 中国哲学史新编：中卷[M]. 北京：人民出版社，2004.

[14]容肇祖. 魏晋的自然主义[M]. 北京：东方出版社，1996.

[15]任继愈. 中国哲学史[M]. 北京：人民出版社，1964.

[16]钱锺书. 管锥编[M]. 北京：生活·读书·新知三联书店，2000.

[17]任继愈. 中国哲学发展史：魏晋南北朝卷[M]. 北京：人民出版社，1988.

[18]许抗生等. 魏晋玄学史[M]. 西安：陕西师范大学出版社，1989.

[19]张立文. 中国哲学范畴精粹丛书·气[M]. 北京：中国人民大学出版社，1990.

[20]梁启超. 中国历史研究法[M]. 上海：商务印书馆，1928.

[21]曾振宇. 思想世界的概念系统[M]. 北京：人民出版社，2012.

[22]刘笑敢. 庄子哲学及其演变[M]. 北京：中国人民大学出版社，2010.

[23]刘笑敢. 老子古今[M]. 北京：中国社会科学出版社，2006.

[24]杨国荣. 庄子的思想世界[M]. 上海：华东师范大学出版社，2009.

[25]方勇. 庄子学史[M]. 北京：人民出版社，2008.

[26]王叔岷. 先秦道法思想讲稿[M]. 北京：中华书局，2007.

[27]钱穆. 庄子纂笺[M]. 北京：生活·读书·新知三联书店，2010.

[28]牟钟鉴，胡孚琛，王葆玹. 道教通论—兼论道家学说[M]. 济南：齐鲁书社，1991.

[29]冯友兰. 关于老子哲学的两个问题[M]//哲学研究编辑部. 老子哲学讨论集. 北京：中华书局，1959.

[30]关锋，林聿时. 论老子哲学体系的唯心主义本质[M]//哲学研究编辑部. 老子哲学讨论集. 北京：中华书局，1959.

[31]李泽厚. 中国古代思想史论[M]. 北京：人民出版社，1986.

[32]崔大华. 庄学研究[M]. 北京：人民出版社，1992.

[33]严北溟，严捷. 列子译注[M]. 台北：书林出版有限公司，

1995.

[34]吴九龙. 银雀山汉简释文[M]. 北京：文物出版社，1985.

[35]汤用彤. 魏晋玄学论稿[M]. 上海：上海古籍出版社，2001.

[36]孙熙国. 先秦哲学的意蕴：中国哲学早期重要概念研究[M]. 北京：华夏出版社，2006.

[37]陈三立. 读列子[J]. 东方杂志，1917，14(9).

[38]王光照，卞鲁晓. 20世纪《列子》及张湛注研究述略[J]. 安徽大学学报（哲学社会科学版），2008，32(2).

[39]柴文华.《列子·杨朱篇》伦理思想臆评[J]. 学术交流，1990(6).

[40]郑晓江.《列子·杨朱篇》人生哲学探微[J]. 江西大学学报（哲学社会科学版），1988(3).

[41]杨伯峻.《列子》宇宙论的科学因素[J]. 求索，1982(2).

[42]辛冠洁.《列子》评述[J]. 中国哲学史研究，1986(3).

[43]李季林. 论《列子》的有无、名教自然观[J]. 孔孟月刊，1997，35(10).

[44]康中乾. 论王弼"无"范畴的涵义[J]. 陕西师范大学学报（哲学社会科学版），2004，33(4).

[45]王今一. 道性与气性——王弼的人性二元论[J]. 社科纵横，2012，27(11).

[46]田永胜. 论王弼之"无"[J]. 苏州大学学报（哲学社会科学版），2004(1).

[47]曾振宇. 原样理解：《老子》之"道"哲学意涵新识[J]. 文史哲，2011(2).

[48]王光照，仲晓瑜. 性、情及圣人——王弼性情理论探析[J]. 南昌大学学报（人文社会科学版），2011，42(5).

[49]李昌舒. 自然与自由——论郭象哲学之"性"[J]. 中国哲学

史，2005(3).

[50]暴庆刚. 郭象的自生说及其理论吊诡——基于郭象哲学知性品
　　格的分析[J]. 河南大学学报（社会科学版），2011，51(5).

[51]白欲晓. 道家形上探求的基本向度与理论衍化[J]. 南京大学学
　　报（哲学社会科学版），2005(3).

[52]徐汉相. 郭象独化论[D]. 上海：华东师范大学，2011.